人と成ること

篠原眞紀子［著］

惠那地方の統合教育
地域生活運動

晃洋書房

はじめに

朝礼が鳴った。A組朝の会である。車椅子で発話のないUくんが今日の当番だ。Uくんは黒板に書かれた日付けをクラスメイトに目配せで知らせた。みんなはUくんの動きを見張って彼から今日の日にちを確認するのだった。

一方、B組では、今日は三〇分かけて、地域の同じ班の仲間と集団当校した自閉症のSくんが少し遅れて入室し、後部から前へ何度か往来した。クラスメイトはSくんのいつも挨拶のやり方だとニヤッと笑う。司会者はSくんの到着に少し間をとって、朝の会を進めていくのだった。Sくんはいつもの儀式が終わると席に落ち着いた。

岐阜県恵那地方の中津川市立東小学校では、一九七〇～九〇代年初頭まで、重度の障害児が健常児と一緒に学ぶ統合教育が行われていた。中津川市では、障害者の地域生活が市民運動で実現したといわれている。そして、その運動には親、障害者本人、教師や地域の人たちが関与したという。

なぜそのような運動が起こったかといえば、恵那地方の中で障害者が生活できなかったからである。障害が重い人は遠方の施設で暮らすか、家の中に隠されて過ごしていた。学校には通わず、買い物にも出ず、ましてSNSなどないから、友だち仲間をつくる機会もなかった。

障害が重くて遠く離れた施設生活をしている人は、同じ障害の人たちとは知り合いにはなれても、地元の人たちには会うことすらなかった。障害が重い人が学校で学ぼうとすれば、遠く離れた養護学校に通うしかなかった。そのために、成長する時期には、親や家族から切り離されて大きくならなければならなかった。そうであるから、地域の人たちは障害者を知らなかった。

そのような事情をかかえて、恵那地方の統合教育と障害児者地域生活運動[1]は、この土地で出生した障害児者を地域に戻す運動となった。

この運動が起こるのは一九七〇年代だが、運動の素地として、その前哨があった。その象徴的な活動として恵那地方には、「豆学校」といわれる子どもたちの集団活動があった。その集団は複数、集落ごとに存在した。この豆学校ができる発端は一九六〇年代前半に遡り、恵那地方の中でも長野県と岐阜県の県境に起こった越県分村合併問題争議時の教育の不在にあった。

学校で教育を受けることが不安定な児童たちは、「豆学校」でさまざまな教え合いや遊びをくり広げていった。「豆学校」の学校とは、学校教育の学校を意味するものではない。地域の各集落において、小学一年生から六年生までの異年齢で、自発的に五～一〇名程の小集団を組み、課外活動を行うものをいう。教師や大人に指導されるのではなく、高学年の「豆先生」が低学年の「豆生徒」に勉強を教えたり世話をして、遊びや学習などを自主的に行うものであった。自主集団といわれながらも、その組織化の発端には教師が関与している。その人小出信也教諭と、彼と共に豆学校運動を推進した斎藤尚視教諭である（斎藤 一九六五）[2]。この小出教諭は、一九七〇年代の恵那地方の障害児教育を開いていく主要人物になり、さらに障害児者地域生活運動に深く関与した人である。

「豆学校」には実践とは別の側面もあり、むしろ、「豆学校」という機能が後の恵那地方における地域社会の中で起こる社会運動の潤滑油として働いていることに注目される点がある。ゆえに第Ⅰ部では、その機能に着目して、「豆学校」が構築された社会について、まず述べていく。

なお、本書の写真掲載に関し、すべて著作権者の許諾を得て掲載している。

注

（1） 恵那地方で児童期から成人まで運動に関わったという意味で使用する場合は「障害児者」と称し、一般的な事項として説明する場合は「障害児・者」とする。

（2） 斎藤尚視、一九六五年八月二〇日「豆学校――運動の基本的観点」神坂小・中・幼分会『東海教育科学研究協議会』配布資料。

目次

第Ⅰ部

如何なる社会で子ども本人による学習集団「豆学校」は形成されたのか（戦後から一九六〇年代前半より）

第1章　越県分村合併問題と開拓の入植者が混在する地域社会
――相和さない生活と困窮――

長野県と岐阜県の県境にある神坂村は、一九五五年から一九五六年にかけて、総人口が二五〇〇人前後の山村であった。集落は二四集落あり、神坂地区の多くは森林でその大方が国有林に被われていた。神坂村（現在神坂地区）の人たちは森林を眺めていても私有することができないわけであるが、その国有林に終戦直後と一九五八年に開拓者が入植した。ここには二つの事情が生じていた。

貧　困

わたしが（ママ）、お金くれよというとお金なんかないよと言って山へ行ってしまう。

（N．K．、一九六四年七月、「豆学校」資料4より、「お金の悲げき（ママ）」『「神坂のこどもたちの現状」〝子どもたちの綴方から、子どもたちの声を〟』一九頁）

これは神坂小学校の児童N．K．さんの生活綴方であるが、家にお金がないので、彼女の要求に親は応えられないのである。

「豆学校」が誕生したのは一九六三年である。図1-1に示す通り、一九五五年から一九六〇年にかけて高度成長期で

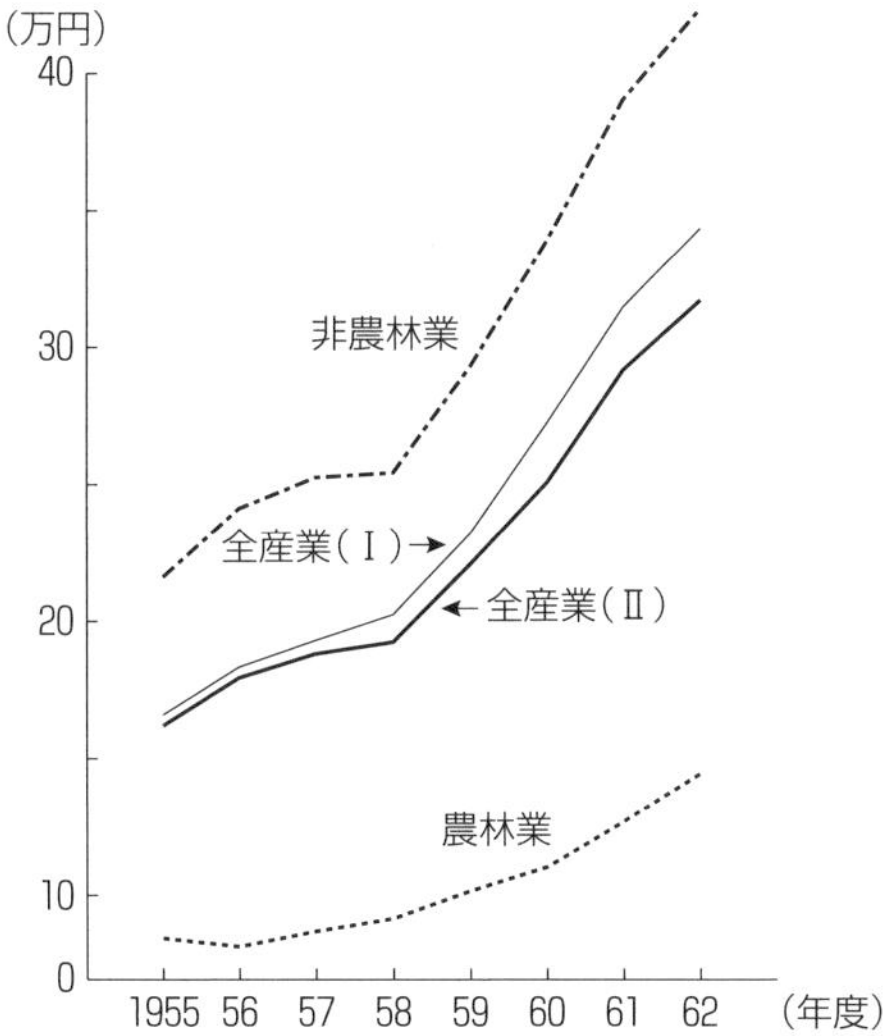

図1－1　農林・非農林業別就業者一人当たり国民所得水準の推移

（備考）1．資料出所は，当庁「国民所得白書」及び総理府統計局「労働力調査」による．
2．分散業（Ⅰ）は実績．（Ⅱ）は各年次の就業構成を30年度の農林・非農林就別業者構成に変化がなかったと仮定して計算した国民所得を示す．

（出典）『1963年度版国民生活白書』．

人口集中した都市部の所得は一九五八年を境に倍増しているが、農村部は終戦直後より微増しているものの、その差ははっきりしている。[1]

家の金

（ママ）ぼくが、夕方遊びから帰って、手を洗ってごはんになるのを待っていたら、うらのお父ちゃんの給料の袋が戸だなの上においてあった。中を見たら約三万円だった。ぼくは、それを見て一日にいくら使うかと思った。今まで、そんなことを考えたことはなかった。考えたことはあったけど、その時のように真険に考えたことはなかった。

　家庭科の時間に先生が、「家の人が持ってくる給料をいくらかきいて来なさい」と言ったが、あまり、そんなにとは考えなかった。それから又、家庭科の時間に「みんなの家は、一日にどれくらい使うか」ときいたときも、先生の言っていることを聞いているだけで、自分の家のことをあまり考えてみなかった。けれども、その時は、とてもよく考えた。

H君は、僕の家は金持ちだというけど、そんなことは、ないと思う。

（N男（東海資　四八—四九頁））

神坂村では裕福だといわれるN男さんの生活綴方だが、暮らし向きは決してよくない。図1-1の農林業と非農林業の国民所得水準の格差は歴然である。一九六一年の都市集中の工業化を推進すべく所得倍増計画と相まって農業基本法が制定されるが、純粋に第一次農業や林業従事者のための法律ではなかった。

お金がかかって子どもの高校進学は諦めさせなければいけないような現状が豆学校の親たちが集まる「民主教育を語る会」（以下、「語る会」と略）で話し合われた。

子どもたちの生活する各集落の土地利用と就業状況は、農家総数が三七一世帯で、そのうち自作農が一四三軒に対し、残りは兼業である。自作農といっても五町以上の農家は五軒のみで、後は規模の小さい小農である。そのため、出稼ぎ世帯も六二軒と多く、神坂地区の人口で換算すると約三〇軒に一軒が出稼ぎをしている。そのような家の子どもたちは男手のない中、家の仕事を手伝わなくてはならない(2)。

越県分村合併問題と開拓者の入植

一九五〇年代に昭和の分村合併があり、全国各地の市町村が多く合併した。恵那地方を含む岐阜県内、隣接する長野県でも相次いで合併が進んだ。その中で長野県と岐阜県の県境を挟む神坂地区の事情は複雑であった。県境の分村合併となったため、村中が合併に反対派と賛成派で分裂し、村内の人々の不和は続いた。一九五八年自治省の判断がなされてからも事務的な不手際や心情的な問題は解決されなかった。大人たちの対立は子どもたちの教育問題に大きく影を落とした。

綴方

合併問題は今は良いけど、私の一年頃から三年頃までは、絶対に反対の子と賛成の子どもは遊びませんでした。それは、親たちが「遊んではいけない」というからです。親たちが出会っても「おはよう」もいいませんでした。（中略）合併して、なにが、変ったでしょうか。なにも変らないのにどうして合併したのでしょう。どうして、反対と賛成にわけたのでしょうか。

（T子、一九六四年七月、「豆学校」資料4より、「合併問題」）

この合併は昭和の合併を指すが、神坂地区は長野県と岐阜県にまたがり、長野県に属するか岐阜県の中津川市に合併するか否かが、賛成派と反対派の争点になっていた。その上に、自治省が地図上で機械的に村を分断するような越県分村合併のかたちをとったので、大混乱となった。他地域の合併では、合併前に村や町の記録を残しておくために地誌が編纂されるが、当地区は混乱で調査もままならなかった。そのために、合併時の統計調査は実施されなかった。争議は、一九四七年三月一八日神坂村臨時議会から始まり分村合併の一九五八年まで一二年に及び、反目した状態が続いた。

越県合併問題の争議は一向に解決する見通しのない中、学校に教師が不在となり、形式上、中津川市に属することになった神坂小学校に恵那の教師たちの何人かが赴任した。一九五八年四月より渡辺春正教諭が神坂小学校に赴任したがそれまで教育委員会に常勤していたため、長野県下になった三集落の越県入学を中津川市に認めさせた。渡辺氏は、その後、東小学校に重度の障害児の養護学級を設置し、重度の障害児が普通学級に籍を置き複式学級のかたちをつくって恵那式の統合教育を実現させた。校長は恵那側から水野博典校長が赴任し、水野校長は一九六三年四月、小出教諭を斎藤尚視氏と共に恵那地区から神坂小学校に就任させた。小出教諭は水野氏との関係だけでなく、渡辺春正氏とも強いつながりをもっていた。(3)

越県通学の問題で子どもたちは学校教育を安心して受けられないような状態が続いた。一九五八年九月三〇日にそれまで長野県西筑摩郡に属していた神坂村は中津川市の一部になって、小学校には今までいた長野県の教師と新たに入る恵那地方からの教師が混合する状態となった。「信州の教育」、「恵那の教育」とそれぞれに呼ばれるが、その中身もシステムも全く異なる独自のやり方をとっていたので、すぐに教育方針を合意できるような状態ではなかった。教育方針に関して、長野県は手本を重んじ丁寧で系統的な学習を行い、教育水準の高さに定評がある。一方、恵那の教育は学習指導要領に沿ったカリキュラムによらず生活の経験的学習を重んじ、生活綴方・地域教育を主軸にして集団学習を行っていたので、方向性が全く違っていた。

その間、子どもたちは親の意向で登校拒否を強いられ、相対する家の人たちと挨拶することも禁止されて過ごしていた。

一九五八年九月一九日には自治庁の行った分村合併処理に対して賛否双方が不満を訴えた。というのも、自治庁の処理が三地区を地図上で機械的に分断したからである。当時、神坂小学校は長野県にあったため、賛成派は子弟の登校拒否を決行し、そのため、子どもたちは学校に通えなくなった。その学習を保障し、かつ、中央に対し申し立ての意志を貫くために九月二二日から合併賛成派の子弟の寺子屋教室が始められた。

一九五八年一〇月六日長野県知事の告示により、合併反対派の家は、小学校の位置が中津川市に統合されたので、逆に、この年度、学校がなくなり、反対派の子どもたちが今度は寺や民家で学習を余儀なくされた。結果として、この学習形態が賛成派から反対派に受け継がれることになった。

寺子屋・民家教室は一学年に一民家という形態をとって、一〇人前後の規模であった。この規模は日常の「豆学校」を各家で行うときにも同様の規模である。後の「豆学校」は集会場だけでなく、民家を借りて行うことも少なくなかったが、それを可能にしたのも、分村合併問題で民家を集団学習の場として開放することが常時行われていたことが前提としてあったからである(4)。

木曽谷にある神坂村は険しい山の中にあるが、江戸時代には中山道の宿場町として栄え、多くの人がその山道を往来した。幕末から明治期の時代変動を描いた『夜明け前』に街道の様子、家の在り方が詳細に記されている。脇本陣を中心に旅籠や土産屋・茶屋が立ち並び、本家・分家を構成する同族的性格の強い街道筋があり、一方、農業を生業とした農村筋がある。農地改革後は大部分の地主は没落したが、山林の地主はそのまま残った。(5) これらの地主の一部はさまざまの事業を兼業し生活の生業としていた。(6)

神坂地区は村勢で示すように林野が九〇％以上で、兼業しながらも林業を営む世帯は八〇％以上である。林業は農業にまして個人経営が困難で、入会林野などの共有や、水利の共同などのいわゆる山と水の共同が多くみられる。これは多くの村落に見いだされることである（蓮見 一九九〇）。この観点からすると、E集落とY集落は水利権の違いが問題となる。Y集落がかりに長野県合併になると、岐阜県中津川市落合川に注ぐ一連の治水工事は進まない。Y集落の水利を地形的に同じくするのは開拓地区のI集落とK集落である。一方、同じ開拓地でもC集落はE集落・T集落方面にあり長野県一貫水利には利が得られる。険しい地形の各集落の治水工事はその人たちの生活の安全、命の問題にまで影響する。神坂地区に相次ぐ豪雨災害の被害は甚大である。そのため、日常の生産活動と生命の安全の確保に関する各集落の事情があり、重大な問題ゆえに、相和すことは矛盾を含んでおり、譲ることのできない事情なのである。(7)

荒野への開拓入植

村の大半を占める森林地帯に、戦後の大陸引き揚げ者や復員を含む他地域からの移植者が一九四七年と一九五八年に国策の開拓事業の下、入植した。

神坂村でずっと暮らしてきた人にとって、国有林を私有することへの羨望がある一方、開拓者にとっては、その国有林を無償で譲与されるも、実際に入植してみると何も収穫できない険しい荒野を与えられただけで生活は困窮し、一日の大半を開墾に追われ、結局、現金収入は開拓地では得られず外へ働きに出なければいけないような苦悩があった。

その開拓地に当たるA集落、J集落、I集落の子どもたちは、毎日、標高八〇〇メートルの自宅から尾根を通って森林の中をくぐり抜け、一旦、海抜四〇〇メートルの谷底に降りて、さらに標高八〇〇メートルの学校へと通わなければならなかった。山道には野生動物も生息し、自分の存在を動物たちに知らせて身を守らなければならないほどであった(8)。片道六キロメートルの通学路を疲れきって学校を遅刻したり、間に合わず休校したりする。「豆学校」が開かれるまでは開拓地の子どもたちは、教師からは学習が遅れるので叱責され、身なりも貧しく心が開けない子どもは反抗的な行動に出ていた。街道筋や農村筋の子どもたちは、木曽や恵那地方では常事であるが、休み時間や放課後には教師と遊んだり話したり綴方を一緒に書くなど、子どもと教師が打ち解けて過ごしていたのに対し、開拓地の子どもたちは自分たちの苦労の事情を教師に話す機会もないままに過ごしていたのである。「豆学校」を支えるという意図で小出教諭と斎藤教諭が呼び掛け、夜に豆学校が行われた集落の集会場で親や地域住民と教師による「民主教育を語る会」が開かれた。そこで親がやっと色々な家の事情、子どものことを教師に打ち明ける次第であった。

豆学校活動——実体験を伝える開拓劇——

一九六四年から一九六五年にかけて、M部落では、子どもと母親たち合同の楽しみ会が開催された。そこで母親たちは開拓劇の紙芝居をつくり、子どもたちに見せようと準備した(9)。

当時、農家は多忙で、文化的学習の機会は困難で識字のない人も少なくなかった。ここで、注目されることは、開拓者の識字と構成力の高さである。神坂地区の人たちは開拓者を他所の人ということで、蔑視していた。また、教師たちも実際に関わるまでは、偏見があった。実際に貧しいわけであるが、貧しさと教育経験とは必ずしも比例するとは限らない。構成劇を作成する能力があることは相当、文化水準の高い人たちである(10)。特に満州開拓団の引き揚げ者である人たちは現地で相当の高等教育を受けている(11)。

私たちの生れた新開地

私たちの生れたところは，一望にして島崎藤村先生の生家をながめる高台であります。私たちのお父さん，お母さんの入植当時の，思い出のかみしばいです。（1）

昭和二十二・三十年頃より，入植し，父母は木を切り，小屋がけ，なんぱんぐわをふって，畑をつくりはじめたのです。肥料も配給で，風呂敷や新聞紙を持って行って来る程度で，作物も取れながかった。家畜も，山羊，めんようでした。（2）

うちでもまけずやるんだ。がんばれ。今日は，月がでたら，月のあかりでやるんだ。がんばれ，がんばれ。（3）

かく家では，大きな木の株を堀る。競争のように掘った。（4）

昭和二十五・六年には，家も本建築をし，家畜も，ブタ，ニワトリ，和牛に変り，畑の陸稲も，黄金の波うつ様になり，主食のかい上げも少なくなった。（5）

乳牛もかうようになったが，乳は，M集落まで，雪の中をすべり，朝早くから，出荷。これがたいへんでした。（6）

このごろになると，黄金の畑には，みごとな“へのへのかかし”が見られるようになりました。（7）

自動車もだんだんせいびして，乳の車も，部落まで，まわってくるようになった。前の苦労も出るようになった。（ママ）（8）

昭和三十六年に，このＩ集落に，はじめてブルドーザーと，シャベルが入って来ていろいろんな木が一ぱい生えている川や，谷間をけづって深く高い堤防をきずきました。（9）

その間，皆さんのお父さん，お母さんが暑い夏の日も，寒い寒い冬の日も，一生懸命くわをふり，スコップを踏んで，来る日も，来る日も，お盆もお正月も，がんばり，三年の長い月日をかさねて，この立派な，ため池ができ上がりました。（10）

今は，乳牛も飼い，電気，牧畜もでき，畜舎も良くなり，機械も入って，畑は段々畑になり，やっと形は良くなやました。まだまだ，苦なんは，これからです。（11）

こうしたうちに，大きくなった皆さん。これからも仲良く，勉強にはげんで，立派な人になってもらうことを約束して下さい。（12）

図1－2　紙芝居パネル

（出典）集落民主教育を語る会（1964）「豆学校」資料23より，「私たちの新開地」 集落開拓劇紙芝居，pp. 91-94. 手書き図と文章を筆者により活字化.

注

（1）経済企画庁（一九六二）『国民経済白書』九〇―一〇二頁。
（2）一九六四年七月（「豆学校」資料4）「「神坂のこどもたちの現状」〝子どもたちの綴方から、子どもたちお声を〟」より「わたしは、子どもの日がないほうがいいと思う。今日は小便かつぎをしました。　K子」この綴方は家の排泄物を肥料としていた、その手伝いをすることを示している。子どもの日は子どものための日であるのに、子どもの日ではない。
（3）渡辺氏と小出教諭は教育科学研究会（以下、教科研と略）の数学に関する水道方式を共に学び推進していた。
（4）山口村誌編集委員会（一九九五）『山口村村誌』、片山惣次郎「神坂ということろ――合併備忘録」1、小林正典（一九九八）「第九章尾を引いた教育問題」『文豪の里分村合併始末』中津川市、一五四―一六三頁、六二六―六八九頁、木曽教育会（一九五九）「梵天随想――創りゆく学園」『木曽教育』14、九五―一〇〇頁、中津川市（二〇一二）「神坂村分村合併」『中津川市史下巻現代編二』一四五―一七三頁。
（5）神坂地区は長野県・岐阜県の中でも山林を多く占める。開拓地は国有林の土地を充てる。
（6）街道の観光は未だこの頃盛んでない。木工の手工芸がある。
（7）日野利治神坂公民館長の聞き取りによる。二〇一六年二月三日取材。
（8）山に響くような鈴や笛など。
（9）「豆学校」資料15、一九六四年一二月、「豆学校のために御協力ください」より「民主教育を語る会会報討議資料十二（ママ）」。
（10）満州では明治三九（一九〇六）年四月より邦人教育の小学校規則が施行され、中高大学校と戦時下に至るまで続いたので、満州引揚者の教育水準は相当に高いことが予想される。
（11）出典：嶋田道彌（一九八二）「満州における邦人の教育史」『満州教育史』青史社、一七―三六頁。

第2章　学習不在・偏見による自己否定する子どもの状況から生まれた「豆学校」

神坂地区には、子どもの現状に深刻な事態が生じていた。「神坂の子はだめな子や」という内外地域社会での評判、そして神坂小に赴任した教師たちは長野県、岐阜県に限らず、子どもらの無気力、無関心な様子を実感していた。長野県の教師であった片山惣次郎教諭はその一人であったが、授業中に地図が描けず、下を向いて怯えている女児を目にした。合併賛成派と反対派の双方の家の前を通って通学しなければならないので、恫喝や石投げなどの恐ろしい体験を通して身近な地域の生活が描けなくなってしまっていたのである。片山氏は筆者に大人の合併争議で子どもの学習をめぐる障害をつくり出したことを痛感していると語られた[1]。本人たちは自己否定感を小さいときから植え付けられているようであった。次の話綴は神坂幼稚園生と教師のやり取りである。

M男「センセイ、たあけって何かしっとる」
先生「何?」
M男「あのね、たあけって教えてやろうか。あのね、ね、僕の頭のことよ」
先生「どうして、M男君の頭びえあけなの?（ママ）」
M男「そいだって、ぼく、いつも悪いことするでだに、お母ちゃんが言ったに」

（神坂幼稚園、一九六四年七月、「豆学校」資料4より、「園のたより」一八―一九頁）

ここであげられている「たあけ」とは、馬鹿、無知という意味の方言である。自分が「たあけ」だと園児が自認しているのである。

一九六三年四月に小出教諭は神坂小学校へ転任した。三四歳のときであったが、同じく斎藤教諭が当時三一歳で赴任したが、同様の印象を感じている（斎藤 一九六五：一八）。

小出教諭は、七月に入って、クラブ活動の一つである文芸部の発行による新聞の見出しで「豆学校」の呼び掛けを行った。その運動はまず情報戦略から始まった。新聞部の編集会議で、夏休みの生活を載せたらよいという意見が出され、その掲載を行うことになった。定期刊行の壁新聞ではなく、号外というかたちでの掲載を取り決め、会議翌日より新聞編集作業にとりかかっている。新聞の見出しは「ぼくたちの、私たちの豆学校、豆先生」というもので、夏休みに向けて全校児童に意見を募り取り組ませようとした（「豆学校」資料1）。

「豆学校」は自主集団とはいえ、そのグループ形態をつくったのは教師である。活動が定着する間、「豆学校」の旗、ワッペン、合言葉、新聞、歌など一定の形体をとるように指導していた。ここでの旗振りや合言葉はピオニールやボーイスカウトの旗やスローガンを意識して教師が集団づくりの筋道として与えている（斎藤 一九六五：二六）。ただし、子どもがその形態を受け入れていたわけではない。(2)

綴方

「旗をあげて学校へ行くのいいと思うかよ」
「Kちゃん、旗ある」
「おらあたら、作ったでどさないわ」
「ほなやろまい」
ぼくたちは、旗を上げて学校へきた。（中略）みんな笑った。僕たちが軍隊のまねをしていると思った。みんなわかっていないと思った。中学生や小学生がいると旗をさげてかくした。

（中略）ぼくたちは、旗を上げてこなくなった。（後略）

（K男、一九六四年夏（月日記載無）、「豆学校」資料8より、「豆学校の旗をあげて学校へ」、三五頁）

周りの目を気にして、子どもたちは歩調合わせをしている。自分たちが軍隊の真似をしていると思ったのである。(3)

次の川柳は、教師が活動を先導していたことを伝えている。

豆学校　川柳　先生の　きまって言うこと　豆学校

（Mさん、一九六三年八月、「豆学校」資料1より、『川柳一』ページ数記載無）

この川柳は、活動を定着させようとやっきになる教師の姿を児童が見つめている。しかし、一方で子ども自身の意志がしっかり芽ばえている豆学校も出てきていた。

綴方

私たちP集落は、子どもの日に、見晴公園へ遠足です。それを決めたのは婦人会に出席している母親たちです。私は、それについて意見があります。母親たちは、私たちに見晴公園へつれていき、楽しませる気持はよくわかりますが、私たちの意見を聞いてから決めてもらいたかった。

（S子、一九六四年夏休み前（月日記載無）、「豆学校」資料4より無題）

このS子さんは、母親たちが自分たちの活動を決め、執行したことに対して、自分たちの意見をまず優先してほしいことを述べている。決して大人に従順なわけではない。

Sさんと家族との教育調査

一人の生活綴方を取り上げながら、教師とクラスメイトが生活について考えることを「教育調査」といって実践していた。M開拓集落のSさんが教師やクラスメイトとやり取りを行った資料を小出信也教諭は残している。

Sさんは、M開拓集落で生活していたが、彼は学業には消極的で、成績はよくなかった。掃除もあまりやらない。そして教師には不信感をもっていた。他の子どもらが教師とたわむれて遊ぶときにも、一人で反抗的な態度をとっていた。授業は休みがちで、出席しても居眠りやあくびをして、教師からは問題視されていた。[4] 教師側からは、問題児に映っていたSさんであったが、その評価が覆される出来事が起こった。

それは台風の日であった。学校では、事故があっては危険だというので午前授業にして集落ごとに並んで下校させようとしていた。そのときSさんは、部落の子たちをまとめ、小さな子を自分の体でかばい家へいそいだ。

（小出信也、一九六五年二月六日、「豆学校・豆先生」覚書、六九頁）

その姿に小出教諭は衝撃が走ったという。小出教諭はもっとSさんのことを理解しなくてはと直感したという。そして、Sさんと家族、教師の話し合いによる教育調査が始まった。「Sさんの集落　戦後神坂には三ヶ所の開拓地ができた。N開拓地（六戸）・M開拓地（十三戸）・Y開拓地（五戸）である。Y開拓地は昭和三十六年五月全戸離農した。Sさんの住む部落は、M開拓地である。学校から約六キロ、雨がふれば丸木橋は危険で、約二キロはおおまわりをしなければならない。海抜約六五〇メートル、この部落の人たちの苦斗は、Y都落の離農しなければならなかった人たちの話からでも想像できる」と、小出教諭は記しているが、[5]「二十三年に入植。二十六年に許可」（小出信也、一九六四、資料八：七四）。昭和二三年、一九四八年の入植となっているが、一九四七年と一九四八年は全国的にいって開拓入植のピークであった（長野県開拓十周年記念事業実行委員会　一九五五：七〇）。

地主層と増反・入植しようとする者の対立によって、特に急進的思想をもつ者があるほど、必要以上に対立抗争の激しいところもあり、かえって問題をより複雑化し開拓を困難に陥れたという。つまり、問題の解決ができていないまま、入植者はその土地に踏み入ったのである。そうしてみると、神坂地区の場合、合併問題の上に、複雑な問題を孕んだ開拓の問題が、地区内の事情に加わったことになる。

Sさんの家の営農規模は合計で一〇・五反である。この広さは、当時の開拓地の家族の営農の規模としてはどの程度のものであったのか。これによれば、一〇・五反は平均値を示し、Sさんの家は開拓家族の平均的な規模だといえる。(6) Sさんの家の家畜は、乳牛一頭だが、五月に病気になって売却する。鶏は九羽、兎二羽である。(7) 鶏も卵を産むので食糧源になるが九羽ではそんなに多くの収入源とはいえない。

経済的に余裕のないSさんの家族個人では無理であるが、紙芝居にあったように、集落共同で機械化を進めていることがわかる。一九六一年にI集落にブルドーザーが導入された。

Sさんの家の唯一の収入源である乳牛も調子が悪くなるとその治療と飼料代がかかり借金が嵩んでいく悪循環の中にSさんは生活していることが、教育調査で居合せる者に理解されてきた。悪循環を断ち切るために離農すればよいかといえば、それにもお金がかかり、身動きがとれない。指定を受けて、やっと乳牛が飼える状態になる。

父親は、牧草地の開拓の資金と、乳牛を買う資金、それに生活費を稼ぐために、五月は三菱の拡張工事にそして調査当時は長野へ山仕事に行っているところであった。指定を受けても実際にお金が入ってくるのは、畜舎を立ててからでないと入らない。それまでは別の方法で資金づくりと生活費を稼がなくてはならない。結局、労働力をお金に替えることができる父親は出稼ぎに行っているのである。

Sさんは怠慢どころか、家業を手伝い、家事をして、妹の面倒を見て大忙しである。そして毎日、起伏の激しい山道を登下校している。その苦労を教師や学校の集落以外の級友には話さない。話をする前に、教師に態度が悪いと叱責されれば、旧友はSさんのことをだめな子なのだと差別視する。話したくなくなってしまうのは無理もない。Sさんの居眠りやあくびは、そうした重労働から出てくるものであった。差別・蔑視の元凶は、教師自身の指導態度であったということを、教師自身である小出教諭自ら痛感したのである。

神坂小学校では「豆学校」の様子を新聞部が中心になって編集した新聞「神坂タイムズ」で紹介し、その中で年度や節目に五大ニュースを提示している。

Sさんの一九六四年の五大ニュース

1．豆学校の豆先生になる。2．夏の豆学校成功。3．はじめて田んぼをつくる。4．夏の豆学校でキャンプする。5．こううん機を運転できる。

（小出信也、一九六四年冬、「豆学校」資料20より、「友人からSさんへのコメント」『東濃教科研究会提案要項』八二頁）

3項目と5項目は農業のことである。Sさんは耕運機という農機を操作できるようになり、初めて自分で田を耕して墾田したのである。Sさんが一人前のファーマーになったことをニュースで伝えている。そして1項、2項、4項は「豆学校」のことである。「豆先生」とはリーダーのことで、つまり彼は豆学校のリーダーになりたいといっているのである。「豆先生」として下級生を従えて日常の学習や遊びを行ったこと、それに非日常の行事であるキャンプが行えたこと、「豆学校」での成功感を伝えている。

注

（1）二〇一五年一二月二四日の聞き取り調査による。
（2）山間部であることにちなんで「山の子」をよく歌っている。
（3）「豆学校」の形態はマカレンコの集団づくりを模倣しているところがあるので、旗揚げや行進などの形態を規律として遵守しすぎると、それを行為する集団は均質化し、究極的にはファシズムを助長する危険性もはらんでいる。
（4）小出信也、一九六四年八月、「豆学校」資料19より、「生活に根をはった豆学校――M開拓部落（ママ）子どものつかみなおし」

東濃教科研提案要項。

（5）　小出信也、一九六四年八月、「豆学校」資料19より、「M開拓集落子どものつかみなおし」『東濃教科研究会提案要項』。

（6）　一九四七（昭和二三）年から一九五四（昭和二九）年にかけての長野県の農業規模は三反未満が一四・三〇％、三～五反が一五・七％、五～一〇反が三七・二％、一五～二〇反が二一・〇％、二〇反が四・二％である。長野県開拓十周年記念事業実行委員会、『開拓十年』昭和三十年刊行長野県開拓協会（向山雅重民俗資料館蔵　長野県上伊那郡宮田村）、一九五五年一一月一〇日、七一頁より。

（7）　小出信也、一九六四年八月、「豆学校」資料19より、「M開拓集落子どものつかみなおし」『東濃教科研究会提案要項』、七五頁。

第3章　「豆学校」誕生から定着へ

民主教育を語る会

子どもたちが豆学校を行っていた集会場所は、夜になると、親と教師による「語る会」という寄り合いの場所に替った。街中で生活してきた教師たちは、実のところ、開拓地の生活を理解していなかったが、現地に赴き親たちの語りを聞いていく間に、開拓地に対する考え方を変えることになった（斎藤 一九六五：二七）。山間の川は幾度となく洪水によって氾濫を繰り返し、その補修のために各家にそして、自治体である中津川市に多くの損害をもたらしてきた[1]。険しい通学路を子どもらは毎日通学している。開拓地のI集落の親は教師にそうした様子を伝えている。

先生、G子ちっとたら、この前の台風で橋が流れたもんで、留橋へまわるのがいやで幼稚園の子ばかりで川を渡りよってね。先にMちゃんがくつぬいで川へ入って流されて、その次に家のG子が流されて服ぬらしてはだかになって服かわかしてきても、家へ来てそのことを一言も言わんとこね。夜一時頃熱がでて、お父ちゃんおぶって医者へ行って来たけどね。（中略）心配で心配でね。

（小出信也、一九六四年八月、「豆学校」資料20より、「M開拓地の幼稚園の子」『岐阜県保育問題研究会提案資料』七九頁）

このような事情を話せるのも、「語る会」が一〇人前後の小集団だからである。親たちにしてみれば自分の子どもについての込み入った話ができる。ＰＴＡでは多人数でそのような話はできない。一方、教師側にとってはＰＴＡだけでは到底知り得なかった事柄を「語る会」で知ることになった。

長野県側の教師たちは豆学校活動に対して、活動に関わるまでは難色を示していたが、「語る会」に参加して、協調する長野県出身の教師も多くでてきた(2)。

「民主教育を語る会」では、親や教師たちが険しい通学路の問題、教育費の問題、お金がないために高校進学を諦めなくてはならない現状について語り合っている。恵那からの教師たちにとっては、「語る会」の実践が、勤務評定闘争（以下、「勤評闘争」と略）から続く「親・地域との共闘」戦略を具体的にするものであった。そのことで、恵那の教師としての自主性を神坂地区で示そうとし、開拓地の人たちと意気投合していった。「豆学校」を推進した教師たちは一連の事項を善きことと確信し「語る会」の勧誘活動を行っている。

しかし、開拓集落での「語る会」が盛んになればなるほど、神坂地区の有力者にはかえって「語る会」が共謀して何かする場所であるとしか映らなかった。

街道筋や農村筋の人たちにとっては、「語る会」は地域の伝統にない左派の改革のイデオロギーの啓蒙活動、言い換えると、街道筋や農村筋の人たちの自主性を損なうような活動にしか受け止められなかったのである。「語る会」を阻止することが、街道筋や農村筋の人々にとっては、自分たちのアイデンティティを示す行動であった。

波紋――教師の追放――

豆学校運動が全域に拡大し、「民主教育を語る会」がそれに伴って盛んになることは、小出教諭にとっては神坂地区追放の失墜の事態をまねいた。

そして結局、推進した教師たち、すなわち、神坂小校長の水野校長、斎藤教諭、小出教諭三名はその後、年度替わりに任期を待たず、この神坂地区から追放された。小出教諭は神坂地区を去る際に次の言葉を残した。

豆学校の指導者である豆先生たちは、

「六年〇組二十七名、その中で準要保護児童は九名、田中式知能検査によれば、十四名が、精薄児にはいる」この学級の子たちです。六年の組も同じ程度です。

この子達は、次第にあきらめ、無気力になり、低賃金で働く労働者にされ、軍国主義にそまって大人になるようにさせられる道が、まっています。

（小出信也、一九六五年一月一五日、恵那教科研討議資料、二七頁）

定着する豆学校

「豆学校」活動を先導した教師らの追放の一方で、「豆学校」自体は続けられていた。大人の「語る会」をめぐる混乱の中、子どもたちは、自分たちで「豆学校」を運営し、地域の人たちとも折り合いをつけながら活動を展開したのである。子どもたちの開く「豆学校」に地域の人たちはどう反応していたのか。次の綴方は神坂地区の中心部であるE集落で行われた「豆学校」の行事である運動会のことが書かれている。

綴方

今までの豆学校の行事をふりかえってみて、（中略）学校でやらないような種目をしたらどうだろうということになった。（中略）拝殿の入口にもかざった。今までくらかったようなお宮の中が、がらっと明るくなったように思えた。（中略）いつもむっとしたような人でも、その日だけは、いつもニコニコしていました。（後略）

（E集落豆学校、一九六四年一〇月（日にち記載無）、「豆学校」資料10より、「豆学校運動会」）

「お宮」（神社）は先祖崇拝の場所であり、地域の人たちにとって最も大切な場所である。子どもの神社での遊びはあ

表３－１　冬休みの「豆学校」

	代表者	人数	とき	ところ	あいことば	会でおこなうこと	親の代表者	支部委員	教師
Y 集 落 HHK	５名の氏名記載	17	1月2日	了君の家	静かに楽しもう	みかんつり，クイズ，でんきあそび，トランプ	２名の父兄氏名記載	２名の氏名記載	山本
S 集落	４名の氏名記載	13	1月8日	集会所	集会所を大切に使う。むだ使いをしない。	クイズ，わらい詩，ふくわらい，かみしばい，てんらん会	１名の父兄氏名記載	２名の氏名記載	小林
T 集落第二	２名の氏名記載	8	1月4日	クラブ	みんな仲良く。たけの子のように。	みかんつり，クイズ大会，がまんくらべ	１名の父兄氏名記載	２名の氏名記載	大脇
白バトグループ	１名の氏名記載	10	1月2日 1月5日	集会所	楽しい豆学校をつくろう。	トランプ，スゴロク，かみしばい		２名の氏名記載	小林
C 集落	４名の氏名記載	7	1月5日	集会所				２名の氏名記載	小木曽
D 集落	２名の氏名記載	9	1月3日 1月5日	集会所	みんなで楽しもう。	音楽会		２名の氏名記載	小木曽
ぴよぴよ	２名の氏名記載	4	1月4日	集会所	しずかにする。			２名の氏名記載	小木曽
T 集落第三	１名の氏名記載	3	1月3日	各家	人にことばをかけられたら，はっきりいう。			２名の氏名記載	大脇
山の子	４名の氏名記載		12月27日 1月1日	（シノ補足不記載）	みんなでよろこびあえる楽しい豆学校づくり。	トランプ，かるた，福笑い，げんとう会，音楽会，絵の会，雪合戦		２名の氏名記載	中西
E 集落	１名の氏名記載	14	1月2日	集会所	みんな仲良く楽しもう。	双六，かるたとり，福笑い，トランプ，音楽会		２名の氏名記載	中西
なかよし	４名の氏名記載	6	1月6日	もろ	授業中静かにする。	楽しみ会，勉強会	もろの近くの人	２名の氏名記載	西尾
F 集落第一	３名の氏名記載	4	12月27日	順君の家	みんな仲良くしていこう。	しゃせい，冬の友，かみしばい，トランプ，みかんつり		２名の氏名記載	小出
G 集落	６名の氏名記載	19	1月3日	集会所	みんな仲良く遊ぼう。	トランプ，かるた，にらめっこ		２名の氏名記載	小出
H 集落	４名の氏名記載	15	1月2日	クラブ	けんかをしない。みんな仲良く楽しく。	フットボール，福笑い，文集作り、書きぞめ		２名の氏名記載	西尾
M 集落	６名の氏名記載	12	12月30日 1月2日 3日 5日 7日 9日 11日	（シノ補足不記載）	みんな仲良く楽しい学校。みんなで小さいしんせつをしよう。	書きぞめの会，トランプ		２名の氏名記載	鎌田
A 町	５名の氏名記載	21	1月3日	クラブ	なかよくしよう。	うた，かみしばい，ゲーム，夜げんとう会		２名の氏名記載	原田，斎藤
わんぱく	４名の氏名記載	19	1月7日	集会所	きめられたことは実行する。	バトミントン，すもう，トランプ，ドッジボール，歌		２名の氏名記載	小出
N 集落第一	３名の氏名記載	8	1月4日	クラブ	みんな楽しく遊ぼう。	音楽会，かるた，トランプ，なぞなぞ		２名の氏名記載	大脇
少年少女助け合い	２名の氏名記載	5	1月7日	益美の家		トランプ，花あわせ，クイズ，紙芝居		２名の氏名記載	小林
K 集落	２名の氏名記載	9	1月7日	集会所	みんな仲良く親切をしよう。	クイズ，福笑い		２名の氏名記載	鎌田
M 集落第四	２名の氏名記載	2	1月3日	由起子の家	豆学校を最後までやりとげよう。	トランプ，かるた，スキー大会		１名の氏名記載	大脇
M 集落	３名の氏名記載	7	1月4日	友達の家	みんなで楽しもう。	バトミントン，福笑い，かるた，雪あそび，トランプ		２名の氏名記載	西尾

（出典）「冬休みの「豆学校」」『PTA 新聞』、1964年12月．手刷りガリ版資料を筆者により個人名秘匿活字化．

る意味で、地縁を受け継ぐ行為だといっていいだろう。「いつもむっとしたような人でも、その日だけは、いつもニコニコしていました」というのは合併反対派の人たちの表情である。合併賛成派の人と反対派の人は普段は挨拶もせず交流しない。しかし子どもの行事のときは別である。子どもが行うことには、恨みつらみを一旦外に置いて、神社で会し微笑んでいられたということである。そのことに気づいて書いている豆先生の子どもは、大人という他者の気持の機微を見つめて綴っているのである。

こうして、「豆学校」運動を先導した教師たちは追放される一方で、子どもの自主活動による「豆学校」は地域の人たちに歓迎され、盛んに存続されていった。

そこでまた事態は新しい局面を迎えることになった。神坂地区から追放された教師の一人である小出教諭は恵那市の教師として、恵那市でも「豆学校」運動を展開した。集団組織化の筋道をつけると、恵那地方全域へ花火のように皆が運動を拡散していくという現象が起こったのである。一九七〇年代には五〇〇集団ちかくの「豆学校」が恵那地方に形成された。そして、親の会は「民主教育を守る会」と名称変更をたどり、その組織の一部が現在も存続する「中津川市障害児者を守る会」に発展したのであった。

注

（1）出典：中津川市企画商工部企画広報課（一九八二）『市制30周年記念　広報なかつ川縮刷版』、一四九頁、一九五—一九六頁。

（2）斎藤尚視、一九六五年八月二〇日「豆学校——運動の基本的観点」神坂小・中・幼分会『東海教育科学研究協議会』配布資料、二七頁。

第Ⅱ部　恵那地方の統合教育

第4章　動く恵那式統合教育

一九六〇年代、恵那地方では、重度の障害があると、その障害児は地元で教育を受けられないという不条理な制約があった。一方、当地方の教育行政は市の教育委員会が現場からのカリキュラムづくりを認めて、独自の教育実践が公教育において可能であった。その条件が重なり、一九七〇年代から一九八〇年代にかけて障害児の就学運動から統合教育が実践された。

第1節　原学級活動
――養護学級授業～交流共同学習――

中津川市立東小学校（以下、東小と略）では、一九七一年四月に二人の重度の障害児が入学した。そして、統合教育が実践されるようになったのだが、その発端は、当時、学校外の障害児に対する訪問指導の際に、障害当事者である児童が、教師に個人教育ではなく、「学校へいきたい」「友だちがほしい」という必死に訴えたことから、一教師が大きく突き動かされたことによる。しかし、一教師がそう実感したところで学習体制にできるものではない。

そのような学習形態が存在しえていたのは、その当時の恵那地方においては、自主作成のカリキュラム実践が認めら

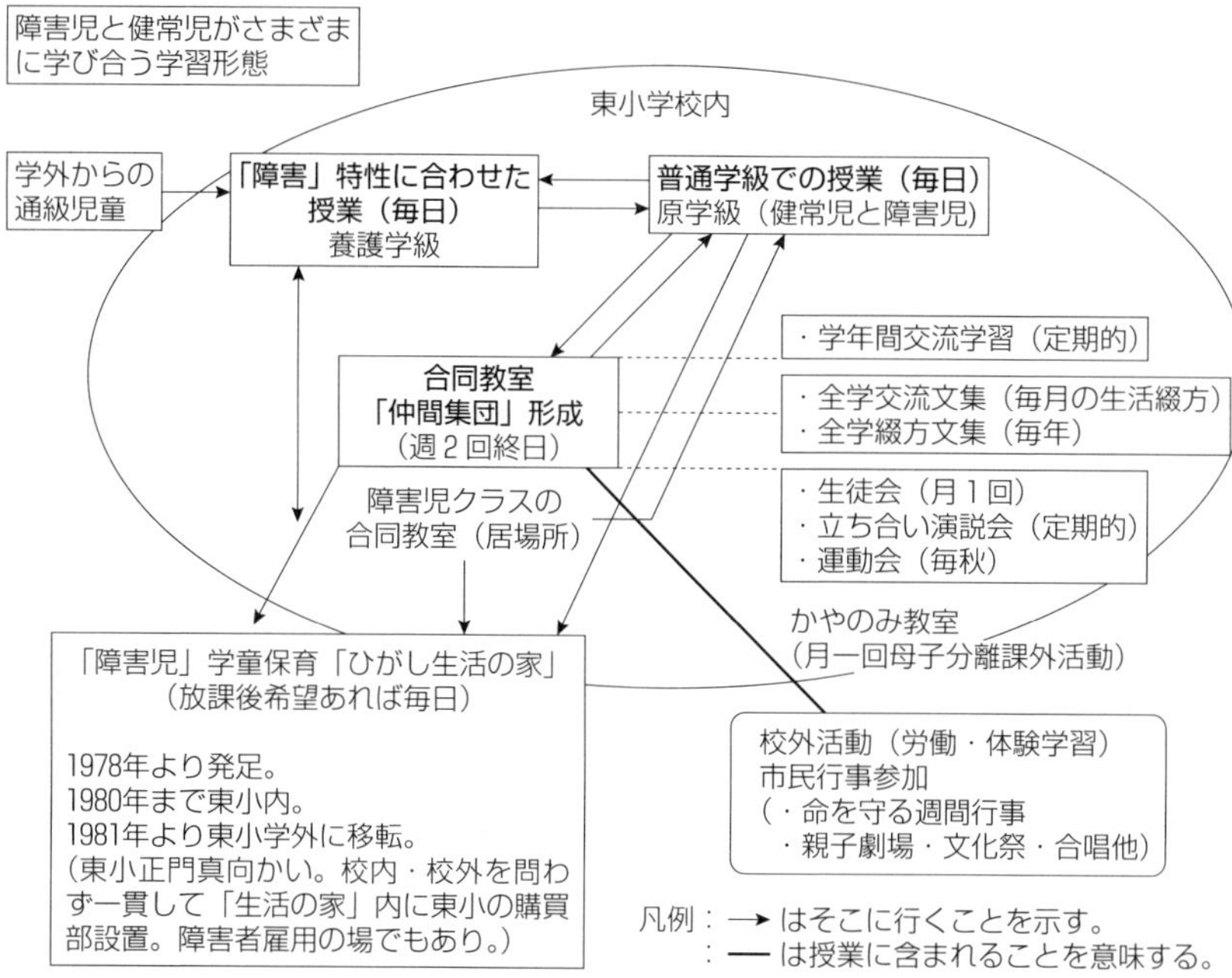

図4－1　さまざまな人と出会う学習形態

（出典）筆者作成.

れていたことに大きな要因がある。その体制に関しては後述し、本章ではまず、さまざまな学習形態について述べる。

統合教育の成り立ち

当時形成された学習形態を示すと次の通りとなる。[1] **図4－1**は中津川市立東小学校で実践されていた障害児をめぐる学習形態を示している。普通学級を原学級（親学級）として、養護学級がある。一九七九年時には、養護学級は聴覚障害のクラス「きこえの教室」、言語習得を目的とする「ことばの教室」、知的障害の重い学級養護Ⅰ、比較的軽い障害のクラス養護Ⅱ、自閉症やその当時は認知されていなかった発達障害などの重いクラスは情緒Ⅰ、軽いクラスは情緒Ⅱ、肢体不自由児クラスと、七つの障害別による養護学級が開設されていた（ひがし福祉会 二〇〇〇：一六二―一六四）。ただこの養護学級は固定的なものではなく、入学してくる障害児の障害により流動的であった。[2]

原学級と養護学級に併行して、週に二回合同教室という正規の終日授業があり、中津川市の障害児が一堂に集まって授業を行っていた。各々の障害児は自身の障害に合わせてこのクラス間を往来していた。授業の受け方は固定的ではなく、各児童の課題によって動くものであった。障害児は恒常的なそれらの授業に加えて、三、四学年の児童らと交流学習を定期的に行い、学校全体の活動として、生活綴方を書き、生徒会や立会演説会、運動会その他学校行事に参加した。そして放課後は学童保育所「ひがし生活の家」（以下、「生活の家」と略）を居場所にする障害児が多く、健常児も引き入れて遊んだり、勉強をしたりして過ごしていた。

戦後の恵那地方における障害児教育の指針に関して、恵那生活綴方教育の創始者の一人渡辺春正氏の障害児教育の現状に対する言説（一九五〇年）がある。

> とにかく、中津川市の障害児教育の歩みは、差別教育としての特殊教育でなく、生活を学習することを保障する立場からの出発であります。
>
> （『恵那の教育』資料集編集委員会、二〇〇〇年C、『「恵那の教育」資料集』3、一一三〇頁）

上記のように理念が謳われながらも、一九七〇年代に至るまで、障害児者は人前に出ることのない隠される存在であった(3)。遠方の都市部における大型施設に入所することは恵まれているほうだと思われており、教師の理念と現実の障害児の置かれた立場には、大きな隔たりがあった。

渡辺つやの教諭をはじめとした中津川市立東小学校の教師集団の運動により、一九七一年から重度の障害児が東小に入学した。これを端緒として、東小では重度の障害児が普通学級に籍をおいて、必要なときに養護学級で学ぶ学習形態の礎が敷かれたのである。

養護学級におけることばの教室は制度にあったので、開設も一九七二年と最も早い。その後、度重なる親の要求運動で一九七四年に「きこえの教室」が開設された。それまでは、聴覚障害児は小学校教育を受けようとすると県庁所在地の岐阜市の養護学校や施設に入所しなければいけなかった。後に東小の「きこえの教室」を卒業した聴覚障害児の多くは自立生活を送っている[4]。

この学習を推進した中心人物渡辺つやの教諭は、その後一九七七年に市立西小学校に転勤するが、その前年一九七六年には、恵那地方でもう一校普通小学校の中に重度の障害児を受入れるかたちをつくった大井小学校から小出信也教諭が、東小に転入してきた。

東小は、一九七六年、それまでの中度・重度の障害児が入学可能となった状態の上に、さらに小出教諭を中心に、新たな合同教室という学習体制づくりが進められ、障害児はさまざまな学習形態を経験することとなった。

一九七六年当時の東小内の養護学級は、障害の在り方によって「養護Ⅰ」（最重度・重度障害児）、「養護Ⅱ」（中度・軽度）、「ことばの教室」、「きこえの教室」と四クラスあり、一九七六年度より「情緒」の学級が加わった状態にあった[5]。同時に、学校通学に難色を示す障害児や親のいる世帯には訪問学習が行われていた。

通常学校の中に重度の障害児が学ぶ制度はなく、しかも介助が必要である肢体不自由児クラスが正式に承認されたのは一九七九年と最も遅れた[6]。肢体不自由のある児童は、それまでは実際には希望すれば学校側は断らないという方針であったので、どこかのクラスに所属していたし、介助員も障害児担当教員が障害児手当てやボーナスを出資して介助員の給料に充てがわれ働いていていた。

開設当初の養護学級は、三階理科室の片隅にあった。そのために身体障害児の移動は階段を上らなければならず、重度身体障害児は抱きかかえられて入室しなければならなかった。そのような物理的制約もさることながら、「重度の障害児こそ学校の主人公となるべきである」という小出教諭の主張が象徴するように、重度障害児こそ通常学校の中で最も待遇されるべきだという考え方はどの教師にも共通していた。そこで、教室を三階から一階に移すことになり、親や障害児も含めて手作りの教室づくりが行われた。

各々の障害児学級の教室は往来自由の部屋にし、教室に鍵をかけることはなかった。鍵の開閉については、「きこえの教室」を担当する足立すま子教諭と小出教諭は対立があった。これは、小出教諭の教育の主対象は中度・重度の養護学級にあり、「きこえの教室」や「ことばの教室」に関しては、特殊教育の延長線上とみなし、普通学級で行うべきだと考えていたことと、足立教諭の思いの方向性の違いに起因するものであった。[7]

「きこえの教室」には、親の切実な要求でできた経緯があったため、聴覚障害教育を大切にしたい思いが足立教諭にはあった。[8]この「きこえの教室」がない時期には、聴覚障害児の多くは教育を受けようと思うと、県庁所在地まで行かねばならず、そうすると皆、寄宿舎生活を送らなければならなかったからである。児童期に親子が離れ離れになることは、子どもにとっても親にとっても凌ぎがたいことであった。やっとの思いで学級が設置され、助成を受けてその助成金で難聴児のための高価な機材を購入したものの、重度知的障害児の中には、教室内を激しく動き回り、機材に興味をもって機材を破損する者がいるのではないかと、足立教諭は気が気ではなかった。[9]足立教諭としては、機材の置いてある部屋には鍵をかけたいという主張であった。しかし、あくまでも小出教諭は鍵をかけることに反対した。結局、教室は誰もが行き来できる場所として鍵はかけないことになった。[10]

一九七八年に東小校舎建て替えの廃材を使って、校内に「東生活の家の学童保育所」が建てられるが、それは同時に校舎の建て替えを意味する。小出教諭はその際、設計図を描いている。門がまえは広く車椅子が通れる設計を行っていた。その要求するところは職員会議に聞き届けられた。そうして、東小の門は車椅子・福祉車両が通行可能な広く段差を考えた設置になった。[11]

当時の東小学校生徒会議会は、四年生から各学級委員の代表者が月に一回、生徒会を運営していた。障害児は親学級（普通学級）と子学級（障害児学級）をもつが、生徒会には障害児学級の四年（一学年五学級の養護学級の学級委員一人）[12]から各学年の学級委員が代表となり、生徒会に参加し養護学級からの要求を行っていた。

普通学級では毎学期五～六名が立候補により福祉委員を務め、普通学級と障害児学級や合同教室へ、日常の遊び、生じた問題解決、行事その他、人間関係が円滑になるように活動した。

児童たちが下校すると、毎日、教師の研究会である。正規の就業時間は五時までだが、いつも過ぎていたという。動けないといわれていた障害児を動かし、他者とは交われないという障害児にグループ学習を強いていたわけであり、命や怪我の危険といつも隣り合わせの現実があったからである。当時、関わっていた足立教諭は「毎日がはらはらドキドキの連続だった」という。活動中に発作を起こしたり、意識が希薄になって眠ってしまう児童もおり、関わる教師らも一丸となっていたという。

重症児を担当していた増倉教諭の話によると、あの子は気道確保のためにこのぐらいの角度で支えたほうがよいとか、児童にそれぞれ活動するのに確保すべき体位があったという。障害児担当の教師や介助員は、毎日、受け持っている障害児一人ひとりのロールプレイを繰り返し、その人の発達課題を教師らで話し合い、その児童に合った遊具がつくられた（田中　一九八九）。午後五時以降の仕事は勿論のこと、徹夜をして翌朝まで次の授業の教材を準備することもあった。

週に二日合同教室というものがある。合同教室は中津川市の中心地にある三小学校に加え、郊外の坂本小学校と訪問学習の障害児で構成されているが、途中より第二中学校が加わっている。第二中学校は、恵那地方で生活綴方が始められた直後から知的障害児教育を行ってきた中学校でもある。

この中学校の合同教室参加には理由があった。というのも、東小学校ならばかろうじて登校できる中学生年齢にある生徒が各年時に存在し、第二中学校より障害のある生徒担当の教頭を東小に出向させるというかたちをとって、書類上、東小を第二中学校の分校として扱っていたためである。そして、この合同教室で中学校につながっていることが、卒業後の「ひがし生活の家」を中心とした地域生活運動に連動していく結果を生んだ。

親はこの合同教室には立ち入り禁止である。一人での通学が難しい重い身体障害児には、親の同行を通学時のみ許可する場合もあったが、合同教室を担当した増倉教諭は「どんなについてきても門のところまで」と親を突き返したという。「障害児の親は過保護やからね」と、障害児自らがしようとする前に親がしてしまうので意欲が育たないことを、自分で食べることを例にあげて語った。

写真4－1　合同教室の旗

（著作権者）社会福祉法人ひがし福祉会　鳥居広明.
（出典）「地域に生きる障害児者運動四〇周年記念 共に生きる」冊子より.

当番が誰にもあること

ことばのない表現がなかなか外に現れない児童も朝の会の当番をする。一般的にみて挨拶になっていないかもしれない。

しかし、そこで毎週顔を見合わせる仲間には、その人の挨拶らしき行為がわかるのだという。すべての生徒が当番として食事の給食から片付けまで行い、単元の目標には、「時間内で食べる」「こぼさない」などのマナー、「自分で食べる」「介助なしで食べる」ことが強調されている。

飼育係も担当が決まっている。長期休暇中の世話は結局、東小の生徒がしたということであるが(13)、それぞれの生徒に受け持つ動物が決まっており、受け持った動物には名前をつけて飼育していた。飼育作業を認知することがなかなか難しい児童もおり、担当者は二人以上になっていた。

朝の会の挨拶のように一人で担当する当番か、もしくは食事、掃除、飼育などのようにグループで受け持つ当番かになっていた。

自分と他者を承認し合うこと、そして葛藤

挨拶や自分の名前を何度も繰り返し学習しなければわからない人がいる。重度知的障害児にはそれが多く認められる。成人してから挨拶しないことは個人の自由であるが、挨拶することを知らないために社会生活で不利な立場に置かれてしまうことも少なくない。そして、自分の名前も自分の名前が「○○だ」

ということが認識できない人もいる。また、過去の生育歴において自己否定され続けて自分の名前を認めたくない人もいる。

毎日名前を呼び合って挨拶すること、毎月誕生日会を開催することは自分の存在を嫌でも植え付けるような、人によっては過去の辛さを追想することでもあるかもしれないが、ここでは、一貫して強化づけるものであった。合同教室では、親の介入がないので、本人たちの力で会も成り立たせなくてはならない。正確にはそう仕向けられていた。

合同教室では、毎月誕生会が開かれている。『生活教室』通信には、その様子が伝えられている。「ITさん（誕生者本人）がMYちゃん（祝い手）に千羽づるをわたされると、ニッコリほほえみました」とある。一〇月下旬から一一月上旬の一カ月の間に誕生日を迎えた人の例である。(14)

実は、同時期に合同教室内では人間関係の葛藤が生じていた。

ちょうど、この誕生日一一月にかけてのことである。一九七六年から一九七七年にかけて、この通信に登場するGS子さんは、合同教室における集団の主導権を握ろうとしていた。その駆け引きについて、GS子さんの話し綴方と、教師の目からであるが人間関係の様子が記録に残っている。GS子さんはまだ文字を獲得していないので、話綴りである。(15)一〇月六日、二〇日、二三日、三〇日、一一月一日、一五日、一七日、二九日、一二月一〇日、一三日、一五日、二三日、一月一二日、一三日、一四日、一七日、二〇日、二四日と続いている。

この当時、教師たちは合同教室でのGS子さんの様子を次のように受け取っていた。誕生会の主賓でもあるITさんをGS子さんは指揮下に置いて、自分の意志のままに動かしているというのである。

一〇月の話綴りの内容は、GS子さんが自分の家の人たちとのやりとりに限定されている。けれども、一一月一七日の話綴りから、ITさん他、合同教室の人たちの名前が登場してくる。GS子さんの話し綴りはその通りであったが、教師から一一月を眺めると、ITさんがGS子さんにコントロールされる拒否として反発が多くなり、逆にGS子さんはその反発にヒステリーや暴力を加えるように映っていた。

ＧＳ子さんはＩＴさんへのリーダシップをＳＨさんに移し、ＧＳ子さんの意志に従わないと暴力で服従させようとして、時折、ＳＨさんが落涙していたことが記録されている。

しかし、その一カ月後、ＳＨさんもＩＴさん同様、反発する。二人から拒否されたＧＳ子さんはＭＹさんにも行使しようとするも、ＭＹさんは最初から強く反発し、結局、ＧＳ子さんは孤立していった。

教師たちの一二月の記録には、ＧＳ子さんが「遊び、そうじも一人でやることがめだつ」とある。けれども、ＧＳ子さんの一二月の話し綴りにはすべて、合同教室の誰かの名前が記載されている。行動は単独で行為していたけれども、気持ちの上では他の人たちを抹消していなかったのである。

一方、最初に指揮下に置かれたＩＴさんは、やはり文字は自由に書けないが、話綴りを一二月二三日、一月一二日、二〇日、二二日と行っている。一二月の話し綴りには合同教室のメンバーや教師の名前が出てくるが、ＧＳ子さんも登場している。文面にはバス乗車、見舞、買い物に一緒に行ったことが羅列されている。この話綴りがＩＴさんから出るようになった時期にＧＳ子さんに対する反発が始まっている。ＩＴさんはＩＴさんで、ＧＳ子さんから受けた命令を、今度はＩさんを世話し干渉するようになったとある。教師の記録にはＩＴさんは一一月まではＧＳ子さんと遊ぶだけだったが、短時間で他の仲間と遊びができるようになると記されている。道理で一二月の話し綴りには三三人と多くの人が登場してきている。ＩＴさんは人付き合いを広げたのである。

誕生会は、自分という個体の存在を、その人、居合わせた人間間に承認することを植え付ける行事でもあるし、日常生活にも何らかの影響を与えているようである。

労働を共にする学習へ

労働の単元は東小三、四年生との交流学習である。実はこの交流学習は最初、五、六年生と一緒に行っていたものである。物の分別がわかっている高学年がよいという理由であったが、この時期になると女子児童は女性らしい体つきになるため、教師不在のところで性的ないたずらをする生徒たちが出てきてしまった。そこで、普通学級を受け持つ西尾昭洋教諭が、三、四年生との交流に切り替えることを提案し、三、四年生との交流教室を行ったところ、健常児に目覚ましい社会的成長があったという[16]。それ以降、三、四年生が対象となった。

合同教室のカリキュラムである生活合科統合単元には、労働学習の取り組みがあり、四年生が養護学級の雑草園を一緒につくっていた。東小では、プール上に農園をつくっており、ここで養護学級の畑の作業を行っている。農具も一輪車をはじめ養護学級所有の農具があった。

ちなみに、農作業ははだしで行う。一九八〇年代まで中津川市内の小学生ははだし教育が推進されていた。先の運動会も、後項の飼育動物との遊戯も同様である。

一日も休むことのできない飼育、そして動物との遊戯

飼育は、動物を世話すること、動物の動きや感触を実際に確かめてみることで、その児なりの感覚を呼び起こしながら、生活につなげていくことが教師の主旨であった（生活合科統合単元「ことば」「かず」「描くつくる」「うさぎ・ことり・ちゃぼの飼育」「社会見学」参照）。具体的には、各動物の担当者による毎日の世話、「ことば」では動物の呼び方と固有名詞習得、「かず」は毎日、小屋から出ていないかの点検かつ数字習得のための数唱、休み時間には飼育動物を運動場に放し一緒に遊んだ。そして「描くつくる」は動物の描画を行っていた。そして、「社会見学」は動物園への見学と単元を統合的につなげていた。

演劇上演へ

合同教室で仲間意識を高めた一つに演劇の上演がある。舞台の上に立つと、自分の位置関係がわからなくなったり、自分が何をしているか途中で混乱する知的障害児も少なくなかった。合同教室で何回も練習が繰り返されることによっ

て上演が可能になった（生活合科統合単元「特別活動」参照）。上演だけでなく、毎日繰り返すことで、自分の身の回りの生活に結びつけて考えるようになった人もいる。

合同教室での上演の経験は、さらに、中津川市の文化祭への参加やその他の中津川市全体の行事参加につながっている。たとえば、一九八〇年の子ども劇場への参加もその一つである。

子ども劇場は市内の子どもたちが一堂に集まる場所であった。その中で、「仲間集団」[17]も出演している。この舞台への参加は、後に障害者本人が廃品回収で市内を巡回して綴方を配布する際に「あの、ひがし生活の家の仲間ね」という市民の認識にもつながった。このような市民劇場に出演していくことで市民の知名度を高めておくことは、後々彼らの死活問題までつながることになる。

組織的にも子ども劇場とのアクセスは、単に市民活動に参加することを意味するものではなかった。というのも、この子ども劇場へのコンタクトで、その後の「東生活の家」後援会の勧誘ルートが開けたのである。子ども劇場の母体は親子劇場である。親子劇場は市民会議の中で幹事会機関・団体に属している。したがって、このコンタクトは単一の交渉に留まらなかった。幹事会機関・団体は市民会議開催時に同席して協議する。この市民会議幹事会機関・団体は次の通りである。私立の幼稚園、医師会、歯科医師会、薬剤師会、親子劇場準備会、民生委員、スポーツ少年団指導者連絡会などである。つまり、親子劇場にアクセスしておくことで、合同教室に財政的な困窮が起これば一連の機関・団体に話が通じやすくなったのである。こうして演劇は合同教室の資金面での地域生活運動につながっていた。

市民行事へ位置づけられる「障害者の日」

一九七七年度の単元表は合同教室の市民活動運動を示している。図4-2は市民活動と生活単元の関わりを示している。一九六八年八月六日、市内の工場敷地内のマンホールで小学生と中学生、救助に当たった工場従業員二人と消防署員五人が充満したガスにより死亡した。この事故から、市民全体が命について考える期間ができた[18]。八月一二日は障害

昭和52年度（1977年度）
中津川市障害児学級合同教室指導計画（案）5月12日作成

実施月	単　元	学習活動	実施月	単　元	学習活動
4月	なかよし	合同教室遠足	11月	発表会 誕生会	劇・歌発表 まつり
5月	子どもの日	子どもの日まつり			
6月	しごと 誕生会	麦のとりいれ 植えつけ 種まきまつり	12月	としのくれ 誕生会	買物 大掃除
7月	七夕合宿 誕生会	七夕まつり	1月	正月 誕生会	楽しい室内 屋外での遊び
8月	夏のあつまり いのちをまもる	親子盆おどり	2月	節分 誕生会	まめまき まつり
10月	運動会 社会見学 誕生会	合同教室運動 まつり 動物園見学	3月	節句 誕生会	ひなまつり
			9月は休み		

中津川市生命を守る週間（一九七七年）
危険箇所の点検　七月二十〜三十日
健康の日　七月三十一日
保育のつどい　八月四日
労働災害をなくする日　八月五日
平和の日　八月六日
婦人の日　八月七日
危険箇所の点検　八月八〜十日
障害児のつどい　八月十二日
生命とくらしを守るつどい　八月十三日

図4－2　生活単元から市民活動へ
（出典）手書き資料を筆者により活字化.

児の日である。

合同教室の目的は次のようにまとめることができる。

第一に、障害児本人で運営できる「仲間集団」をつくりあげることとした。そこには他方で、一九七三年から開設された母子分離教室「かやのみ教室」がすでに「母親集団」を形成していた。その「かやのみ教室」を、一九八一年の国際障害者年を目途として、合同教室に合体させようとした。合同教室を大きくすることで、通常学校内の養護学級を実質の養護学校として法的に行政の承認を受けることとしたのである。第二に、「障害児教育」に不安を抱え孤立する担当教師が合同教室で団結することであった。当時、中津川市内の公立学校はマンモス校の状態にあった。その中で、東小以外の障害児担当教員は一名か二名しかいなかった。市内のマンモス校の中で障害児担当教師の孤立化を解消する目的もあった。

当時の東小は、障害児教育を受けたいと市民が希望すれば、学区にこだわらず通うことができるようになっていた。

この合同教室開設の一九七六年の二年後、東小内に障害児の家族らの要求で障害児のための学童保育所「ひがし生活の家」が建てられることになる。その利用資格は市内の障害児であればよかったので、授業は学区内で受け、放課後は市内全域から東小学校の学童保育にやってくる障害児も少なくなかった。[19]

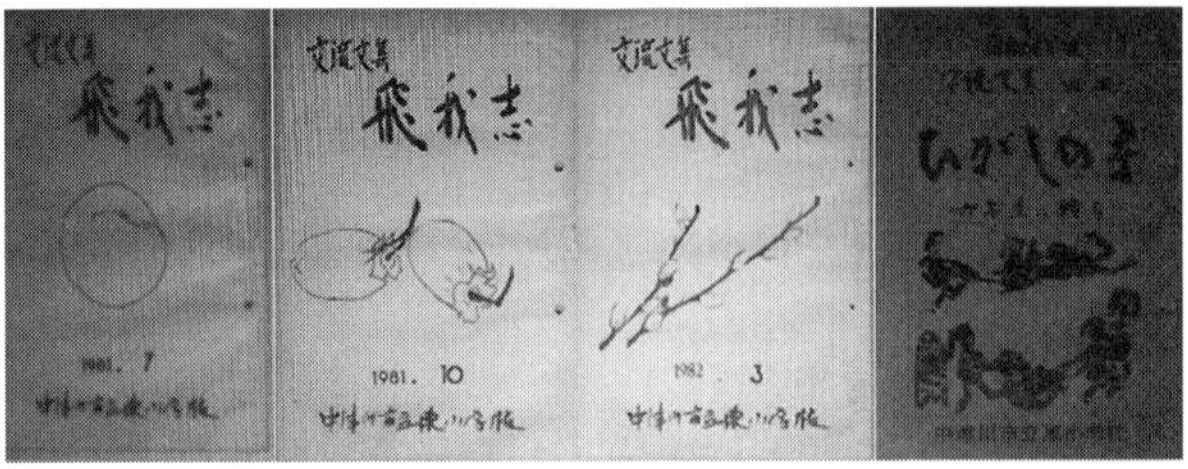

写真4－2　東小の交流文集と学校文集
（所蔵）中津川市立東小学校.

第2節　生活綴方と障害児・健常児

生活綴方は恵那地方では盛んに書かれるものであった。東小でも全校の活動として実践されていた。

残存する資料には限界もあるが、資料調査結果から、関連する生活綴方を検討する。それは東小作成の交流文集・学校文集である。これらの文集を、倫理的配慮の下、適宜使用する。

障害児が健常児と一緒に徒歩で地域内を登校することの意味

登下校は東小学区以外の障害児は一人徒歩でやってくるか障害児同士や担当教師と集団登校してやってくる。東小学区の障害児は普通児と一緒に集団登校である。これは同じく重度の障害児を通常学校で受け入れた恵那市立大井小学校でも同様であった。重度の障害児には一人の登校は難事であった（社会福祉法人ひがし福祉会　二〇一一：四―五）。

綴方1

こいでせんせいが
おこってきた（ひとりで歩いて家へ帰りなさいと小出先生がいった）
ひとりでないでいないで
あるいてないでした。（ひとりで泣いて帰りました）

（W．Y．一一歳　ダウン症児）

IQ30前後で教育不能といわれたW．Y．さんの生活綴方である。恵那地方では知的障害のために文章が書けない児童も、教師との対話もしくは対峙したことから出た言葉や発声などの話綴りを、生活綴方とみなしていた。一人で登校したことが綴られている。

東小ではトイレでの排泄の習慣が自身の中に身につかず登校の道端に大便をする重度知的障害児もいた。その大便を毎日、東小の中西克巳校長が拾って歩いたという。それでも、健常児と同様に、集団下校を実践していた。

日常生活の綴方

実際に通常学校内で障害のある児童と健常児の関係は一筋縄ではいかない。

困っていることを綴る

綴方2（綴方の作者・登場人物は仮名）

私が、教室や家で、困っていることや、たるいことを　みんなに、お知らせします。

教室で　たるいことは、須沢海斗くんが、いっつも私の　せなかをたたいたり、けったりするでたるい（ママ　悲しいの方言）。

（篠田薫（仮名）、一九七九年度、「私が、教室や家で、困っていることや、たるいこと」『学校文集　ひがしの子』中津川市立東小学校、二四五頁）

篠田さん（仮名）は須沢さん（仮名）がいつも篠田さんの背中を叩いたり、足を蹴られるので、「たるい」つまり、悲しく、淋しく、情けない思いをしていると書いている。須沢さんはそのことを交流文集を通して全校生徒に知らせている。

ほうそうで、友達の声がきこえんでたるい。
うんどう会のときでも、リレーのとき、どこでならぶのとか、なにをやるのとか、どこへいくのとか、いろいろ、自分は、わからんでたるい。（中略）
ほうきとかで、かじや、じしんのときや、しゅうだんげこうでそういうときあったら「外へにげてください」とほうそうがかかって、みんなはにげていくけど、
私は、きこえんで、いつまですわっても、たってもわからない。
私は、（どうしたら、にげれるように、なるかなあ）と、思った。
（どうすりゃあいいかなあ）と、なんべんも、何べんも、かんがえた。

（篠田薫（仮名）、一九七九年度、「私が、教室や家で、困っていることや、たるいこと」『学校文集　ひがしの子』中津川市立東小学校、二四五頁）

篠田さんは耳が聞こえないことで、どういう場面で他の人たちのようにできないのか説明している。放送の声が聞こえないこと、運動会では聞こえないために並び方、演目、集合場所がわからない、避難訓練では聞こえないので立ち往生してしまう、言い間違い・聞き間違いで対応できないので、いじめに遭ってしまう。何度考えても篠田さん一人で解決できることではない。綴方に具体的な生活しづらさを書いて、やっと、健常児や教師たちは配慮ができる。
次の綴方は健常児の綴方である。

綴方3（綴方の登場人物は仮名）

（前略）1年生。入学した時、車いすの子が2人もいたのを見て、びっくりした。
うすうす前から感づいてはいたけど、まさか私と同じ学年になるとは、思ってもみなかったし、本当にそ、ん、な子がい、る、な、ん、て信じられない、といういうこともあった。

それから、入学写真をとる時もその子達がいて、車いすの子の他にもいるけど、しっかり歩かない子や、なんかおかしいことをいう子もいたので、よけいびっくりした。そして、その中の一人の子が、私達といっしょに写真をとった。私は別に気持ち悪いという感覚はなくて、かわいそうだな、と思っていた。（中略）

私は、今、小さい1年や2年の子達が、ようごの子を見て逃げていったり、私が一緒に遊んでいると、けいべつした目つきで通っていく子がいる。私は、はじめのうちは、（何、あの子、この子達だって好きでこんな風になったんじゃあないし、もしかしたら、あの子達だってこういう風になっとったのかもしれんのに……）と、思っていた。

けれど、小さい時のことを考えていたら、はっと思った。

それは、私だって、1、2年の頃は、ああやってけいべつした目つきで、ようごの子を見ていたかも知れない。にげるまではしなくても、にげごしになって、おそるおそるようごの子の近くを歩いていかたかもしれない。（後略）

（大野裕子、一九八四年度、「養護の子を通して人のことが考えれるようになった最近の私」『学校文集　ひがしの子』中津川市立東小学校、三〇頁）

大野さんは「ようごの子」と障害児のことを呼んでいる。彼女の周辺には、それまで障害のある人はいなかったようである。「そんな子がいるなんて信じられない」というのは、重度の障害児が自分の地域の中に存在し、生活していることを今まで知らなかったのである。しかし、実際に入学しているのだから、本当は地域社会の中に存在しているのである。

「車いすの子」は身体障害をもっている子であるし、「しっかり歩かない子」のしっかりは、脳性麻痺のために健常者から見てしっかり歩いていないように見えたのかもしれない。また、麻痺や発達障害のためにふらついてしまう歩行が、しっかり歩いていないように映ったのかもしれない。「なんかおかしいことをいう子」というのは知的障害、あるいは発達障害のある児童であろう。つまり、大野さんは障害児にも色々な障害をもった人がいることを目の当たりにしたわけだ。そして、障害児のことを「かわいそうだな」とそれまでは思っていたとある。大野さんは、未だ入学年限の少ない障害児との接点があまりない一、二年生児の視線や行動が、障害児を差別していることを記したのだが、彼女自身も当時はそうであったことに気づいて綴っている。

毎日出会っているから起こってくる問題に立ち向かうこと

次の綴方は、いじめだけでなく、現実の環境が障害のある人にとって、どれだけ不利にできているのか、日常生活で困ってしまっていることを全校の人たちに伝えている。

綴方4（綴方の作者・登場人物は仮名）

きょう　5年3組で事件がありました。
ぼくのおったばしょは　とおえんじの左の方で、しゃせいをしとった。
きょうえのぐぬっとって　そのだ君とたなべ君がえのぐかして　といいました。
えのぐかしてやったいろは　白とくろかしてやった。
ぬっている時　神田君が　すべってきて　がようしに　石がのった。それでがようしがよごれちゃった。
かんだ君が「すべってきた」といいました。
ぼくも「すべってくるな」といいかえしました。

（山口豊（仮名）、一九七九年度、「5年3組のこと」『学校文集　ひがしの子』中津川市立東小学校、二四一頁）

山口さん（仮名）は、図工の授業は普通学級で行っている。写生の出先で、クラスメイトから妨害を受けている場面を綴っているが、山口さんはその嫌がらせに対してきっぱりと言い返している。

4時間目の　おわりの鐘がなったで　帰りたくなったので　えのぐと水いれをもって　学校へもどった。そのだ君とたなべ君が　へんなこといっても　ぼくはがまんしてきょうしつへもどってきました。おすしとかバカとか　いってきました。
はじめは　いいふうにやっとった。
そんでまた　へんなこといわれると　たるいとおもって　社会へいきたくなくなりました。

（山口豊（仮名）、一九七九年度、「5年3組のこと」『学校文集　ひがしの子』中津川市立東小学校、二四一頁）

山口さんは画用紙を汚されて我慢して戻ってきたにもかかわらず、他のクラスメイトからさらに社会の授業で嫌がらせの言葉を浴びせかけられている。最初は我慢していても、次々にいわれのない差別的な暴言を浴びせられると、いよいよ社会の授業で普通学級に行くのが嫌になったことを綴っている。

足立先生に　わけをはなしたら　「先生もおこってる」と、いいました。
ぼくは、たるいふうに　たなべ君が　いじめたことをはなしました。

（山口豊（仮名）、一九七九年度、「5年3組のこと」『学校文集　ひがしの子』中津川市立東小学校、二四一頁）

山口さんは一人で悩み込まず、まずは自分のことをしっかり聞いてくれる養護学級担任に話をしている。ここでいじめの非対称性は崩れる。それまではいじめる側の人たち対山口さんで極めて非対称で、山口さんに不利な力が働き続けている。しかし、山口さんはそのいじめの連鎖を足立教諭に打ち明けることで断ち切り、「2時30分ごろ　きょうしつへいって　たなべ君と　そのだ君にいじめられたことのはなしあいをした」として、親学級である五年三組の帰りの会にこのいじめの実態を議題として発議したのである。

このような綴方の訴えがあった場合、必ず納得できるまでの話し合いが必要不可欠である。当時の恵那地方の小学校では、綴方や朝の会で問題提起した生徒の訴えを、他の授業を削って納得するまで話し合うことが恒常的に行われていた。その保障がない限り、篠田さんのように「お知らせします」とは外に出せないだろう。また単なる公表では、須沢さんにもいじめの加害者という非難が集中しかねない。

山口さんは所属する五年三組で不利益を被ったことを養護のすみれ学級の教師に打ち明け、普通学級の教室に戻って話し合いをした。ここには、養護学級と普通学級間でいつも話し合うという土壌が敷かれているから解決の道筋が引かれている。こうした問題がクラス内に留まらない根本的なものであると、全校、学校内部だけでなく恵那地方全体の綴方合同研究会で討議されることは珍しいことではなかった。

綴方で公表することは、覚悟の要ることでもあるが、自分の身を守る行動でもある。いじめを受けて、どんな理不尽な思いをしているのか、健常児や教師たちはこの綴方で思い知るのである。

友と冒険する障害児

綴方5（綴方の作者・登場人物は仮名）

ぼくが　3年生のときの　5月やった。

すすむ君と　ぼくと　さかいさんのいえのとこで「がけのぼりをやろ」と　ぼくが　いったら、すすむ君は「いいよ」と　いってくれた。

そして　ぼくは　はやくのぼって　小さい石があったもんで　そこに足をかけてみたら、ぼくは、おちた。しにそうになった。

がけから　おちて　はらをぶって　耳から　ちがでて、はなからも　ちがでてきた。

耳がいたかったもんで　さわったら　手に　ちがついた。

すすむ君が　はなから　ちがでとるって　いったもんで、ぼくは（もう　しぬかもしれん）とおもった。そして
はらを　ぶったもんで　たてんかった。くるしそうに　ないとった。
そして、すすむ君が　おかあさんを　つれてきたもんで　たすかった。おかあさんが　おこしてくれた。
なんにもいわんかったけど、おかあさんのかおが　へんやった。まいにちより　かおが　かわって、みどりいろ
に　なっとった。
おかあさんが　タクシーを　よんでくれて　びょういんへ　つれていってくれた。
ぼくは、すすむ君を　ぼくの　おとうとみたいに　おもって、そして　すすむ君と　ぼくと　ともだちになった。
（中略）みっかとも、ぼくは　しっこと　うんちが　でなかった。ごにちたったら　うんこがでた。（中略）
ぎゅうにゅうのんだら　口から　ちがでたので、水ものみものも　のんじゃいかんと　いわれた。
みっかたって　足が　ちゃんと　うごけるようになった。
みっかたつと　びょういんからでて、そして　すすむ君のことを　おもいだしてすすむ君のいえへいって　すすむ君と　あそんだ。

（すみれ（ママ）尾根信（仮名）、一九八二年三月、「ぼくがしにそうになった」『交流文集　飛我志』、中津川市立東小学校、障害三頁）

この綴方について、ここでは危険の是非は問わない。障害のある尾根さん（仮名）が崖登りに挑戦し、転落して重傷を負ったこと、彼は生死をさ迷ったこと、事故から入院を経てすすむくん（仮名）という友人を得たこと、それらの状況を見つめ綴っているのである。

教室内から全学運動会へ

運動会は体づくりの単元に含まれているが（生活合科統合単元「からだ」参照）、これも集団が集う経験を実感する場所と

しては重要である。しかし、合同教室の障害児にとって、この運動会開催まで練習し当日に持ち込むまでには、身体的にも、精神的にもハードルの高い行事でもあった。家から出て、保護してくれる親からも切り離されて、この教室にやっとの思いで参加している訪問学習の児童にはなおさらである。運動会当日は親も観客として参加する。親にとっては運動会で日常の子どもとは違った姿を知る経験にもなる。運動会での各児童の活動は、合同教室で得た成果を親に知らせる一つの機会でもあった。合同教室の運動会は体育館で行っている。

運動会で注目されるのは、その波及効果である。なお、合同教室内から出て、全学の運動会で障害児などが演目を披露したということである。

障害児本人にとって運動会は障害児の合同教室内の活動から外に出て観衆の視線を浴びる、自分を曝け出す機会になったのである。

綴方6（綴方の作者・登場人物は仮名）

10月2日　運動会で、ようごの子（ママ）の、「おどって　まわって　がんばって」というえんぎになった。私は、おどっているのを見て（あんだけかぁ）と、思って　見ていた。

先生があるけん子をかた手でだいて、もうかた一方で　ばば岡村君をひいておどっていた。（たいへんだなぁ）と、思った。

おどりが終って　2人ずつならんでいた。みんながでんぐりがえしをしていた。きこえの子は　じょうずに出来た。くめ君（重度身体障害）がじょうずにできるとは、思わなんだけどじょうずに出来た。あるけん子が先生にだかれて来た。私は、（かわいそうだな、自分の力で地面についたことがないんだから）と、思った。

私は、2、3年の時、（クルマいすにのりたいな）なんて思ったことがあるけど、だかれとるのを見て、そんな気持ちはいっぺんにふっとんだ。

今では、（バカだったな）と思うようになった。そんな事を思って見ていた。

（四年四組高野香織（仮名）、一九七九年一〇月、「ようごの歩けん子は　がんばったなあと思った」『交流文集　飛我志』中津川市立東小学校、ページ数記載無）


「あんだけかぁ」と、健常児の高野さん（仮名）は障害児を「上手にできない」「かわいそうな人」と思っていた。一方、車椅子を乗車することに羨望の気持ちもあった。しかし、観客の前で競技する菅井さん（仮名）を見て、それまで車椅子に乗車したいという憧れは払拭された。

「でんぐりがえし」の演技もどうせたいしたことはないだろうと高野さんはあまり期待もせず見ていた。しかし、高野さんの予想外に、障害児たちはでんぐりがえしを上手にやった。


歩けん子は、先生に足をもってもらってでんぐりがえしをした。

どんどんすすんで　一番さいごの子になった。その子も、歩けない子だった。

（また、前の子と同じことをするんだな）と　思って見ていた。

そしたら、マットの上にうつぶせにねせた。（なにするのかな、一人で　でんぐり返しやるつもりかな）と、思った。

そしたら、ひじをつかって　こしを左右にふって、足をもじもじさせて、顔をあげ、とても苦しそうだった。

それで、いっしょうけんめい、前へ進みようった。

でも、あまり進んでいかなかった。足の力がないので、体と手でがんばっとった。

何につかまって進んだかわからないけど、2分か3分で、1mぐらい進んだ。

その子の足を見ると、ほそくて、おれそうだった。

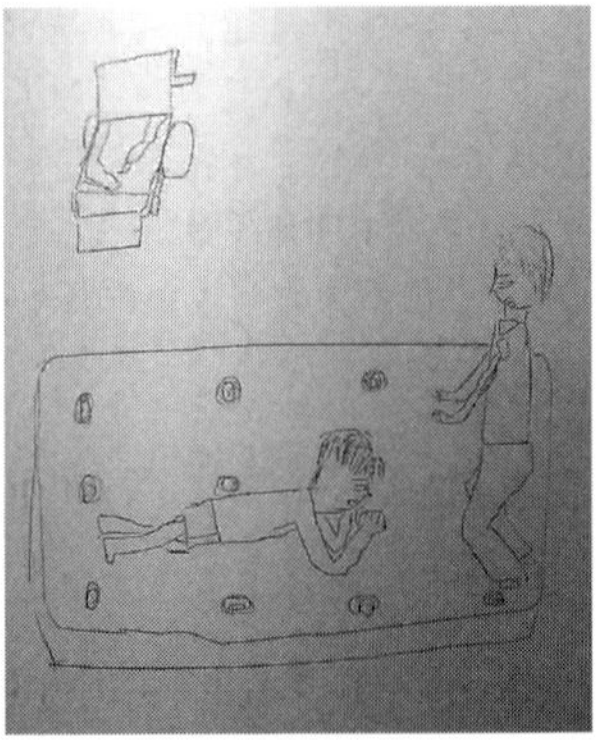

写真4－3　高野さん（仮名）が菅井さん（仮名）のその光景を見て書いた絵
（出典）1979年10月『交流文集　飛我志』（ページ数記載無）．中津川市立東小学校 所収．

1mぐらい進んだら、先生がだいて行った。

私は、すごく　拍手をした。

その子は、一番大きな音のはく手をもらったみたいだった。

私は　感心した。私が走るよりも　たいへんだと　思った。

その子は、自分なりにがんばったと思う。（中略）

私は、ぜんぜんふじゆうじゃない。

だから、ふじゆうな子の気持ちがわからなかった。（後略）

（四年四組高野香織（仮名）、一九七九年一〇月、「ようごの歩けん子は　がんばったなあと思った」『交流文集　飛我志』中津川市立東小学校、ページ数記載無）


高野さんは「また、前の子と同じことをするんだな」と決めつけて見ていたが、菅井さんが動かない足の代行として、身体と手で進む姿を目の当たりにする。そのときの菅井さんの表情を振り返り書き、高野さんは菅井さんの足が細く折れそうであることも見ている。高野さんは「すごく　拍手をした」、「感心した」のだが、周りの人が重度障害の彼に最も大きい拍手をおくっていたことに気づき、頑張ることについて考えている。

そして、菅井さんが車椅子から離れてマットの競技をしている姿を描いている。高野さんは車椅子に頼らず自助具なしでマット

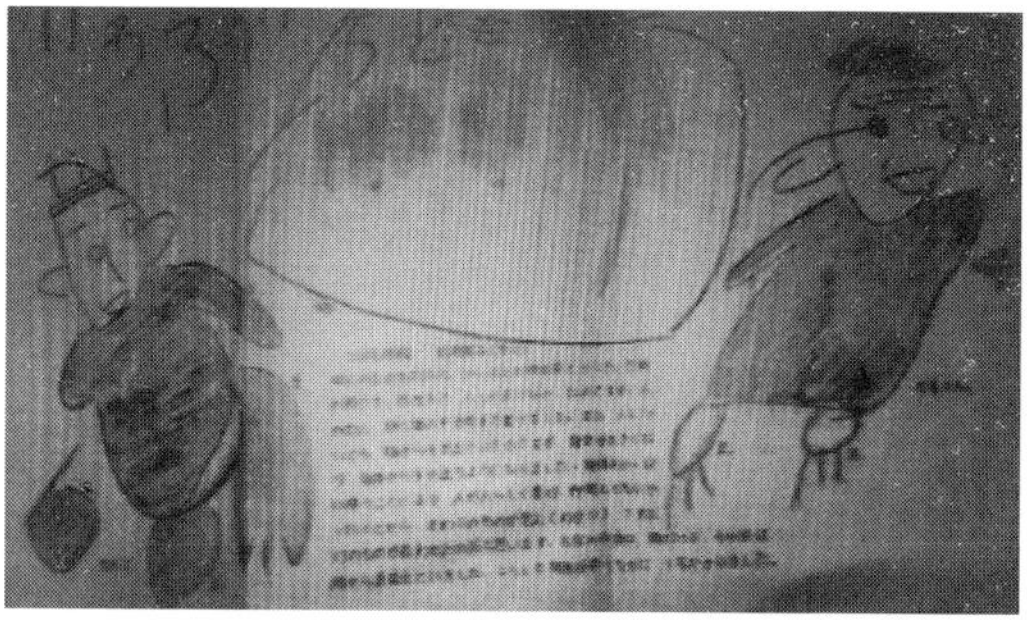

写真4－4　上田信子さん（仮名）の労働学習の絵
（出典）1981年『交流文集　飛我志』中津川市立東小学校.

競技に挑戦する菅井さんそのものを観ているのだ。

一九八〇年代までは、東小の運動会は、菅井さんのように重度の障害児が全校生徒や父兄を前にして、自分の演目を披露したり、健常児と一緒に競技することが行われていた。

高野さんは、運動会の綴方で、菅井さんという重度障害のある児童に対する自分の偏見と実際の違いを書き出しているのである。

労働を共にする学習へ

次の絵綴は労働から導かれた重度の知的障害児の作品である。

この作者上田さん（仮名）は前述した誕生日のエピソードに登場した人である。GS子さんから受けた人との接し方から、今度は他の人へそのリーダーシップを示そうとしていた。

それぞれに生じた葛藤について一九七六年時合同教室でのエピソードを示したが、彼女はその五年後、中学生となって合同教室に通っている。中学二年生時の表現である。

綴方7

説明文（先生の名前記載無）

四（ママ）人の子どもたちと　プール上の畑の草とりに行った時の絵です。

昨年まで人しか書けなかったのですが、人の他に畑と畑の中の草まで書けました。また、人についても、顔から手が出ていたのですが、身体が大きくなり、身体から手が出るようになりました。身体をいっぱい使うことにより、人が人らしく書け、仲間とともにやったことから、まわりのものが見え（わかり）、これだけのものが表せたのだと思います。去年の今頃は顔だけを、手や足は顔から直接出ていました。こうして身体が書けるのに1年かかりました。

（上田信子さん（仮名）の絵綴の説明（書き手記載無）、一九八一年四月、『交流文集　飛我志』中津川市立東小学校、ページ数記載無）

一九八一年、彼女は、人の体を大きく感じ、そこから手先が出てくることを習得し、彼女の生活の中で、赴いた畑への認識を描いた。この畑は交流学習で健常児と共に農園をつくり労働作業した場所である。そのような生活経験で、上田さんは自分の中で人とつながる意識を絵に表したのである。そして、自分の足に根っこがはえている表現は、すなわち、大地から自分の足に養分をもらって、植物と同じように、自分は成長しているという自覚が彼女の実感にあるものと考えられる。客観的に見れば彼女が地に着いたということ、言い換えると、教師が説明しているように大地を踏みしめているのである。身体が大きくなったのは養分をもらって大きくなったことを実感している証であろう。

なお、この文集は東小全体と建前上はなっているが、第二中学校の分校として東小があるために、合同教室に参加する第二中学校の生徒の作文も掲載されている。つまり、東小は普通小学校でもあり、なおかつ、養護学校でもあるというかたちをとっていたので、中学生作品も掲載されたのである。

筆者は発達課題に人の成長をあてはめることに対しては不支持の立場をとっているが、一つの手がかりとして考えることは有効だと考えている。身体から足が出たのは幼児期の一歩手前の頭足人表現から意味づけ期にさしかかろうとしているとも読み取れる（板井理 二〇〇八：一〇四—一〇五）[20]。ただし、ここでの描画には経験により、感動もしくは印象づけられた上田さんの感情が表現されているように考えられる[21]。

筆者が本節の主旨である共同学習の観点から注目するのは、上田さんが教師を抜いて、同行の二人の障害児を描いたことである。教師は上田さんにとって「先生」で同朋ではない。しかし、ここで描かれている二人は友人として、つまり仲間を描いたのである。

一日も休むことのできない飼育

綴方8（綴方の作者・登場人物は仮名）

ぼくが　水とえさをとると　げんじろうが　でてきたもんで　みんなでいれました。えさをやりました。豊くんのきんけいちょうの水とえさをとってやりました。豊くんが　水をえさをくみにいきました。おかむら君の水がこおっていたもんで、たたいたら、氷がわれました。岡村君のちゃぼに水をやりました。ぼくは　ちむらくんに　水をとってやりました。ちむらくんがありがとうといいました。ちむらくんが水をくみにいきました。はなこさんは　じぶんで　水をくみにいきました。ぼくのげんじろうが出てきました。いれるには　めんどうくさかったもんでたるかった。さむいとおもったら　やるのいやだ。ちゃぼがしんじまうと　たるいもんで　えさをや（る）

（すみれ　堀井勇（仮名）、一九七九年一月、「ちゃぼのしいく」『交流文集　飛我志』中津川市立東小学校、ページ数記載無）

教師の説明（先生の名前記載無）

すみれの子たちは、毎日飼育をがんばっているね。冬休みも、夏休みも　一日も休みません。生き物をかうのは、たいへんだけど、一日忘れると　みんなが　一日ごはんを食べられないのと同じことです。
さむい日はつらいけど　がんばってね。

ここには、朝突き刺すような寒さの中を出ていくのは嫌だという気持ちと、げんじろうに餌をやらないといという気持ちの葛藤が表われている。しかし、餌やりはげんじろうの命の維持がかかっている。休むわけにはいかない。彼は自己の欲求を抑えて、げんじろうという他者のために利他的に行動をしているのである。そして、毎日続けられることは、まぎれもなく、彼は自分の役割を逐行していることを示している。

堀井さん（仮名）は、自分のことだけでなく、他の人の様子も見ている。そして、他の人の担当の動物にも自分の担当と同様に世話をしている。この行為は、集団の中で自分自身を社会化することを意味するだろう。教室の担当者らと役割を毎日繰り返すことによって、同じ仲間意識が育っている証だと考えられる。氷を割ったり、水をくんできて、与えている。そして逆に、堀井さんは他の人たちに助けられて、「げんじろう」を小屋に戻している。助け合う様子を堀井さんは書いているが、そのことを一番冒頭に書いている。つまり、仲間意識が内面化され、堀井さんにとって飼育の行為の意識の中で協働作業を最も大切にしたい気持ちが冒頭の書き出しに現れたものと考えられる（斉藤 一九九二：六〇―七二）。(22)

飼育から地域社会へつながる理解

堀井さんの綴方は東小内の営みであったが、社会の中で動物を飼っているという事実につなげている障害児の綴方もある。

江崎幸雄さん（仮名）は文字獲得されていない障害児であったが、話綴りで表現している。

綴方9（話綴）（綴方及び説明文の生徒名仮名）

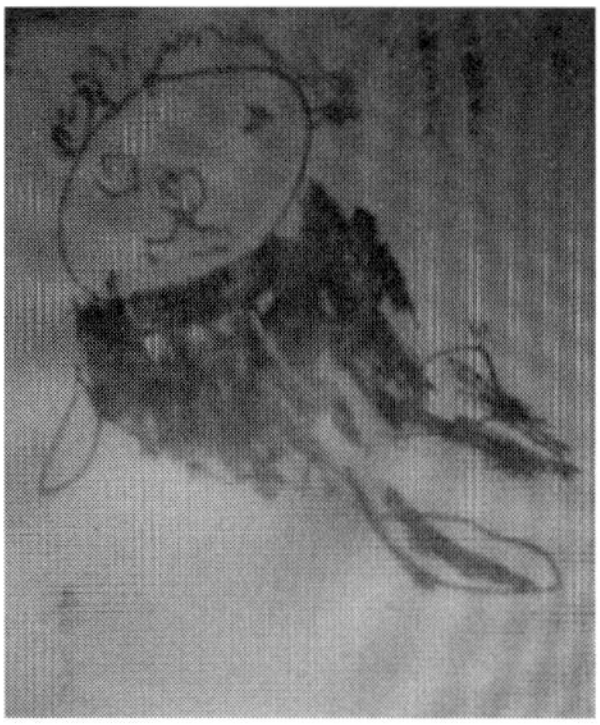

写真4－5　江崎幸雄（仮名）「なんまつのぶた」

（出典）1981年度『学校文集　ひがしの子』中津川市立東小学校，pp. 障害1-2.

なんまつ　ぶたくさい
おじいさん　ぶたかうの
いちばんちいさいぶたおる
しろいのと　あかと　おる
せんせい　ぶたみにおいで
15にち　ぶただすの
にくにするの
しょくにくせんたあ
おかねにするの
ぶたかうの

〈作品と作者について〉（説明の教師名記載無）

江崎君は、こぶし学級（中学生）の2年生です。

生活が豊かで　思いもたくさんありますが、まだ　ひらがながわからないし、書けません。点線で書いた文字をとめる練習をしていますが、手・指がかたくて自由に動きません。また、舌もかたく、自由に動かせません。だから、思いがあっても、うまく話せないし、ことばを知らないということもあり、どもるようになりました。

おこったり、すぐ手が出ることもあります。

そんなわけで、江崎君にとっては朝の会できのうの生活を思い出させ、ゆっくり話すことを大切にしています。

これは、日曜日に、並松の祖父の家へ行って豚を見てきたことを話してくれたものです。絵をかきながら話したことを　聞き書きしたものです。

（こぶし教室（ママ）江崎幸雄（仮名）、一九八一年度、「なんまつのぶた」『学校文集　ひがしの子』中津川市立東小学校、障害一一二頁）


この話綴についてては前述したが、話綴そのものが成立すること自体が、障害児に教師に対する相当のラポールがない限り成立しない[23]。

江崎さんはこの綴方で、豚のにおい、祖父の家では豚が飼育されていること、その豚の中に小さい豚もおり、豚には白と黒の種類があること、そして豚は売られて肉になり、売った祖父は収入を得ることを教師に伝えている。

ここで、江崎さんは祖父の家の豚を教師に話すことで、豚という事物そのものから時間を経て人間社会のシステムに組み込まれている豚の売却までの一連の地域社会の仕組みを再認識しているのである（長岡 二〇〇六：五九四―五九五）[24]。

教室内から市民の文化活動参加へ

次の綴方は江崎さんの母親のものである。

綴方10
きょう　合同教室から帰って来て「大きい　かぶ　やった　ぼく　ほって　くる」と　言って　くわを　かついで畑へ行きました。
しばらくして　帰って　きて「かぶ　なかった」と　言って　くわをおいて　部屋へ入って来ました。
劇で練習した　大きなかぶが畑にあると思ったのでしょうね。

写真4－6　大きいかぶの上演シーン

（著作権者）社会福祉法人ひがし福祉会　鳥居広明.

（出典）『地域に生きる障害児者運動四〇周年記念 共に生きる』冊子より.

（江崎花子（仮名）、一九七六年、「合同教室で劇『大きなかぶ』の練習をした次の日」、合同教室連絡ノートより）

江崎幸雄さんは坂本地区在住で第二中学校（以下、二中と略）に在籍していた。こだわりの障害のために二中には通学できず二中の分校として東小に通った。かぶの有無は別として、演劇の話を自分の生活に結びつけている。実際にやってみるところが江崎さんの行動力である。彼の行動力が、後に廃品回収で見事な実力を発揮し、「仲間集団」はもとより、支援者が彼に触発されたという出来事が起こっている。

障害児と健常児の橋渡し役としての福祉委員

福祉委員を務めた児童の綴方がある。

綴方11（綴方の作者・登場人物は仮名）

私は、はじめ、福祉委員となったばかりのころ、ようごの子と遊んであげて、ようごの子を楽しませる、そのために福祉がある、そんな風に考えていた。

けれど、ようごの子たちと遊んでいて、私は、ようごの子を遊んであげているという考えでは、あかんなあと思う。

それはどういうことかというと、小さい子でもそうだけど、遊んであげるという考えで遊んでいると、ちっとも楽しそうじゃない。

けれど、私もいっしょになって遊んでいると、とても楽しそうだ。（後略）

（大野裕子、一九八四年度、「養護の子を通して人のことが考えれるようになった最近の私」『学校文集　ひがしの子』中津川市立東小学校、三二頁）

福祉委員は、前述した通りであるが、大野さんと友人たちが示し合せて立候補していく様子が書かれている。大野さんは最初、福祉とは障害児を遊んであげて、楽しませるものだと考えていた。しかし、そういう考えではだめだということに気づいている。

実際には、養護学級のメンバーが大野さんを一緒に遊ぶ仲間として引き入れたときに初めて、大野さんが一緒になって遊べるのであって、大野さんは「〜してあげる」というパターナリズムに気づいた。

一方、障害のある児童からすれば、大野さんに押し付けられた遊びなどおもしろくない。ただ、一緒に遊んで楽しんでいる。その楽しさの中に大野さんもいる。大野さんは養護学級のメンバーの楽しさがわかって、自分の押し付けにも気づいたのである。

障害のある児童は、普通学級に籍を置きできる限り授業を受けるということになっていたが、障害によってその養護学級を居場所にしている重度の障害児も少なくなかった。

合同教室は東小の障害児だけでなく、他校から集まってくるクラスだが、合同教室の日は終日、東小で過ごすため、その居場所が必要となる。その居場所は一階の養護学級の一角にあった。

普通学級の教室内は四〇名の児童で空間的に余裕のない状態である。健常児も休み時間は運動場で遊んでいたり、教室以外の場所に分散していた。福祉委員というかたちを取らなくても、日々、校内に養護学級があると休み時間は健常児が養護学級に押し寄せてきていた。

綴方12（綴方の作者・登場人物は仮名）

5年生の終り頃から、ようごに行きはじめて、一ヶ月ぐらいたった時だった。H君とK代ちゃんと遊んでいたら、Y君が先生を困らせていた。私はその時は何もわからなかったので、Yちゃん、なんであんなに、先生を困らせるんやら、と思ってみていた。そして、Yちゃんの顔が、小さい子がやんちゃをして、さわいどるようにみえた。

私は、先生に、「Yちゃん、どうしたの」と聞いたら、先生が困ったような顔で、「きょうは、朝からちょっと気げんがわるいよ」と心配そうに言ったら、少しはなれた所にいたHA君も心配そうに、こっちを向いとった。少ししたら「Yっ」と、田島先生のどなるような大きな声がした。私はびっくりして、「Yちゃん。どうしたの」と、大くら先生にきいたら、「HA君を、つねくったのよ」と、言った。私がちょっと横を向いているすきに、キュウッと、こんどは、私をつねくった。私は「いたいっ」と、思わず大声で言った。私が大きい声で言っても、Yちゃんは、私の方をわらってみていた。あまりいたかったので、服の袖を少しめくってみた。Yちゃんのつねったあとは、黒っぽいあざのようになっていた。

それから少したって、Yちゃんがやさしくみえた事があった。その日は、ちょうどみんなが、勉強がすんだあとやった。その時、K代ちゃんが、三輪車からおりなくて、困っとった。2組の子がやってもだめやったので、私とHA君とでおろそうとしたら、K代ちゃんが私にかみついた。私は「K代ちゃん、だめやに。そんなことしたら」と、私は、K代ちゃんの頭をポンポンと、2ハツくらいたたいた。そうしたら又、すごいかおをしてかみついたので、わらいながら「K代っ」と、言った。それを見て、Yちゃんが私の手をさすって、「ううん。てってって」と言ってくれた。その時、私はうれしかったので、「Yちゃん。あ・り・が・と・う」と言ったら、にこっと笑った。

（六年三組　吉江澄子（仮名）、一九七九年度、「養護の先生になりたい」『学校文集　ひがしの子』中津川市立東小学校、一九五頁）

Yさんは当時、東小、恵那地方の中で一番障害の重い最重度知的障害児とされていた。吉江さん（仮名）は障害の程度でYさんを判断するのではなく、実際に関わって、障害のある児童のことを、理解しようとしている。他者を理解することは容易いことではない。まして、コミュニケーションそれ自体に障害があるとなおさらである。

私は　一学期より、ようごの子の事をもっとわかりたいと思い、又、ようごへ行くようになった。りょうちゃんがいたので、「りょうちゃん、夏休みは楽しかった」と聞いたら、首をよこにふったので、「たるいの」と　聞いたら「うん」と、うなずいた。

「じゃあ、なんでたるいの」と、聞いたら、何か言いたそうやったので、「勉強あるで」と　言ったら、首をよこにふった。

また私が、「弟とけんかをよくして、お母さんにしかられたで」と　言ったら、にこおと笑った。「どっちなの」と　聞いたら、首をよこにふった。もう1回「友だちに会えんで」と　聞いたら、うん　とうなずいた。

私って、自分でもはずかしかった。

なぜかと言うと、こんなに聞いてやっとわかったという事だった。もっと心がわかるようになりたいなあと思った。（後略）

（六年三組　吉江澄子（仮名）、一九七九年度、「養護の先生になりたい」『学校文集　ひがしの子』中津川市立東小学校、一九九一—二〇〇頁）

夏休みにりょうさん（仮名）がなぜ「たるかった」[25]のか。吉江さんがりょうさんを問い詰めて、やっとわかったことは、友だちに会えないことだった。吉江さんはりょうさんのその真意を聞くに至って、はたと我にかえって執拗に聞きただしたことに羞恥心を覚えた。そのくらいにして、やっとりょうさんの気持がつかめたということだ。一方、りょうさんは、吉江さんの執拗な問いただしにもかかわらず、吉江さんに答えている。りょうさんも相手にわかってもらおうと伝えなければ、りょうさんは答えないはずである。りょうさんは答えてもいい気持ちになっていたのである。

綴方13（綴方の作者・登場人物は仮名）

りょうちゃんの気持が　わかりだしたのは　3学期だ。（中略）

りょうちゃんの車いすをおしながら「黒ばんのさんふく」と聞くとたのしそうに　首を下げて「うん」と言った。

（中略）

りょうちゃんの右手は、ぼくが　両手でささえて　体に力がはいるようにしてあげた。

りょうちゃんは　自分で動きながらふいていく。

けいちゃんは、時々絵を書いていて、りょうちゃんにとっては、大変じゃまになる。その時、りょうちゃんはおこったように　声を出す。いろいろな言葉になって出てくる。ちゃんとした言葉には　なっていないが　ぼくにははっきりと　こう聞こえる。

「どいて、どいて」と何べんも　言っているように聞こえる。

ぼくが　りょうちゃんの気持が　わかり出したのは、1年通いとうしたからだと思う。ぼくが「うらで　書いて」と　けいちゃんに　たのむと首をふって「いやだ」と言った。

りょうちゃんは、こういう時に一人では、どうにも出来ないので周りの人が　手伝ってあげないといかん。ぼくは「けいちゃん、ちょっと遊ぼ」と　言って遊んでいる間に　りょうちゃんは　落ちついてさんをふく。（後略）

（六年　下出達也（仮名）、一九八一年度、「りょうちゃんとぼく」『ひがしの子　六年生に贈る』、中津川市立東小学校学校文集別冊）

下出さん（仮名）の綴方は「ようごの子」ではなく、それぞれの人は個人名で書いている。りょうさんは発語のない重度身体障害者でリクライニングの車椅子で移動する障害児である。手も自由には動かせないが全く不動なわけではない。先の合同教室の当番や労働で示したように、どんなに重度障害児であっても働く習慣になっており、りょうさんは窓のさんを拭くことが、この当時の養護学級での役割であった。下出さんは綴方にも「わかりだした」とあるように、りょうさんの手伝いの介助を続けることで、りょうさんが求めているサインがわかるようになった。けいさん（仮名）は重度の知的障害のある自閉症児だが、同じ居場所スペースで過ごしており、けいさんにはけいさんの好みの場所があり、やりたいことがあり、主張がある。その場所がちょうど、りょうさんにとって掃除ルート上にあったということだ。りょうさんはこういった場合、言葉を発することができないので、「どいて」と言えない。ただ、下出さんには日頃の関わりで、りょうさんの発している声が何を言っているのか想像できる。下出さんがけいさんの遊び相手をすることで、その隙に、りょうさんにさんに拭いてもらう作戦にでた。そうして、りょうさんは、けいさんが陣取っていた黒板のさん拭きルートを落ち着いて拭いたのだ。

重症心身障害児は何もできない人ではない

障害児が自分の難関である起き上がりの姿勢を自分で行い、それは同時に居合わせた仲間で乗り越えた出来事でもあったことを伝える綴方がある。

休み時間や放課後などの子どもにとって自由な時間帯は、居場所で異なる障害の児童そして健常児が一緒に過ごしていた。健常児も加わり遊んでいる様子が綴方に書かれている。

綴方14（綴方の作者・登場人物は仮名）

私が「なにしとるの」って、きいたら「てっちゃんが　起きりょうるの」と豊くんが言った。

私はふうーんって思ってみていた。

豊くんは　てっちゃんの顔をのぞくように見ていた。(1)

じゅんちゃんは、床を「ドン　ドン」ってたたいて、自分がおきりょうるみたいに、手をうごかしたり、てっちゃんの背中をたたいたりしながら「てっちゃん　てっちゃん　がんばれ　がんばれ」と言っていた。(2)

私は　やっぱり　なんでみんなが「がんばれ　がんばれ」と、いっしょうけん言っているのか　わからなんだ。てっちゃんを見ていると、ひざをまげて　手のゆびをきゅうっとまげて　手のひらを　マットにつけておすようにして、おき上がろうとしていた。うつぶせになって、アゴをマットにつけて、目はひっしにどっかをみていた。先生がおなかのへんをおさえて　がんばれがんばれと言っていた。

てっちゃんは　時々目の間にしわをよせて、歯をくいしばっている。

どうして　あんなことをして起きあがりょうるのかなって思っていたら、てっちゃんが　笑うような泣くような顔をして　こしをまげて　手をまげてやっと起き上がった。みんなが「できたに」と言った。

てっちゃんは　なみだを流さず　ウーウーと言って、ないているようだった。そしたら　豊くんが「出来たのに、泣いちゃあ　あかんに」と言った。

豊くんや、澄ちゃんや、かんちゃん、雪ちゃんが、ニコニコ笑っていた。

そうしたら　豊くんと澄ちゃんが「きょうは　一番いい日、だっててっちゃんがはじめて　一人で起きたも」と言った。

私は、やっとわけがわかった。てっちゃんが　はじめて一人でおきて、泣いてよろこんだ日だ。

私は　きょう　ようごに来て本当によかったと　思った。（中略）

勉強しとる時も、けいちゃんや　てっちゃんの事を思い出して（早く30分休みにならんかな）と思ったりして勉強の事があまり頭に入らなかった。（後略）

（六年三組　麦里子（仮名）、一九七九年六月、「ようごに行ってくるとうれしい」『交流文集　飛我志』中津川市立東小学校、五〇―五二頁）

書き手である麦さん（仮名）は、なぜ豊さん（仮名）が(1)(2)のような行為をするのか、その場の状況がわかっていない。

麦さんは視線を転じててっちゃん（仮名）を見ると、てっちゃんは膝を曲げ、手指を曲げ、手のひらはマットに力が入るように起き上がろうとしていた。

そして顎も手のひらと同様、マットにつけている。麦さんは、必死に起き上がろうとするてっちゃんの目の表情も詳しく書いている。教師が起き上がりのとどめの働きかけとしてお腹に力が入るように押さえ、声掛けしている。てっちゃんは眉間にしわを寄せ、歯を噛みして起き上がろうと苦闘している。みんなは歓声をあげる。その声が届いたのか、てっちゃんは笑いと泣きが混ざり合ったような表情になって、起き上がりを克服した。麦さんは次の授業が頭に入らないくらい感動を覚えている。

「生活の家」へ通い続ける健常児

一九七八年、「ひがし生活の家」（以下、「生活の家」と略）の保育部が東小校内に立ち上げられた。特に障害が重度で他に居場所をもたない障害児の居場所であった。合同教室の授業を終えた子どもたちの居場所でもあった。

普通学級では、教師が朝の会他、都度、「生活の家」を紹介していたことと、「生活の家」の中に購買部を設置したので、文房具などを買い求めて当家に健常児が立ち寄る仕掛けになっていた。大野さんは「生活の家」に三年生から関わるようになっている。

綴方15

私が養護の子に興味を持ち、福祉委員となったきっかけは、3年生の時のことだった。それは、はじめ先生が生活の家のことを言いだして、「みんなも行ってみるといいぞ」といったので、友達と行った。

はじめの日は、別々に、ただ、生活の家の仕事を私たちがやっただけやった。

それから、又、全然生活の家へ行くひまがなかった。

けれど、私と友達の綴方が、クラスの通信にのって、みんなが関心をもちはじめた。

それからも、私と、その友達は、2、3回生活の家へ行って、ようごの子たちの学童保育所の子達や、林先生とも知りあった。

それから私は、みんなと一緒に5、6人で生活の家へおしかけたこともあった。そんなことがきっかけで、私は、ようごの子達と仲よくなり、友達になった。（後略）

（大野裕子、一九八四年度、「養護の子を通して人のことが考えれるようになった最近の私」『学校文集　ひがしの子』中津川市立東小学校、三一頁）


この綴方の中で、放課後に立ち寄った健常児の一人が大野さんということになる。訪れるきっかけは教師の紹介からであった。そして「生活の家」のことを書いた大野さんと友人の綴方がクラス通信に掲載された。このことによって、当家への関心の輪が広がっていった。この関心の広がりで実際に、当家を新たに訪れるクラスメイトも現れている。

次に取り上げる箇所は、日常生活の中での社会集団における社会化についての綴りである。

綴方16（綴方の作者・登場人物は仮名）
私は、1学期で一番心に残っているというか　がんばったことは、東生活の家にかよったということだと思う。
一番はじめに東生活の家へ行きはじめたのが、5年生の終りごろだった。最初のうちは、そうまじめではなく、東生活の家へときどき、ちょっとずつぐらいの不まじめさだった。
だけど、1、2、3日と続けて行っていると、だんだん「がんばるぞ」なんて気持ちがでてくるぐらい行くことがおもしろくなってきた。（中略）
私が　生活の家へかよっていて　一番びっくりしたのは、ようごの子が、東生活の家へ朝から来て　ひるまで20分休みに　私たちがやっている仕事をやって、お客様が来たら　そのようごの子が行って店番をしていたことだった。

最初のうちは、ようごの子は　ようごの子と見ていたけれど　店番をしていたりするすがたを見ると　まるっきり　私たちと同じ生活をしていた。

私たちと同じ生活をするというのは、とてもえらいことだと、私は思う。

また　生活の家へ仕事をしに行ったとき、こんどは、ノートに何かを書いていた。私は、そのノートを仕事をしながら、ちらっ、ちらっ、ちらっと見ていた。そしたら　今、私が書いた字よりもきれいだった。えんぴつの持ち方は、うまく持てないようだった。だが、書き方は、がっちりしていて　とてもようごで　今まで生活したとは思えなかった。


（六年三組　久方三恵（仮名）、一九八一年七月「私とようごの子の働き」『交流文集　飛我志』中津川市立東小学校、一―三頁（通し番号なく書き手のみのページ数記載））


一九八一年、「生活の家」は中学校卒業後、進学や就職に至らなかった障害者を迎え入れるために、障害児保育だけではなく、就労及び学習の場として作業部を設置し、学外に移転した。久方さん（仮名）は授業の間の二〇分休みに通ったとある。学外といってもこの頃は、門を出て一車線の道を挟んで斜め前にあり、当家到着まで一分以内である。生活の家が学外になっても学校の購買部はそのまま家内に継続的に設置され、その売店の店番が障害者の雇用創出につながっていた。「生活の家」には、休み時間に文房具などを買い求めてやってくる児童・生徒、地域の利用者などが訪れた。

ここにあげた綴方では、久方さんが一学期を回想して、最も心に残り、がんばったことが「生活の家」へ通ったことだと書いている。所員が店番をする姿を見て、自分たちと同じ生活をしていると久方さんは驚いているが、それまで障害のある人は自分とは違う生活をしていると思っていたということである。「えらい」というのは恵那の方言で難儀だという意味である。久方さんは障害者が健常者と同じ生活をすることは「えらい」と書いている。

久方さんは所員がそれまで店番をするまでの苦労は知らない。けれども、彼女の感受性で通っている間にそう感じることができたのだろう。東小でも「生活の家」でも合同教室で計算をずっと教えてきた増倉教諭は所員の思いを代弁してこう語っている。[26]「消費税が変わると大変、『また、一からやり直さないといけない』と言ってみえたよ。みんな一つ一つ（一枚一枚の意）お金を確かめながらやるの」。これは時代が下ってからの話であるが、障害者の実情が聞き届けられないままに、社会の制度が容易に変わってしまうと、健常者と同じように当たり前に振舞うまでに大変な労力が要るということである。

　20分休みに　仕事を手伝いに行くだけでは、東生活の家の事がわからない。だから、先生が　東生活の家のことで話をしてくれる時は、一生けん命聞いて、こんどは、先生の話してくれたことをお母さんに話して、こんどは、お母さんに東生活の家の事を話してもらっていた。

この間は、先生に教えてもらった話をお母さんに読んで聞かせた。

権利

お母さんは、私を柱にひもでつないで仕事にいくのです。
もう9つになったのに、私にあたえられたたった一つのものは、
しゅう学めんじょという名の　利だけです。
先生おしえて下さい。この子のどこがわるいのか　言って下さい。
学校にも施設にも　いれてもらえないのなら、
この子に　どこへいけと　いえばいいのですか。
私のおなかに　かえれといえばいいのですか。目をあけて下さい。
あなたの権利が　これ以上うばわれないように

このかなしみの重さを、しっかりあなたの手を　だきしめてください。

生きることは　たたかうということなのです。

と、この詩を読んであげたら、お母さんが、「ほんとに　しょう害者の人ってかわいそうやね。きっと一日、一日の生活は、すごくえらいんやに」と、言った。

私も、この詩を読んでいると　しょう害者の人が　柱につながれ、平和なくらしが出来るのをゆめみながら　ないているところが頭にうかんで見えた。とてもこれが　しょう害者の人の一日の生活だとは　思えないくらいだった。私は、役に立ちたいと思った。私と友達だけでは　すこししか役にたたないから　お母さんに「ねえ、新聞をたくさんあつめといて」と言った。

「たくさんあつめといてやるで」と言ってくれたので　2学期も　東生活の家のことでがんばりたいと思う。

（＊コメント　書き手は不明）

一生けん命とりくんでいると、生活の家のようすが　だんだん見えて来ますね。そこで働いたり、勉強している人のこと。どんな努力をしてみえるか。もっともっとわかってくると思います。

（六年三組　久方三恵（仮名）、一九八一年七月、「私とようごの子の働き」『交流文集　飛我志』中津川市立東小学校、三一—六頁（通し番号なく書き手のみのページ数記載））


久方さんが「権利」の詩を取り上げたのは、学校での平和教育や同和教育の影響で、教師の強い啓蒙があったことは想像に難くない。しかし、彼女が自発的に、母親に詩の読み聞かせをしたことは確かである。母親は久方さんから聞いた話を知人らに広めているが、その伝達は、当時の恵那地方における綴方の在り方をよく表している。

増倉教諭が「健常児が最も変わった」と述べていたが、ここまでの綴方を辿っていくと、当初は、障害児のことを特別視していた健常児が、実際に障害児と関わることで、蔑視している自分に気づき、さらに社会が障害のある人を学校から排除している社会を実感しているのである。

横田弘は嫌だとか苦しいとか色々な経験を経ることで、その人に知恵が生まれるのだと指摘している（横田 二〇〇四：四三）。この示唆は社会の在り方に問いを投げかけているといってよいであろう。他者には他者の価値観があり、それは自分にとって都合のよいことばかりではない。相手や集団の中で、喜怒哀楽の感情によって自己の固定観念に揺さぶりがかかることによって初めて、相手を認めることにつながっていく。そうした揺さぶりによって、友達関係や仲間関係がつくられていくものとも考えられる。

恵那地方の人たちは、うわさ好きで干渉的であるが、「豆学校」を支える親集団が地域懇談会を恒常的に開き、綴方や詩について語り合う習慣が日常化していた。ちなみに毎月五日の教育市民会議に参加していた団体・機関をあげると保育・教育機関が三八団体で、保育・教育関係父母団体が中津川市障害児者を守る会、言語障害児をもつ親の会、難聴児をもつ親の会、市特殊学級育成会、各地域の育てる会をはじめ五二団体があげられる。

綴方が交流文集に掲載されれば、少なくとも東小関係者間、中津川教育市民会議の関係団体に届くようなかたちになっている。中津川教育市民会議は一九七四年に発足され、その役員に四者会議のメンバーを置いている。常任幹事会団体として、市立保育園保護者連合、市立幼稚園ＰＴＡ連合、市連合ＰＴＡ、市障害児者を守る会、市教育を育てる会連合、市職組保育園部会、市職組幼稚園部会、市職員組合、市高校教職員組合、市小中校長会、市福祉事務所、市教育委員会、市子ども会育成指導連絡会があげられる。

注

（1）　資料や当時の聞き書き調査を生活合科統合単元に沿いながら作成した。

（2）　成瀬浩康さんが教職実習で母校東小に戻ったときは自分が授業を受けていた「きこえの教室」はなくなっていたという。

（3）統合教育への経緯については第5章第1節参照。
（4）「きこえの教室」を担当経験した足立すま子元教諭の聞き書きによる。
（5）さらに翌年「情緒Ⅱ」が開設、「肢体不自由児」学級は一九七九年に開設された。
（6）増倉笑美元教諭からの聞き書きによる。
（7）小出氏の「私の教育方針」中。
（8）足立すま子教諭からの聞き取りによる。二〇一七年九月一四日。場所は足立教諭が自宅の一部を「生活の家」に提供し、現在、「生活の家」のグループホーム苗木ホームでの聞き取りによる。
（9）重度知的障害児は時に壊すということがなかなか認識できないことが多くある。
（10）鍵をかけない指針は（個人のプライベート場所は除く）「生活の家」に継承されている。
（11）小出教諭手書きの一次資料と教育委員会に入職した西尾昭洋教諭からの聞き書きによる。
（12）養護学級増設に伴い、一九七七年には六学級、一九七九年には七学級からの代表者ということになる。
（13）実際に当番を行っていた馬場紀行（実名表記希望。同意済）さんからの聞き取りによる。
（14）『生活教室』通信NO・20、一九七六年一二月二五日発行より。
（15）ちなみに彼女が「生活の家」の成人部の第1号である。
（16）二〇一五年六月一九日、西尾教諭からの聞き取りによる。
（17）「仲間集団」という呼称は、合同教室に通う児童を指したが、このメンバーが構成員となった一九八〇年代の地域生活運動の当事者たちを示す呼称でもある。
（18）中津川市 http://www.city.nakatsugawa.gifu.jp/news/034660.php、二〇一五年二月二日取得。
（19）地域ぐるみで行っているという評判を聞きつけて、市外からやって来る人もいた。
（20）板井理（二〇〇八）『子どもの発達と描画』かもがわ出版。
（21）これはピアジェとの論争でワロンが主張するところでもある。ワロンの晩年の描画発達研究には未だ不明瞭な部分が多いが、本論の主旨ではないので描画発達研究に関しての詳細な検討は今後の課題とする。
（22）齊藤こずゑ、一九九二、「仲間関係の過程と機能」、木下芳子『新・児童心理学講座』金子書房。
（23）「ひがし生活の家」では現在も生活綴方が実践されるが、一般的な識字ではない重度、最重度といわれる人たちには話綴が行われている。三年間相手を拒否し続けた事例もある。

(24) 長岡克行（二〇〇六）『ルーマン／社会の理論の革命』勁草書房。
(25) 淋しい・悲しい他否定的な気持ちが混合したことを表す恵那地方の方言である。
(26) 二〇一四年一二月の聞き取りから。

第5章　統合教育を支える基盤

第1節　自主カリキュラムが生まれる経緯

そもそもなぜ、東小で多様なカリキュラムが通常学校の中で正規の授業として成り立ちえたのかといえば、それは、恵那地方における中津川市の教育行政が現場に実践の裁量を認めていたからである。そのような条件の下で、教師たちは教科書によらない各自工夫したカリキュラムをつくり、実践した。本節では自主カリキュラムができる経緯を述べていく。

恵那の自律的集団は如何に成り立ってきたのか

恵那地方は二市一郡から成る。戦後から社会問題への意識が高い地域として知られてきた。一九五〇年後半、教員の中立性を求める勤務評定（以下、「勤評」と略）が国家的に行われ、その抵抗として勤評闘争があった（『戦後日本教育史料集成』編集委員会、一九八三）。この勤評では、日本教職員組合（以下、「日教組」と略）が各支部で厳しい弾圧に遭った。しかし、その中で恵那教組は親、地方教育委員会（以下、「地教委」と略）、校長（校長会）と恵那教育会議を開催することで、その難を逃れた[1]。

一九五七年には、恵那人事協議会（以下、「恵那人事協」と略）というものが存在した。この組織はあくまでも私的な機関だったが、その構成員は恵那地方の公立小中学校の全教員と教育委員（以下、「教委」と略）で構成されていた。ちなみに、恵那地方の教員は、教委や学校の役職についた者以外は、その大方が恵那教職員組合（以下、「恵那教組」と略）の一員であった。そのために「オール恵那教組」ともいわれた。また、教育委員会の役職から組合の役職に就く場合、逆に組合の役職から教委の役職に就く場合もあり、教育委員会と組合の人事が交錯していた。

恵那人事協は、恵那地方の公立小中学校全教員の要望を取りまとめて、校長の選出、地方教育委員会役職の選出を行っていた。恵那人事協のメンバーには地教委と校長が含まれている。校長には地方教育行政の組織及び運営に関し法律で内申権が認められており、地教委には役職に任命する具申権がある。恵那人事協は、校長の内申権をつかって恵那地方の公立小中学校全教員に対して、校長になってほしい人、ほしくない人、教育委員会には誰が就任してほしいかなどのアンケートを行うことができた。そしてその要望の高かった人を集計して候補者をあげている[2]。まとめて恵那地方の公立小中学校の全教員を投票者として選挙を執行していた。恵那人事協の構成員の中には教育委員が含まれている。教育委員には県の教育委員に具申する権利がある。よって、この選挙結果が実際には恵那地方の教育委員会や校長の人事に実行力をもったのである（篠原 二〇一六）。

選出された役職者は、地教委がメンバーにいるために実際に具申権を使い、選挙で選出した人たちを実際の役職に推薦したのである。その結果の中に、恵那地方の教育委員会の社会教育主事候補として水野博典氏が、指導主事候補として渡辺春正氏が選出されている。

渡辺春正氏は一九五四年四月〜一九五八年三月までは中津川市の教育委員で、一九五八年四月〜一九六三年三月までは組合の専従として、次年度に神坂小の教諭に赴任して、教育委員会に力をもっていたので越県入学を認めさせた人物である。組合活動では、小出教諭と同じ数学を専攻したため、二人は教育科学研究会で水道方式を共に学んだ仲でもある。

そして、一九七五〜一九八一年に中津川市教育長となった。小出教諭が一九七六年に中津川市立東小学校に赴任し中津川市内の障害児を東小に集めた合同教室を正規の授業として認めた教育長でもある。

そうした人脈のパイプが東小に統合教育の体制を可能にしていったのであった。

恵那地方における養護学級設立までの経緯

一九六五年、神坂地区から任期途中で追放された小出教諭は恵那市久須美小学校に転勤したが、地域子ども会として「豆学校」の実践と親や地域の集まりとして民主教育を「守る会」の実践を転任先でも始めた。この双方の集団活動は小出教諭の手を離れ、恵那地方全域に伝播するという予想外の拡大に至った。

この「民主教育を守る会」の一部会が「中津川市障害児者を守る会」（以下、場合により「守る会」と略）に発展していった。それを最初に取りもったのが中津川市立東小学校の渡辺つやの教諭である。渡辺教諭は東小の普通学級の一級方教師であったが「要求があればどんなに重い子でも東小は受け入れる」と宣言して、知的にも身体的にも重度の障害児の養護学級を拓いていった。

そして、一九七一年から一九七三年に渡辺教諭と「守る会」が市の福祉事務所と一体となって中津川市で出生した障害児者の大掛かりな実態調査を行い、それを基に市立東小学校へ重度の障害児が入学の門を拓いていった。福祉事務所関係者が「守る会」とコンタクトしていくことは、学校教育だけでなく、障害児者の地域生活に大きく影響することになった（第Ⅲ部参照）。

重度障害児の話綴りがもたらした恵那式統合教育の誕生——就学時の地域社会状況——

一九六〇年代まで、障害が重度である児童の多くは、就学猶予・免除という名目で、学習の場からは排除される存在であった。しかし、一九七九年の養護学校義務化施行の一〇年前から就学を進める計画が政策に関与した人たちにより水面下で始められていた。文部省は、中央教育審議会の答申を受けて、一九七二年度に養護学校整備七年計画を立て

（文部省 一九八七：二二〇）、同年「就学猶予・免除者実態調査」を、一九七三年度には「長期欠席児童生徒実態調査」をそれぞれ実施し、養護学校への就学準備を推進しようとしていた（文部省 一九八七：二二一）。

この頃、恵那地方では、全国調査よりも早い時期の一九七〇年から、市教委の要請を受けて、市福祉事務所の協力を得て、現場の一女教師が教育調査を始めた。家庭奉仕員と共に家庭訪問を開始し、また、教諭は実際に施設訪問や他地域の養護学校宿泊体験を実行し、施設入所者に関する調査を開始していった。それまでの恵那地方の障害児者は家の中に幽閉された状態か遠方の施設収容生活を余儀なくされる状態にあった。

恵那式統合教育誕生と当時の障害児教育の概況——恵那地方の障害児教育と戦後の障害児教育の概況——

恵那地方の教育は、「恵那の教育」といわれ、生活綴方・地域教育で知られるが[3]、文字が書けなかった知的障害児に対しては、養護学級担当教師と子どもの間で交わされた「話綴り」が多く行われた[4]。恵那における障害児の就学運動は、対象児がいつも顔の見える子どもと親の要求から出発しているところに特徴がある。

養護学級設置実行の経緯からみえてくるもの——設置以前から存在した「共育」——

運動以前の一九六〇年代頃までは、恵那地方では、障害者を家の中に隠しておく風習があり、重度の障害児の生活は法的に教育の対象から外れる就学免除の対象で、施設入所生活か自宅から出ることのない生活が大半であった。

障害児教育に関しては、戦後一九四八年から当地の教師三宅武夫が「共育」の名のもとに第二中学校で知的障害児の教育実践を始めたが、東小のような中津川市全体を包含するような組織的なものではなかった。

制度的に条件を整え統合教育を組織的に実践したのは中津川市立東小学校を中心とした一九七〇年からの活動が本格的といえる。養護学級を開いた渡辺つやの教諭は普通学級の教師であったが、障害児教育の講習を受け障害児を担当することができる資格を得た（渡辺つやの資料①・②）。

表５－１　中津川市の心身障害児の実態

1971年11月20日調べ			
重症心身障害児	男６名	女８名	計14名
中度心身障害児	男７名	女８名	計15名
身体障害児	男３名	女３名	計６名
施設入級児	男19名	女17名	計36名
就学猶予または免除児童数	男７名	女６名	計13名

（注）届出のあった方だけの人数です。多少の人数の違いはあるかもしれません（＊ママ記載）.

（出典）『渡辺つやの資料』①より，1971年11月20日調査資料．手書き資料を筆者により活字化.

一九七〇年に一〇年後の一九七九年の養護学校義務化に向けた法的根拠を得て、渡辺教諭は福祉事務所の協力の下、中津川市内の重症心身障害児、「施設入所児童」、就学猶予・免除の障害児を調べ、実際にその児童らに当たって一人ひとりに確認をとっている。(5) **表5－1**はその調査により渡辺教諭がまとめた中津川市の心身障害児の概数である(6)（渡辺つやの資料①）。

一九七一年、重度障害児が東小学校に入学すると同時に、渡辺教諭をはじめ教師有志が放課後、休日を利用し訪問学習を行うに至った。担当教諭は、訪問宅で幾度にわたる玄関払いや、時間外勤務に及んだため始末書を書かされるなど苦境に立たされたが、訪問は続けられていった。渡辺教諭は一九七二年度にはさまざまな機関へ研修に赴き、施設実態を目の当たりにしている。

愛知県コロニーや花の木学園などはその例である。また、障害児教育で有名な関東地方の杉の子学園にも赴いている（渡辺つやの資料①）。この実践は、福祉との連携が行われていた中津川市の教育事情がそれを可能にしたのであるが、その法的根拠は、一九七〇年、障害者（児）に対する心身障害児家庭奉仕員派遣事業が創設されたことによる。(7)

養護学級が確定される経緯

東小に入学した障害児たちは、病院や施設で受け入れを断られた重度の障害児であった。(8)

重度の障害児との学校づくりは果たして、本当に可能なのか、渡辺教諭は自身の眼で確かめようと、一九七〇年の春期休暇を利用して全国障害者問題研究会（以下、「全障研」と略）が養護学校の推進校として支持する与謝の海養護学校に寝泊まりし生活を試みた。[9] そこで重度障害のある児童・生徒の意欲的な姿に感動し、これを今後の教育内容の手本にしようと考えた。

同年一九七一年一〇月二三～二四日にかけて恵那地方の教師らは与謝の海養護学校の研修に赴いている。障害児に関わる教師たちは児童・生徒の意欲的な姿に、当校の教育方針に賛同した。

しかし、実際には渡辺教諭周辺の計画は、整然とは遂行されなかった。当時、恵那地方の教師たちは生活綴方教育で連帯しており、障害児に関わる教師たちもその一員であった。綴方教師の半数は障害のある人だけ別扱いすることに差別であるという意見をもっていたからである。[10]

恵那の教師たちは与謝の海養護学校や向日が丘養護学校を実際に見学したが、その多くの綴方教師らが「確かに子どもは意欲的になってすばらしいかもしれんけど、障害のある子だけを別の場所にうつすというのはおかしい」という違和感をもった。それは、学校自体が健常児と別々だということであった。そして、この反対意見は、東小の在り方にも論議が向けられていた。たとえば、「障害のことは説明すればわかる。はじめから障害のある子を別の場所で教育するのは差別ではないか」という意見である。東小内も半数に割れ、恵那地方全体の教師集団中でもそれは賛否両論であった。そのような経緯から恵那内部の教師内で、養護学級開設支持をとった教師たちを発達重視する教師という意味で、「発達派の人たち」というようになった。

しかし、行き場のない重度の障害児を前にして、渡辺教諭や恵那市の小出教諭他有志は躊躇などしている暇はなかった。施設から学校教育への転換は必要であり、療育は保護するもので教育が必要だと確信して、障害児担当の教師たちは養護学級設置に邁進した。

同年一二月五日に「中津川市民主教育を育てる会」にこの地域では初めて分科会として心身障害児問題分科会が設置された。この会合に渡辺教諭と障害児の父母一八名が参加している（「恵那の教育」編集委員会 二〇〇〇：一一二三）。そして、地元の教師たちの支持を得ていく経緯は、年明けの市民による「中津川市障害児者を守る会」（以下、「守る会」と略）を発足しようという計画に続く。

「守る会」が一九七二年二月一一日、恵那市に少し遅れて発足された。当初は親たちや市民有志がその有資格者であった[11]。親の願いは子どもに手厚い教育を受けさせたいという思いで、会設立時の二月に掲げる請願書の項目の中には、養護学校設置の要望も掲げられている。養護学級発足年度は渡辺教諭も、与謝の海養護学校の「施設ではなく学校で」という教育の必要性に賛同して、当団体と共に活動を行っている（渡辺つゃの資料①）。全障研は渡辺教諭が与謝の海養護学校への支持を表明していることに注目して、一九七二年五月七日、渡辺教諭を全障研の岐阜大会の講演者に招き、「全障研運動」と題して就学前診断・早期教育を恵那地方にも広めようとした[12]（渡辺つゃの資料①）。

しかし、養護学級をつくる際、重度障害児の問題と別の深刻な問題に恵那の教師たちは直面していた。渡辺教諭や小出教諭、東小の教師にしても、特殊学級枠を成り立たせるために、今まで障害児とされなかった軽度の「障害」のある子どもを障害児とラベリングする問題である。教師が保護者へ特殊学級への入級を申し出た際の親の悲嘆を目の当たりにして、自分たちが差別をつくり出していることに対する批判の声が上がっていた。小出教諭もその一人で、その痛手は消えることなく、時を経ても深く残るものとなった[13]。

資料の限界からはっきりした経緯はわからないが、渡辺つゃの教諭は、その後、全障研とは一定の距離をとるようになった。それまでの障害児理論研修に奔走する行動から、実際に見聞する行動に変わっている。また、与謝の海養護学校とも、全障研を介さず直接交流するなど、「中津川市障害児者を守る会」は全障研の意向に従わず、独立して活動している（渡辺つゃの資料②）[14]。このような関係は全障研に対してだけではなく、知的障害の親の会である「手をつなぐ育成会」に対しても同様の態度をとった[15]。恵那の方式として左派・右派に限らず他組織からの統制は受けない路線をとっていった。

統合教育への転機をもたらした子どもとの「話綴り」

渡辺教諭に統合教育への転機を与えたのは、訪問学習における重度知的障害のある子どもと「話綴方」からであった。一九七二年一〇月一五日ATさんの訪問学習に渡辺教諭がその家を訪問した際のエピソードである。その子どもATさんが母親を払いのけて渡辺教諭と二人だけで「話綴り」を行ったときの綴方が資料として残っている。ATさんが渡辺教諭と二人きりになって、「外に出たい」、「学校に行きたい」、「友だちが一番ほしい」と主張したことは、ATさんの生い立ちの中で大きかった。

また、ATさんの話綴りで打ち明けたことが、渡辺教諭にとって気づきの機縁となった[16]。

子ども観察の記録を大学ノートに、その子について　わかったこと。気付いたこと。その他なんでも書きこんで四冊を書き終わろうとしたとき、ふっと淋しいものをおぼえた。それは、子どもの綴方がない。これでは一人よがり片手おちということに、おそまき乍らにして気がついた。（中略）自分の生活をみつめ、たくましくしていくためには、どうすることが出来そうか。そのことは、話すことか、作ることか。読むことか、聞くことか、書くことかの問題を問いかけた。（後略）

（渡辺つやの、一九七二年一〇月二五日、「国分一太郎先生の教えから――生きた子どもを知るために」（手書きの綴方を筆者活字化））

ATさんに「外に出たい」「学校へ行きたい」「友だちがほしい」と打ち明けられたことで、渡辺教諭はそれまで親の要望で就学の要求運動をしてきたが、はたと子どもが思っていることは親とは違うことを痛感した。教師が子どもから発せられた意向を理解しえた地点であった。

そして、一九七二年一二月一七日、「中津川市民主教育を育てる会」で、「養護学校」ではなく「複式級としての養護学級」の必要性を主張し始める。渡辺教諭は、一九七二年度として一二月一七日の「中津川市民主教育を育てる会」の分科会で自問し、出席者に討議を持ちかけている（渡辺つやの資料②）。「中津川市民主教育を育てる会」第六分科会「特殊学級から養護学級に変革した障害教育」と題し、特殊教育の問題点をあげて、複式学級での児童は重度で有る無しの違いによらず、普通学級に戻すことだと結論づけ、それを養護学級の最終目標にした（渡辺つやの資料①）。

病院でも施設でも断られた重度の障害児の意志をくみ取りながら、渡辺教諭一人でその子どもの教育を支えられるものではない。渡辺教諭も自らがその構成員である顔の見える組織や議論を直接にぶつけあえる定例の研究会の存在は大きい。その一組織、「中津川市障害児者を守る会」による養護学級整備の変革は多岐に及んでいる。介助員獲得に関して、「守る会」は一九七二年より市議会や教育委員会に請願要求を続け、一九七三年以降、中津川市の場合福祉事務所にホームヘルパーを、岐阜県からは訪問指導員として教師以外の人件費の獲得を当会の要求で実現させた。介助員についても市独自の制度の創設した[17]。

この間、「民主教育を守る会」は一九七四年に「民主教育を育てる会」と名称を変更し、「豆学校」単位で恵那地方の各地区に拡散するかたちで増えていった。

その一部会に、障害児者を支える組織として「中津川市障害児者を守る会」はできていったが、一九七五年時になると、渡辺教諭と「守る会」会長の思想による対立関係が起こり、機能不全に陥って活動停止状態になってしまった。

その後、渡辺つやの教諭は一九七六年まで東小教員として、一九七七年には中津川市立西小学校に転勤している。そして、一九七六年に小出教諭が恵那市立大井小学校から東小に転入するという人事異動があり、恵那の障害児教育はまた、新たな局面を迎える。

「恵那市障害児を守る会」は、中核をなした小出教諭が中津川市に転任すると消滅してしまった。それに対し、中津川市の「守る会」は障害者の地域生活を守る組織に発展している。この「守る会」は、発足当初から継続的に中津川市教育委員会及び中津川市福祉事務所と三者会議をひらいて、中津川市の障害者福祉の施策に対して発言を多く行っていった。

恵那地方における「私の教育課程づくり」の一環から生まれた東小の障害児教育カリキュラム

当時の東小は普通学級に四五人以上のクラスが各学年四クラスあり、約千人のマンモス校であった。一九八一年時点で東小学校の中には知的障害の重度障害学級、精神薄弱学級（ママ）、肢体不自由児学級、情緒障害学級、きこえの教室、ことばの教室と六クラスあり、養護学級で学ぶ障害児は普通学級を親学級とし、養護学級を子学級として、卒業時は親学級から巣立った。

『私の教育方針』は、中津川市立東小学校全体の教師の実感を綴った印刷物である。恵那の教師たちは絶えず話し合いによる合意を重視し、この『私の教育方針』も、先に述べた東小学校が作成した『教育課程表』と同様に、恵那地方一帯の東濃民主教育研究会で合議され推進していた自主カリキュラム「私の教育課程づくり」の一環としてあり、各学校が独自に作成したものである。東小学校も独自に展開した。資料は通年残存せず一部に留まるが、「ひがし生活の家」が発足した一九七八年を例にとると次の通りである。

◎教師集団のあり方について思うこと

教師の共通理解を大切にしたい。すくなくとも全校としてとりくむ問題については、指導の考え方や方法について、共通理解をし、意志統一ができていないと、混乱が起り、とまどいが生じてくる。

学年段階による指導の違いはあっても、学校全体としての系統は大切にしたいし、教師自身がよくのみこんだ上で指導していきたい。

（中西克己、一九七八年度、「私のねがい」『私の教育方針』八五頁）

この綴方は校長の「教育方針」である。中西校長は南小校下だが、一九七四年南小校下に中津川市養護訓練センターが設置されるに当たって反対運動が起き、住民に対し何度もその説得に当たって設置実現に尽力した人物である。

恵那の教師たちは勤務評定以後、「教師集団」という言い方をする。これは結束を意味するものである。「私の教育方針」はそもそも教師一人が自分の考えをもつことであり、集団とは相反する言葉のようにみえるが、そうではない。それぞれの方針を教師集団が共通認識するという意味があった。

小出教諭は元々、特殊学級を差別教育とみなし、特殊学級を撤廃すべきだと考えていた。しかし、重度の障害児に会ってその考えを一八〇度変えたといわれている。


中津川市の障害児教育は、昭和四十六年　どんなに重い障害児にも教育を保障していくという東小学校養護学級の開室にはじまると言っても言いすぎではないと思います。この学級の歩みは、担当教師の苦悩と苦斗　さらに劣悪な教育条件の中で　在宅障害児の訪問教育のこころみ。さらに、その子たちのための日曜学校の開室等、この一人の教師の献身的な営み、働きかけは　今日、かやのみの教室、合同教室、養護訓練センターとなって発展しています。

しかしながら、財政の上でも、行政の上でも、重・中度知能障害児・肢体不自由児の教育を無視した措置をこうじていることを指摘せざるを得ません。民主主義の根幹にかかわる重大事です。

（小出信也、一九七八年度、「言難の特殊性のみが強調されるがごとき殿堂を真の障害児教育の殿堂としたい——それが自らの二年間の批判にこたえる道として」（ママ）『私の教育方針』六五—六八頁）


この方針はどうも、学校に訴えているのではなく、行政側への要求を行っているようである。当時、「きこえの教室」「ことばの教室」は国から助成金が出る対象であった。それに対し中度・重度の障害児に対する助成は皆無であった。中度・重度の障害児に市がお金を出すように求めているのである。「どんなに重い障害児」というのは、知的であっても身体的であってもという意味である。障害児担当の教師集団は養護学級開設から親の要求を受けて、それぞれの学級の認可と介助員の増員を岐阜県に求めてきたが、肢体不自由児学級の認可が最も遅れて、この綴方の翌年に認可されている。またさらに、「中津川市障害児合同教室（今日的段階における中津川市の養護学校）が根づくかが決まってくると思います。（中略）養護学校義務設置と完全就学を国が約束した年があと十ヶ月にせまっています」と述べており[18]、つまり、合同教室を中津川市の養護学校とみなせといっているのである。

合同教室を中津川市の養護学校とみなす目論見

一九七八年に小出氏が「私の教育方針」中で、「東小に養護学校をつくること、それは東小の明暗がかかっている」と主張した養護学校設立発言は多くの波紋を呼んだ。恵那の東小全学の教師から四面楚歌になったと小出氏は後に述べているが（小出 一九八四：一二二）、普通学級だけか養護学級だけかいずれにせよ、他の東小の教師は教育方針がさまざまであっても、東小内で学び統合教育を支持する点では一致していた。それは、義務教育になると、このままでは中度・重度の障害児は養護学校義務制によって、他地域の養護学校か施設に収容されてしまう運命にあったからである。

小出教諭の「あと十ヶ月、急がねば」という発言の真意は中度・重度の障害児の所在についての命運がかかっているという意味であったものといえる。一九七九年度の義務制になれば、中度、重度の障害児は普通学校に留まることができない。判定基準により、当地ではＩＱ50以下の中度障害児は別地域の養護学校へ、そしてＩＱ25以下の児童は教育適用から外れて施設入所になる[19]。法的に東小を養護学校というかたちにしないと留まれないのであった。

養護学校の認可は県が行い、市教委がその窓口となっているので、まずは確固たるかたちを市教委に認めさせることが必須であった。そしてその陳情には「守る会」の合意による訴えが必要であったが、一九七五年時点、親と教師の政治的支持政党の相違から反目状態にあり、活動停止していた。

教育現場では、一九七一年に渡辺つやの教諭が打ち出した「どんな子でも希望があれば、入学を断らない」という信条が固辞されていた。この信条は、特に同じ訪問指導を行って障害児の学校入学の必要性を痛感した女性教師らに確固として受け継がれているものだった。その一人であった増倉教諭は言う。渡辺教諭と同じく普通学級の教師であったが、義務化当時は重度心身障害児を多く受け持っていた。東小に、全面介助の要る児童に対する介助員増員を岐阜県に求め、何回も陳情に赴いていた。度重なる陳情で介助員の助成が県から認められた。県下で初めてのことだったという。増倉教諭は実践での実感から「合同教室をやると東小で一番変わったのは健常の子たち。これは全市に広めんといかんと思った」と言う。一方、小出教諭の要求は学校のガバナンスの面から訴えていた。一市町村に一養護学校設置ということが制度としてあった。合同教室は全市の障害児が一堂に揃う正規の授業である。合同教室が養護学校だとみなすように行政に働きかけていった。それにより重度の障害児が遠方の養護学校に入学しなければいけない常態から東小への入学を許可し、東小ですべての障害児が健常児と学ぶ場所にしようとした。

そうして渡辺春正教育長[20]は東小の合同教室が中津川市全域から障害児が集まり、重度障害児の介助にあたる福祉関係者が配備されているという点においてこの実践を認めていたのである。

そして、一九八一年は国際障害者年であり、数々の記念行事が恵那地方で行われた。中津川市渡辺春正教育長は中津川市の障害者白書を発行し、市民に向けて冊子『障害の理解』を広報した。

第2節　地域に立ち向かう母親の共同的アイデンティティ
――『かやのみ』より――

恵那地方における障害児の就学運動と母親の存在

恵那地方における障害児の就学の体制をつくったのは障害児の親の要求であった。親といっても特に障害児の母親集団が子どもの就学を求めた。しかし、その母親も障害児と同様に家に引きこもっていた。では一体、家の中だけで過ご

	子どもの活動	親の活動	その他の事情
第3回 昭和48年 11月30日 参加者20名	・くみ木あそび（創作） ・うたとリズムあそび ・えかき大会（Tちゃんから笑顔がみえた）	学習会 就学申請手続きと学籍問題。 学区制と「障害児」教育について・「障害」幼児の現状 今後のとりくみについて	48年7月 社会福祉事務所に家庭奉仕員1名配置される

表5-2　第3回かやのみの集い（土曜教室）内容

（出典）渡辺つやの元教諭覚書・小出信也元教諭覚書（1973～81）「東小学校障害児教育担当者会議議事録」・「かやのみ教室」に関する記録・合同教室に関する記録より.

した障害児の母親が、どのようにして子どもの教育を要求するに至ったのか。本節ではその経緯を説明していく。

恵那地方は、一九七〇年代においても家観念が色濃く残存し、障害児者は家に招かれざる者として隠される存在であったばかりでなく、その母親は招かれざる人を産んだ者として、肩身狭く過ごしていた。そのような中で、一九七三年には課外母子分離教室「かやのみ教室」が開設された。その教室で母親が綴った生活綴方集『かやのみ』が書かれた[21]。

「かやのみ教室」の概況

この「かやのみ教室」に訪問指導に当たっていた教師が親を勧誘した。家庭奉仕員と共に渡辺つやの教諭をはじめ中津川市の教師は放課後をつかって訪問指導で障害児がいるとされる各家を回った。玄関先で訪問拒否されることも少なくなかった。また一方で、訪問が学校管理側にもただちに理解されていたわけではなく、渡辺教諭は時間外の訪問に対して始末書を書かされた。しかし、それでも訪問を止めることはなかった。

「障害」のある自宅待機児童と母親が学校に足を踏み入れる第一歩として、一九七三年八月に中津川市の中で最も人目につかない南小学校の川上分校で子どもと母親が別々に活動する母子分離活動として「日曜学校」が始まった。

一九七四年二月に「日曜学校」は「土曜教室」となり、街中の東小学校で開かれ、すでに通常学級に入学した障害児も参加した。「土曜教室」は革新市政の誕生を記念して、教室の名前を一九七五年に「かやのみ教室」と改称した。

最初は二〇名前後の参加者数だったが、回を重ねる毎に増え、介助者として沢山の教師他

表5－3　かやのみ教室の開催日・参加状況

開催日	参加者数（名）	備考	開催日	参加者数（名）	開催日	開催日	参加者数（名）	
第1回1973年8月12日	25名の「障害児」付添37名	21名劇団員 9名の指導者	第15回1974年10月29日	23回迄不記載	第29回1975年9月19日	第43回1977年3月11日		
第2回1973年10月29日	12		第16回1974年11月27日		第30回1975年10月24日	第44回1977年8月12日	45	市内小中学校教師多数介助応援
第3回1973年11月3日	20		第17回1974年12月10日		第31回1975年11月7日	第45回1977年10月20日	47	
第4回1973年12月15日	18		第18回1974年12月20日		第32回1975年11月21日	第46回1977年12月10日	53	
第5回1974年1月26日	17		第19回1975年1月17日		第33回1975年12月5日	第47回1978年2月22日		
第6回1974年2月22日	22		第20回1975年2月3日		第34回1975年12月19日	第48回1978年5月30日		
第7回1974年3月22日	17	6名の指導者	第21回1975年2月19日		第35回1976年1月23日	第49回1978年7月20日		
第8回1974年4月24日	14	4名の指導者	第22回1975年3月4日		第36回1976年3月19日	第50回1978年8月16日	47	
第9回1974年5月28日	19	8名の指導者	第23回1975年3月19日		第37回1976年5月4日	第51回1978年9月8日		
第10回1974年6月28日	18	4名の指導者	第24回1975年5月23日	30	第38回1976年6月25日	第52回1978年10月28日		
第11回1974年7月24日	25	5名の指導者	第25回1975年6月6日	43回まで参加者数不記載	第39回1976年8月4日	第53回1978年12月16日		
第12回1974年8月14日	24	3名の指導者	第26回1975年6月20日		第40回1976年10月22日	第54回1980年1月23日	100	
第13回1974年8月30日	19		第27回1975年7月4日		第41回1976年11月26日	第55回1980年2月日不記載		
第14回1974年9月20日	18	3名の指導者	第28回1975年8月8日		第42回1977年2月3日			

（注）以後，中津川市中の合同教室合併し更に大きな集まりとなる．

（出典）渡辺つやの教諭覚書・小出信也覚書（1973～81）「東小学校障害児教育担当者会議議事録」・「かやのみ教室」に関する記録・合同教室に関する記録より．

写真5－1　綴方集『かやのみ』

（出典）2014年8月ひがし生活の家資料室.

ボランティアが参加した。「かやのみ教室」は内外に話題となり、役所関係者、外部の見学者も訪れた。同質の障害児だけでなく、さまざまな障害児が一堂に集まり、異なる立場の人たちが参加・関与した。

「かやのみ教室」の後半期で母親が綴った『かやのみ』[22]文集

「かやのみ教室」は一九八一年まで続くが、教室に通っている母親らが一九七八年に生活綴方集『かやのみ』1号を執筆した。次年度『かやのみ』2号、続いて一九八一年に『かやのみ』3号を発行した。ガリ版による手刷である。

『かやのみ』全三号は「かやのみ教室」で学んだ親の綴方集であり、親の意識を知ることができる。また、「中津川市障害児者を守る会」、市教委、市福祉事務所の三者が合同で母親の文集の印刷元となっていることも重要である。当初、家から漸く教室に赴いていた母親たちは、綴方を書くこの時期には、ほとんどが「守る会」の会員となっていた。そしてこの団体に市教委と福祉事務所が協働しているのである。

この『かやのみ』で母親らはどのような綴方を書いたのか。次の綴方は、後の地域生活運動で運動員の一人となったＪ４さんの誕生の頃の様子が母親ｃさんによって綴られている。

> 生後2日目より　高熱に見舞われ　その日から　生と死の戦いが始まりました。この世に生を受けるが早いか（中略）今で言ういわゆる植物人間でした。（中略）そうしたある日、決定的な日が来ました。先生から「もう駄目です。どうぞあきらめ

てください。まだ若い。またすぐ出来ますよ」

目の前がまっ暗になり　とめどなくあふれる涙はおさえ切れませんでした。やっと授かった子供（ママ）です。〝そうだ、名古屋に連れていこう〟とすぐ退院の手続きを済ませ、子供をかかえ、タクシーにとび乗り、子供を抱きかかえ祈る様にして名大にかけこみましたが、ベッドが満員と聞き、名市大に行き　やっと入院させていただいて、今では　奇跡的に助かりましたが、その時は、無我夢中でした。（中略）あの時名古屋に連れていかなかったら、この世にはいないと思うのです。

（cさん、一九七八年五月一〇日、「障害児を持って」『かやのみ』1号、中津川市障害児者を守る会・中津川市社会福祉事務所・中津川市教育委員会発行、守る会事務局印刷、七―九頁）

地元の医療関係者から植物状態にあったJ4さんの存命は無理との宣告を受けたが、cさんはそれでも諦めずにJ4さんの命の存続を求めて奔走したことが書かれている。

次の綴方は自閉症の子どもをもつmさんの作品である。

（前略）2才、2才半と　言葉ののびる時間（ママ）がきても　言葉は増えない、視線が合わない、友達と遊べない。それに落ち着きがない事、家から一歩外に出れば糸の切れた風せんのごとく、どこに飛んで行くのかわからないとにかく忙がしく動き廻る僕に　私達夫婦はふり回され　夜は夜で夜泣きと夜尿のために　一日とてゆっくり眠った事はありませんでした。（中略）自分の育て方からこの子を障害児にしてしまったのでは、そんな気持ちがあせりとなったり、自分自身、神経質で閉鎖的な人間となってしまったり、深く考えれば考える程、やり切れない気持ちになり、この子をどう育てて行けば良いのかわからなくなってしまいます。私が作ってしまった子供です。（後略）

（mさん、一九七八年五月一〇日、「私が作ってしまった障害」『かやのみ』1号、中津川市障害児者を守る会・中津川市社会福祉

事務所・中津川市教育委員会発行、守る会事務局印刷、三五頁、三七頁）

『かやのみ』1号でmさんは、「作ってしまった」と我が子のことを否定的に書いている。そのときのmさんの実感であろう。自分自身がその否定的存在をつくったと責めてもいる。しかし一方で、「僕」と書いており、子どもJ38さんのことを愛おしく思っていることも確かである。その障害のある「僕」を通して「かやのみ教室」で友人ができたことを自覚して書いている。

ところがmさんは『かやのみ』3号で次のような綴方を書いている。

（前略）ぜん息の持病もあり、休む事が多かっただけに、小学校から中学校へ行って精神的な負担がまたぜん息発作となって出なければよいがと心配もしましたが、苦しい経験と、お医者さんから冷水かぶりと早朝マラソンを勧められやり出してから1年が過ぎました。（中略）2中の運動会では親の心も知らないで6百メートルに出まして遅い事、あまりの遅さに（中略）大勢の方が見ているので、正直なところはずかしさ半分でしたが、自分から走る事を決めて最後まで頑張った息子に「今年は残念やったけど、来年はもう少し頑張って」と励ましてやりました。

（mさん、一九八一年一一月一八日、『かやのみ』3号、中津川市障害児者を守る会・中津川市社会福祉事務所・中津川市教育委員会発行、守る会事務局印刷、六九—七〇頁）

この綴方でmさんは、J38さんが自分でリレー出場を決め、完走したことに対して評価している。

次の綴方は兄弟とも障害児である母親rさんの書いたものである。

（前略）この10年間、ほんとうに　いろいろな事がありました。

苦しかったこと、悲しかった事　死ぬ時には、この子どもといっしょに……。

その反面、長男が手術をして元気になり　私達と一緒に　楽しい我が家に帰ることが出来た時の　嬉しかった事。

次女が覚えていく言葉の一つ一つ。（後略）

（rさん、一九七八年五月一〇日、「貴重な体験から」『かやのみ』1号、中津川市障害児者を守る会・中津川市社会福祉事務所・中津川市教育委員会発行、守る会事務局印刷、四八—四九頁）

rさんは我が子と一緒に死のうと思った絶望と、しかし一方で、長男の手術後回復し帰宅した喜びを綴っている。

次の作品は当時、中津川で最も重い障害だといわれていた重い自閉症と知的障害を併せ持つIさんの母親nさんの綴方である。

（前略）幼稚園へ行く前は睡眠が出来ず、昼夜2時間寝ては　3時間起きるという小刻みの状態であり、夜中の暗がりでも平気でとんで歩く　異常な精神状態でありました。私達家族の生活は破壊され、心身共に疲れはててしまい、どこにも行き場のない子供だった頃の絶望的な毎日、当時、市の保育園は入園を断られていました。（後略）

（nさん、一九七八年五月一〇日、「子どもを　育てながら　思うこと」『かやのみ』1号、中津川市障害児者を守る会・中津川市社会福祉事務所・中津川市教育委員会発行、守る会事務局印刷、三八頁）

Iさんの小刻みの睡眠のリズムで家族中が疲弊してしまった辛さを書いている。Iさんには基本的な生活習慣が確立できない障害があるため、一つひとつの習慣を身につける母子の戦いが綴られている。偏食もその一例である。

（前略）昨年の夏頃から、相当にきつい強制を始めました。大人が3人がかりで　汗だくで、絶対受け付けない食べ物を口へ押し込むことをしました。

思いやりとか甘えをすて、Iを押さえつけ、口を無理に開き（ママ）食べさせる。はき出しても　くり返し「Iちゃん　おいしい、おいしい」と言い、のみ込んだ時は、何回も「良い子だ、良い子だ」とほめて、さすってやりました。

（nさん、一九七八年五月一〇日、「子どもを　育てながら　思うこと」『かやのみ』1号、中津川市障害児者を守る会・中津川市社会福祉事務所・中津川市教育委員会発行、守る会事務局印刷、三九―四〇頁）

こだわりがあって一つのものしか食べない場合、放置しておけば命の存続にも関わってくる。排泄をトイレで行うという実感がないことも大変である。基本的な生活習慣が確立できないIさんに体当たりで一つひとつの習慣を身につけさせる母親、家族の様子が綴られている。

排泄の事についても、きたないという意味が解らないのが最大の悩みでした。（中略）過去この事でノイローゼにかかって　灰色の毎日だった。家の中ではしないが、特定の場所でしない。どんな所でするか探してあるいた時もあった。トイレでするようになると、おしりに手をやり、トイレのタイルにうんこをぬりたくったり、トイレにズボンや履物を落としたりもした。（中略）絶望的な悲鳴をあげていた自分。（後略）

（nさん、一九七八年五月一〇日、「子どもを　育てながら　思うこと」『かやのみ』1号、中津川市障害児者を守る会・中津川市社会福祉事務所・中津川市教育委員会発行、守る会事務局印刷、三九―四〇頁）[23]

Iさんは排泄することと遊びを結びつけて行為していたわけである。トイレへのぬりたくりは次に使う人にとって困ってしまうことであり、ズボンへの排便は洗濯する人に大変な思いをさせてしまう。このことを放置しておいたら、Iさんは社会性を身につける経験をもたないことになってしまう。

以前、Iが夜泣きをして、夜中に外へおんで歩いた時の事、糸の切れた凧の様に跣のまま外へとび出し国道で大型の自動車を止めたり、何度「ああ、もう最後か‼」と思ったかも知れない。

あの時の事を思うと　やはり進歩していると思う。此の頃は学校で習った歌も、家で歌えるようになったり、（中略）人の真似をする事も出来、人の指示にもしたがえるようになり、理解する度合が深くなった様に思います。

（nさん、一九七八年五月一〇日、「子どもを　育てながら　思うこと」『かやのみ』1号、中津川市障害児者を守る会・中津川市社会福祉事務所・中津川市教育委員会発行、守る会事務局印刷、四一頁）

ここでは、nさんがIさんの成長を発見している様子が書かれている。

次の綴方は難聴児親の会の会員でもあったsさんの綴方である。

（前略）「難聴です。もうだめでしょう」と言われた時の気持ちを　今も心の奥にしまい、だらけそうになる時のムチとして　大切にしています。（中略）

私たちは　社会の理解を得るためにも　機会がある毎に市役所を訪れ、まず「難聴」という障害の説明から　はじまりました。（中略）「きこえの学級」が開級される事を念願して、学校　市への働きかけを　全員の協力で進めました。

そして山田先生が2中からおみえになり「ことばの教室」に続き、48年（ママ）度末には「きこえの教室」が開級された時には、本当にうれしく思いました。

古い校舎の理科室の片すみを仕切りした教室でした。予算の関係もあり　大工と電気の配線のみでしたので去年からかべのペンキぬり　カーテンの修理及び取りつけ　倉庫へいって適当な机・本棚等をさがし洗ったり、補強したりと担任の先生が卒先（ママ）して　それを親たちで助け、まず教室の整備からはじまりました。（後略）

（sさん、一九七八年五月一〇日、「6年間をふりかえるとき」『かやのみ』1号、中津川市障害児者を守る会・中津川市社会福祉事務所・中津川市教育委員会発行、守る会事務局印刷、五〇―五三頁）

東小の「きこえの教室」は、親の要求で開級されたが、その様子が綴方にも書かれている。手作りで理科室の片隅につくられた。ここで注目されるのは、教室づくりに参加した人たちのことである。教師、親、用務員共に協力して教室がつくられていったことが綴られている。

そして、放課後の重度障害児の居場所がないということでつくられた「生活の家」の誕生もnさんの綴方で書かれている。

（前略）昭和54年春になり、暖かい日はそこを放課後の遊び場として生活が始まりました。2帖から4帖に建て増しして、学校の古校舎の柱や戸をもらって、先生方が休みも返上して建てた手造りの家は、普通学級の子どもにも以外に（ママ）人気があり、このままごとの家の建て物を中心に　一段と放課後の障害を持つ子供に対する意識の高まりが出て来ました。普通学級の子供が　障害を持つ子どもへの（ママ）ボランティア精神を高めていく上にも大変効果がある事でした。私達は　今やっているこの大切な学童保育を何とか社会の人達に知ってもらいたい。（後略）

（nさん、一九八〇年三月二五日、「学童保育今日までの歩み」『かやのみ』2号、中津川市障害児者を守る会・中津川市社会福祉事務所・中津川市教育委員会発行、守る会事務局印刷、一五―一七頁）

重度障害児の親の要求で設立された東小内敷地に手作りで建てられた学童保育所である。東小の教師たちも親に加わって休日も返上して協力している。最初は2帖からの出発であった。そのために名称も最初は「ままごとの家」と皆が呼んでいた。注目されることは、この綴方には書かれていないが。校内に「生活の家」が所在していたときはちょうど、購買部が横にあったので、普通学級の子どもたちが立ち寄る場所になっていった。nさんも書いているように、このままごとの家に普通学級の児童が多く訪れた。これを教訓にして、「生活の家」が校外に建てられた折にも、購買部を「生活の家」内に設置したので、普通学級の児童が「生活の家」に多く出入りするようになった。

次の綴方はhさんの綴方であるが、統合教育での親の気持が描かれている。

6年間をふり返って今思う事は、夢ふくらませながらも、心配で心が暗くなりがちな1年への入学の頃のことです。（中略）私達の心配をよそに、当時5年生の姉について毎日元気に学校へ行ってくれました。多くの友達や先生方に接して　笑顔で学校から帰ってくる事によって、私達の不安は少しずつ消されて行きました。（中略）大きな行事が沢山ありましたが、その中でも　6年生に同行して修学旅行に行けた事は　うれしい出来事の一つです。6年生の皆さんと同行する事をだいぶ迷いましたが、6年担任の先生方にはげまされて決心しました。J12も行く前になって神経を使ったのか熱を出してしまいましたが、何とか元気になり、どしゃぶりの雨の中を友達に助けられながら、バスに乗って出発しました。（中略）グループの友達に助けられながらも、無事に行って来ました。

（hさん、一九八〇年三月二五日、「ふり返って思う事」『かやのみ』2号、中津川市障害児者を守る会・中津川市社会福祉事務所・中津川市教育委員会発行、守る会事務局印刷、三八―三九頁）

親の手から離れて、友だちの助けを得てJ12さんが旅行をしたことが書かれている。そして、そのことが親のhさんにも跳ね返って、hさんの心を強くしている。

この頃の恵那地方では、与謝の海養護学校が一人ひとりに合わせた教育をして地域とも交流をしているということで理想の学校として受けとめられていた。教師や小中高の修学旅行の見学コースに組み入れる学校もあった。そして、親たちの集いでも見学が何度か行われている次のxさんの綴方は与謝の海養護学校の見学について書かれている。

（前略）今年の第3回全国親の集いが与謝の海養護学校で開かれると聞き　前々から是非一度行きたいと思っていましたから　この機会に行かなければ又の機会はないと思い、学校の先生、生活の家の指導員、家族の協力で行かせて頂きました。

そこで私自身学んだことは、学校の大きさ、生徒の数等、規模はかなり違うけれど、その中で取り組んでみえる

先生達の姿は　東校の養護学級の先生達と少しも違いないとわかりました。与謝の海養護学校へ行けば　子供にもっと何かしてやれると思っていた私は恥ずかしく思いました。

（xさん、一九八一年一一月一八日、『かやのみ』3号、中津川市障害児者を守る会・中津川市社会福祉事務所・中津川市教育委員会発行、守る会事務局印刷、三三頁）

見学するまで、与謝の海養護学校を理想郷だと思っていたxさんであったが、見学してみると、東小ですでに実践されていることと変わりないことを実際の見聞で確かめている。xさんのように、養護学校設立を願う親たちが多かったが、実際に見学することで、東小とは別に養護学校を設立する要求はなくなった。母親たちは卒業後の地域生活の拠点として「生活の家」の土台をつくっていくことに力を注いでいった。その母親の中の一人fさんは不治の病であった癌にかかってしまう。そのことについてfさんが書いている。

（前略）生活の家を設立する為に坂本の多くの家を募金にまわり、そこで暖かいはげましの言葉と共に募金も戴き、今度はうれしい涙と、今年はうれしい涙を沢山出しました。

そして生活の家の本館が出来上がり子供達は明るい顔をみせてくれます。だから親としてもっともっとがんばらなくてはと思いながら、私は病気になってしまい　何もしてやれなくて皆様に御迷惑をお掛けするばかりで、その上、この先我が子は　私が倒れた時どうしようかと考えたり、その時は生活の家へあずけてなどと考えたりもし、本当にあずける事が出来たらいいなあと思ったりします。

（fさん、一九八一年一一月一八日、『かやのみ』3号、中津川市障害児者を守る会・中津川市社会福祉事務所・中津川市教育委員会発行、守る会事務局印刷、六六頁）

fさんは「生活の家」が法人化されることを目にすることはなくこの世を去っていった。fさんがこの綴方でも書いているように、ｆさんの逝去で残されたＪ27さんの存在がある。Ｊ27さんは重い自閉症で発語はオウム返しの言葉を発する人である。Ｊ27さんは一時、恵那地方を離れ大型施設の収容生活を余儀なくされたが、Ｊ27さん自身、「生活の家」の支援員に恵那地方に戻りたい意志をはっきり示し、遠隔地の収容施設から恵那地方に障害者を戻す地域生活運動が進展したという事実もある。「生活の家」は制度下にあるものではないので、維持するためには資金づくりが必須である。

ｆさんの綴方には母親たちは「生活の家」の資金づくりに各家を回っていたことが綴られているが、ａさんも同様である。

先生、今日はもう　うれしくて　うれしくて　生まれて一番うれしい日になりました。（中略）
坂本のおばあちゃんが10万円募金してくれました。（中略）
私の友達の子供の姉妹が貯金箱にためたお金をそっくり募金してくれました。（中略）
我が家の長男が1万円募金してくれました。（中略）
兄の長男が6年生で百円、次男が3年生で10円しております。（中略）
Ｊ37が障害児という事のおかげで、今度ほど人間の心の暖かさを感じた事はありませんでした。
（ａさん、一九八一年一一月一八日、『かやのみ』3号、中津川市障害児者を守る会・中津川市社会福祉事務所・中津川市教育委員会発行、守る会事務局印刷、四四―四六頁）

ａさんの綴方では、小学三年生児童の寄付から祖父祖母による寄付と世代間を越えて募金が集まってきている。

「今日は○○さんにかみつきました」と連絡を受けるたびに、空しく、怒り、悲しみ、又、可愛がってくれるおばあちゃんの手をつねって、茶のあざをいく所もつけたり、かみついて血が出た事など……。（中略）
放課後の生活・学習の中で、子供の生きる場所作りの運動の為に、日夜大奮闘を続けております。（中略）

私達にとって大切なことは子供に対して同情ではなく障害者も中津川の市民という平等の立場で、社会の中で生きて行く事です。完全参加と平等を目ざし現在のひがし生活の家の子供達が、障害故にどんなにきびしい現状であっても担当職員はそのきびしさの中でも人が大切にされるという原点に立って、今日までこの運動の原則をくずすことなく前進して来ました。（後略）

（nさん、一九八一年一一月一八日、『かやのみ』3号、中津川市障害児者を守る会・中津川市社会福祉事務所・中津川市教育委員会発行、守る会事務局印刷、一一―一四頁）

3号にみるnさんの綴方は、1号のときのような育児の悩みに特化したものではない。自分の子どもだけの運動ではなく、地域社会の中で障害者が当たり前に生きていくということに向かい運動していることがわかる。「完全参加と平等」などにみる障害者の権利や平和学習を「かやのみ教室」で続けてきて、nさんは社会的な視野に立つ運動に邁進していった。(24)

「かやのみ教室」で培われた母親の実感の集合知

生活綴方集1号を出した頃は母親がどう歩んできたかの綴りが多い。これが3号になると、母親同士が結束していく言い回しに変わっている。

aさんの綴方を例にとってみると、1号では、「あの時風邪をひかせなかったら、或いは、こんな子どもになっていなかったかもしれない」という「行き詰まり」、また、「この子の将来は、どうなるんだろうか」という「不安」、「1日24時間、我が子の事が、頭から離れる事はないと思います」という「悩み」、「ある日は、本当にやさしい親であり、ある日は衣服の脱ぎ着、食事等すべてスムーズにできないはがゆさに、つい手を貸してしまったりです」と「障害の否認」が書き出されている。言説は自分のことに集中していた。

しかし時を経て、『かやのみ』3号発行の頃には、「人の心が通じ合ったようでうれしい」という文章表現が所々に書かれ、他者とつながることが書き出されており、孤立した気持ちが「かやのみ教室」に通い続けることで断ち切れている。

『かやのみ』を書いた母親全体をみていると『かやのみ』1号ではその言説は、行き詰まり、罪責感（「薬をあんなに飲まさなければ」他）、利己的感情（「我が子のことが頭から離れない」他）、自殺・心中衝動（「何度この子と共に」）、絶望感（「目の前が真っ暗」他）、苦しみ（「輸血で子どもの心臓が何時止まるのか気が気で眠れない苦しい毎日」他）、悲しみ（「全てが悲観的」）などがあった。問題行動に対する困惑感があり、他害やパニックへの恐怖（「気が違ったように泣き気が狂いそう」など）などで、母子の人間関係だけに限られた閉鎖的な内容であった（篠原 二〇一六b）。

一方、二年後の『かやのみ』3号になると、「障害があっても生きる権利があるという自覚」、「市役所・市議会・地域へ理解の願い」など、政治的な思考から実際に行政を動かそうとする項目がみられた。また、「学童保育所実現から「生活の家」づくりへの思い」、「他人任せでなく自分たちでつくろうとする克己心」、「団結し頑張り、生きようとする決意」が複数みられたが、母親が自ら動いて連帯する言説の集合といってよいだろう。3号になると、「先生のアドヴァイス」、「先生も同様の苦労があることを知る」、「あたたかい愛情に励まされる」他、教師とのやり取りの言説がみられた。また、「学校と家庭生活の連絡を深めたい」、「先生・協力者に感謝」他など、母親らは学校と家庭生活とのつながりについても書かれている。また、『かやのみ』3号では、母親らの共通点に、「一緒に学習していくこと」の言説が多くみられた。そして1号にはなかった他者のため、母親たちが連帯しようという綴り、地域社会に関する言説も出てきている。

『かやのみ』1号と3号には教師に感謝する常套句も多くみられた。これは教室に通い続けた母親の運動員としての言葉として読み取ることができる（篠原 二〇一六b）。次の事例は教師と母親の連絡ノートの綴りのやりとりと話し合いの様子が示されている。

写真5-2　学習討論

（著作権者）社会福祉法人ひがし福祉会　鳥居広明.
（出典）「地域に生きる障害児者運動四〇周年記念 共に生きる」冊子より.

写真5-3　婦人集会で訴える「かやのみ教室」の母子たち

（著作権者）社会福祉法人ひがし福祉会　鳥居広明
（出典）「地域に生きる障害児者運動四〇周年記念 共に生きる」冊子より.

東小に入学して2年間、担任の小出先生にYの発達のおちこみと、親の心構えについて、直接的に言われ続けました。私はその度に、苦しみと悲しみで傷つきました。現在、2年後の今日やっと、先生の言われる意味が理解できました。

（nさん、一九七八年、『かやのみ』1号）

Yの「どじょっこ」のクラスでは、子供の発達をきめ細かく分析し、要求を受け入れ乍ら、教師集団の中で研究を重ね、子供一人ひとりにあった教育の追及を行っています。又、学校との連絡ノートで、子供の家庭での状態を綴り、又、先生に直接合って話を聞き、普通の子供以上に、パイプをつなげ乍ら子供の発達を願い、私は学校の先生を信頼し、困った事、嬉しかった事などノートに起して、子供の成長と心の過程など、連絡を密にしています。それと同じ様に「生活の家」の指導員の先生方も、若いバイタリティにあふれ、放課後の生活・学習の中で、子供の生きる場作りの運動の為に、日夜大奮闘を続けております。

（nさん、一九八一年、『かやのみ』3号）

同じnさんの綴りだが、教師との関わりを経て、nさんの意識が変わってきている。

また、『かやのみ』3号では、母親たちが仲間内で他の人のために行動しようとすることを実感し合う内容がみられる（篠原 二〇一六b）。dさんの綴方は、不特定多数の地域社会の人たちに障害者の地域生活の場づくりを求めて、具体的には「生活の家」づくりの願いを投げかけている。

とてもできそうにないと思っていたひがし「生活の家」本館建設構想を15人の親がいかにして自分のものにするかで、何度も何度も話し合いを続けました。資金がつくれなければ15人が背負ってたたなければならないが、その覚悟ができるかどうかまで確認しあいました。そして最後は、子どももろともこの家にころげこむ覚悟で、子どもの家、自分の家、自分の家をつくるつもりになって市民の中に訴えてまわろうと話し合いました。まずは1軒でも2軒でも、「生活の家」の趣旨を訴え、募金に協力してもらおうということで、募金帳を手にして市民をまわりました。「そんな事業は、国や県ですることではないか」といった反論も受けました。現実に「障害」をもつ子を抱えて困っている様子を訴えても、なかなか理解をしてもらえない方もありました。中には本当に襟を正して聞かなければならないような、尊い意見も聞かせてもらうことができました。「障害」をもちながらも、人間らしく精一杯生きようとする子どもたちと、より人間らしく生きられる場を保障してやりたいと願う。

（dさん、一九八一年、『かやのみ』3号）

『かやのみ』3号では、母親たちは、教師に感謝の辞を述べたり、母親たち、自分自身を見つめて綴る内容がみられる。そして、最後は「みんなで『生活の家』づくりを頑張ろう」という常とう句で綴方が終わっていることが多い。これは気持を一つにして、実現への運動を展開していっている様子を示している。この「かやのみ教室」に集った母親らは教師らと考えを闘わせながらも、「中津川市障害児者を守る会」の一員になっていった。「中津川市障害児者を守る会」は、前述したように一九七〇年代中頃に開店休業の状態であったが、この「かやのみ教室」の母親集団によって復活する。この母親集団が、中津川市で出生した障害児者の全数に対して行われた実態調査の調査員としての実行部隊になっていったのである。この実態調査は、収容生活や引きこもりを余儀なくされていた障害児者の地域へのアクセスの突破口となったが、その経緯は第6章で述べる。

注

(1) 恵那教育会議が開催された一九五八年以降の研究については佐貫浩が行っている（佐貫 一九八八）。恵那人事協議会（以下、「恵那人事協」と略）には筆者が論じた（篠原 二〇一六）。
(2) 恵那教育研究所で筆者入手による一次資料より。
(3) 戦後から一九八〇年代の恵那では、学習指導要領による教科書に依拠せず、子どもの生活綴方から出発して、授業実践が展開されていた。
(4) 資料には、教師の障害児教育に関係する組織活動への参加状況を示すものであった。
(5) 資料①の綴じた資料群の中にあるが、渡辺教諭の自筆で一九七一年一一月二五日付「施設入級児童者名簿」、同年一一月一〇日付「心身障害児在宅調べ」、「就学猶予又は免除児童名簿（教委調べ）」、「重症心身障害児名簿（在宅）」、「身体障害児」各々作成され、個人情報と渡辺教諭の各児童への交渉の確認の有無が記載されている。
(6) 資料①に綴じられているガリ版による手書き書類を筆者がそのまま活字化した。
(7) 渋谷光美（二〇一四）『家庭奉仕員・ホームヘルパーの現代史』より。
(8) 一九六九年中津川市教育次長に就任した渡辺春正氏は、渡辺教育次長と渡辺つやの教諭とは遠縁にあたり、渡辺教諭に内密に渡辺教育次長から、東小を障害児教育の拠点にし、教諭が中心になるよう打診した経緯がある。
(9) 渡辺教諭への二〇一五年一〇月一五日の聞き取り調査による。
(10) 丹羽徳子・依田和子元教諭への筆者の聞き書き調査による。二〇一三年一二月一八日、丹羽先生宅で実施した。
(11) 一九八〇年代に入ると障害当事者も会員となっている。
(12) 渡辺つやの資料①の心身障害者綴りには、「全障研運動」という表示を含み、その主旨を伝えるパンフレットが一緒に綴じられている。
(13) 小出信也教諭からの聞き取りによる。二〇一四年三月二八日小出教諭宅で実施した。
(14) 渡辺つやの資料②は巻末に掲示。
(15) 当時から守る会の立場の取り方について知っている現在の守る会代表長谷川則子さんからの話の聞き取りによる。

(16) 一九七二年一〇月一五日ATさんと渡辺教諭の「話綴り」資料より。
(17) 岐阜県における県教育委員会は、当時一般市民に対して立ち会わなかったが、教師集団には交渉に応じたため、障害児担当の教師集団が陳情の交渉に県庁へ何度も赴いた。陳情はなかなか認められず、何度にも及んだという。
(18) 一九七八年度『私の教育方針』六五―六八頁。
(19) 日本のＩＱによる判定は一九五三年の判定基準公表以来、一九六一年の『精神薄弱者白書』に掲載されているが、特殊学級はＩＱ50～75、養護学校はＩＱ40～60、そして教育の下限はＩＱ20などのレンジがあり、地方によって基準値の数値が多少異なる。出典：日本臨床心理学会（一九八〇）『戦後特殊教育その構造と論理の批判』社会評論社、一八〇頁。
(20) 中津川市教育長一九七五年四月～一九八一年六月就任期間。
(21) この文集を扱う際に、次のような倫理的な配慮を行った。綴方文集『かやのみ』は実名で印刷されるが、市民に公開の印刷物で一般公開できるものと判断される。研究上の分析に関する説明においては匿名表記で、綴方そのものを取り扱う場合は書き手に確認が取れる場合、書き手の意向に従った。今では、執筆者に故人も含まれ、消息を辿れない人もいる。念のため、当地で現在も綴方文集や事例などを取り扱う恵那教育研究所に筆者の意向を申し出、検討してもらい、判断を仰いだ。
(22) ひがし生活の家資料室にて、筆者資料収集の折、『かやのみ』の所在を確認する。
(23) 東小の中西克己校長は、自閉症児が登校で随所に大便をもよおすので、町中の大便拾いを行っていた。
(24) 「かやのみ教室」が「育友会」に受け継がれてから現在まで、障害児についての学習だけでなく、平和学習や憲法学習は存続している。

第Ⅲ部

障害者地域生活運動

――「ひがし生活の家」を中心とした市民運動へ――

第6章　同じ立場の人が関わり・調査していくこと

第Ⅱ部では、障害児の統合教育について述べたが、それは子どもの話し綴りや親の要求が、中津川市では教育委員会が教育現場の裁量を認めていたという条件の下で行政執行へと連動し、公教育の教育現場に実現したものであった。ではなぜ要求運動が必要であったのか。そもそも、障害児者はそれまでどこに住み、どのような生活をしていたのか。本章では、「中津川市障害児者を守る会」（以下、場合により「守る会」と略）が大がかりに行った障害児者実態調査資料から、就学猶予・免除の人たちがどこからやって来た人なのかを述べる[1]。

一九八三年、「中津川市障害児者を守る会」は、市福祉事務所の協力を得て、中津川市で出生した全障害児者を把握し、さらに在宅障害児者に訪問調査を実施した。その翌年には療育手帳所持者すべての家に訪問調査を行った。

調査資料に記載されている年齢層は、「精神薄弱者施設入所一覧」が八歳から五七歳、「精薄施設・養護施設等入所者一覧（養護学校・養護施設・教護施設・病院）」には六歳から五八歳と、児童から成人に至る。ここでわかることは、親の養育義務がある幼いときから、恵那地方を離れ施設に入所していたことである。

「守る会」の把握――そして帰省を促す行動へ――

「守る会」はこのようにして、中津川市で出生したすべての障害児者を把握し、この調査の結果を受けて、中津川市に障害児者の帰還を補助する要求を出し、中津川市では帰郷のための交通費を助成して、帰郷を促していくことになった。お盆と年末年始の帰省費用を送って、恵那とコンタクトをもつことを促した。そうして、帰省を希望する遠方所在の障害児者に門戸を開いていった。

当時、仲間の会自治会長の野村将之さんは次のように書いている。

綴方

会が出来　この中津川にも　いろいろといいところが出来たそうだ。
たとえば　生活の家、訓練センターなどがそうだ。
今　思えば、自分も岐阜に居たときには「守る会」のおせわになっている。
毎年、盆、くれに（ママ）になるとお金が届く。
うれしかった。
家に帰る時に　そのお金で「おみやげ」を買ってきたことを思い出した。
いつまでも「守る会」の活動が続くように。

（野村将之、一九八七年七月三日、「守る会総会に出て思うこと」『中津川ひがし生活の家作業所連絡メモ』より）

野村さんは重度身体障害のために就学免除で学習する機会を得ることができなかった。けれども、「守る会」のアクセスから、「生活の家」を知り、そしてそこで初めて字を学んだ。野村さんの詩や綴方は幾多に及んでいる。「守る会」の総会やその他の自治会活動が盛んになったときは、その自治会長を務め、さらに結婚し自立生活を歩んだ人である。

重度の障害で県の指定する福祉事業所運営の一連の施設に入所している場合

この岐阜県社会事業団の系列に入所している障害児者は二七名で、内訳は知的障害者か、脳性麻痺の障害児者かで分かれている。同じ事業団でも脳性麻痺の障害児者は「Y園」（中濃圏域）に四名が入所し、「S園」（岐阜圏域）に三名が入所し、「ＳＡ園」（岐阜圏域）に入所している障害者が一人となっている。

知的障害のある障害者は「県立Ｈ」（中濃圏域）に一〇名、「Ｈ苑」（東濃圏域南端）に二名、「Ｍ荘」（岐阜圏域）に一名、白鳩学園（東濃圏域）に二名が入所している。また高齢の障害者が光の園（岐阜圏域）社会福祉施設特別養護老人ホームに一名入所している。

「県立Ｈ」は第一から第四施設まであり、三〇名〜一〇〇名を収容する施設である。

知的障害者施設に入所している場合

知的障害者施設の入所者一覧には、三五名の入所先が示されているが、上に示した施設「県立Ｈ」には一〇名、同系列の岐阜市のＳ園には三名、やはり当事業団の系列であり西濃圏域に所在する施設ＳＡ園に一名、同系列で中濃圏域である美濃市に所在する施設Ｙ園に四名の入所が記載されている。さらに岐阜県福祉事業団の経営する施設でＨＡ苑が東濃圏域南端にある。Ｈ学園には一七名が入所していた。

重度の知的障害者で市外の知的障害施設に入所している場合

前項の県指定財団系列の「Ｈ苑」には九名が入所している。学園卒業後、Ｔ市の市中心から離れた「Ｔ学園」に入所するコースを辿ることが多かった。非常に規律正しい生活訓練の場で、時間厳守・行動制限・限定された場所で条件付の家族との面会など、気ままに暮らす場所ではなかった(2)。

また、岐阜県福祉事業団には属さないが、一九四九年に児童養護施設設置の許可を得た岐阜県Ｓ市の収容施設Ｍ学園（中濃圏域）には三名入所していた。

重度の肢体不自由の障害でリハビリテーションを強化して行う県立施設に入所する場合

重度の肢体不自由の障害でリハビリテーションを強化して行っている岐阜県立の施設に入所する場合がある。I学園という療育を行う施設に岐阜県の障害児者で入所する人もあった。一九七四年に岐阜市に移転してK学園と名称を変更しているが、Kさんは移転した年に生まれているので、移転先での入所である。飛騨圏域の温泉保養地であるG地区に所在していた。I学園と呼ばれ、I．K．さん、N3さんの妻になられたN4さんは高山市生まれであったため、G地区のI学園で親元から離れて入所生活していた。とても厳しい学園だったという。定員一三〇名となっているが、G地区に所在していた一九七四年までに、入所者は一三八名から二三二名に及び、定員以上の人たちが入所していたことになる。障害の内訳は、脳性麻痺が一貫して突出しており、先天性股関節脱臼、ポリオが次いでいる。一九七四年までは筋ジストロフィーの障害児も単独入園している。

一九七四年まではG区で多くの脳性麻痺をもった人たちがリハビリテーションのみならず、臨床的な手術も受けてきた経緯がある。脳性麻痺を手術によって治すという試みが行われていたのである。一九七一年まではストッフェル氏手術、エガース手術、腓腹筋起始部切離手術も実施されていたが、成果はかんばしくなかった[3]。施設側は、外科手術実施回数の多さを業績として示しているが、入所者である身体障害者、特に脳性麻痺の障害者は被験者となっていたということである。この臨床手術に関しては、横塚晃一が著書で収容施設には研究所が併設され脳解剖や生体実験などが医学の進歩の名の下に行われていたことを指摘している（横塚 二〇〇七：一〇四）。この施設入所を促進したことには、市制も親にも原因がある。一九六〇年代中津川市内では小児麻痺治療のキャンペーンが行われていたからである[4]。

重度知的障害で精神病院に長期入院のかたちをとる場合

重度の知的障害で精神病院に長期入院のかたちをとる場合が一定数認められる。M市の山野に所在するO病院は三〇八床あり、中津川市で出生した療育手帳Aの障害者七名が当病院に長期入院していた。また、M市より西部隣接のT市に所在し、やはり山野の中に立地する二八八床のS病院に療育手帳Aの人が二名、療育手帳B1の人が一名入院生活していたことが一覧には明記されている。また他府県のS病院入院中の人が一名である。

精神病院に入院することについて、恵那地方の人たちは、大人も子どももよく「悪いことをするとOへ連れて行かれるよ」という言い回しを日常的にしていた。この言い回しは問題行動をすると隔離した場所に連行されるという意味であるが、精神病院に対して差別的な偏見をもっていることがわかる。

知的障害を「精神薄弱」と呼称していたことから精神病院に長期入院する場合があり、県内O病院、S病院などがあげられる。精神病院に長期入院していたヨ25さん、ヨ22さんであるが、この一九八三年の調査後、「生活の家」へのアクセスができ故郷に帰ってきた。

在宅障害児・者に対する近況調査

一九八三年二月から、「守る会」は在宅障害児・者の近況調査を行った。一九八三年の近況調査は、「守る会」の親や有志が一軒ごと障害者のいる各家を訪問するという、とても大がかりな面接によるものだった。この調査員となった人たちは、障害児者の親や支援員で、調査の専門家ではない。

当時のこの地方では、障害の有無にかかわらず、若者が一人暮らしするという自立生活の文化はなかった。若者は代々続く家業を継いで、親の面倒をみることが最も尊ばれていた。「守る会」のメンバーの意識にも、そのような観念が根本的にあるものと考えられる。そう考えると、守る会のメンバーが調査員であったので、調査内容にもその観念が反映さる可能性はある。

調査票には、住所、氏名、生年月日、性別の記録欄がまずあり、次に障害に関して、その内容、手帳や年金の受給状況、障害の原因、主な病歴の記録欄がある。さらに家族に関して世帯構成、最終学歴欄がある。そしてADLの状況、主な介護者、介護者の在宅状況、不在状況、施設入所経験の有無、中津川市内で本人の生活の支援をアクセスする機関の周知の有無などを答える欄がある。さらに加えて回答の例示を添えた自由回答欄がある。

この調査の意義は、用紙に書き込むことではなく、実際に同じ障害の人が調査によって出会い、本人や家族の生活上の様子を尋ねて聞き出し、中津川市内で生活の支援にアクセスする機関を本人に周知してもらうことであった。その機関とは、具体的には「中津川市養護訓練センター」「ひがし生活の家」「中津川市障害児者を守る会」である。「中津川市養護訓練センター」（以下、「養訓センター」と略）は、中津川市が独自につくった施設である[5]。一九七六年九月一日に開設されたが、その設置の主旨は、障害児の就学前の就学準備としての治療訓練と、障害者の職業訓練も兼ねていた。この訓練センターができる以前は、中津川市が属する岐阜県東濃圏域にはそのような機関はなく、愛知県の遠隔地で訓練に出なければいけない状態であった。馬場紀行さんは重度の肢体不自由の障害がある人だが、母親の運動で中津川市幼稚園に通園できるようになったが、それまでは親子入所で愛知県名古屋市に所在する入所施設A学園に入っていた。馬場さんは当学園で朝から晩まで訓練の日々で辛かったと話す[6]。他に、岐阜県以外では、一九七一年時の渡辺つやの教諭の調査によると、愛知県では春日井市神屋町にある一九七〇年に開設された「愛知県心身障害者コロニー」で訓練生活していた人もいる。

養訓センターは南小学校区内に所在している。同じ中津川市内でも学区が違うと、住民の障害児者への受けとめ方が違うという。当初、このセンターが建設されることで近隣の住民から反対運動が起きた。重度の肢体不自由で寝たきりの重症心身障害について、住民は「病気がうつる」と言ったのである。これに対応するために、当時、東小の校長であった中西克巳校長が南校下の訓練センター近くに住んでいたこともあり、何度も説明会を開いて、障害はうつるものではないことを説明し説得に当たったという。結果、柳町に養訓センターが設置された。

このセンターは一九八〇年四月から障害をもつ幼児だけでなく、成人の障害者たちの小規模授産事業で訓練をする通所施設となっていた。

一九八三年「中津川市の障害児者を守る会」による近況調査――近況調査によるアクセスルートへの周知――

面接調査に及んだのは五二件でその地区の内訳は、精神薄弱が三〇名と圧倒的に多い。次に身体障害が一三名、言語障害が七名、視覚障害が二名、精神障害が二名、重複障害が二名、てんかん・神経障害が一名で、記載無が六名であった[7]。

調査対象者への「ひがし生活の家」をそれまでに知っていたかという質問に対し、東小校下で近況調査自体を回答した八名中全員が「知っている」と答えた。南小校下で「知っている」と答えたのは回答者の七名中五名であった。西小校下では回答者一一名中五名、坂本小校下では一一名中三名であった。ここにあげた校区は合同教室の校区である。東小から距離の近い順に並べて説明したが、「ひがし生活の家」の校区はたとえ就学猶予・免除で学校に来ていない人でも全員がその存在を知っていたのである。そして、苗木小校下では六名中四名が知っており、「豆学校」の発祥の地である神坂・落合地区では距離が遠いにもかかわらず四名中三名がすでにアクセスしていることが回答から判明した。これは小出教諭をはじめとした人間関係のつながりが長く続いていたことをも示すものである。

養訓センターについては東小校下が八名中五名、南小校下が五名中五名、西小校下が一〇名中七名、坂本小校下が一一名中一名、苗木小校下が六名中三名、神坂・落合小校下が四名中一名、阿木小校下では六名中二名がそれぞれ知っていた。前述のように南小校下の養訓センターは設置時の一九七四年当時は反対争議があったが、東小の統合教育が地域に浸透していったように、養訓センターも時を経て一九八三年になると、南小校下の在宅障害者すべてに周知されている。やはり設置場所から距離が遠くなると周知はされづらくなっている。

「守る会」の周知に関しては、東小校下が八名中五名、南小校下が五名中三名、西小校下が一〇名中四名、坂本小校下が一一名中一名、苗木小校下が六名中四名、神坂・落合小校下が四名中一名、阿木小校下が六名中三名と「生活の家」や養訓センターの周知度に比べて若干低い。

また、近況調査で「守る会」の調査員に出会うことによって新たに「生活の家」づくり運動に加わった人の参与過程を知ることができる。この調査の回答者から、以降の地域生活運動に関わっている人たちをあげると、東小校下では一名、南小校下では六名、西小校下では八名、坂本小校下では四名、苗木小校下では六名、神坂・落合小校下では二名、阿木小校下では一名である。これを先にあげたような近況調査以前より「生活の家」を知っていた人から差し引くと、東小校下、南小校下、西小校下、坂本小校下、苗木小校下で今まで「生活の家」の存在を知らなかった障害者たちが運動に関わってきたということを示すことができる。すなわち、この調査が少なくとも「生活の家」を知るきっかけになって、後の運動への参加につながってくるということがわかる。

本人と家族の在宅のみでの生活

そして、介助者は一日中家に居るという回答が二八件に及んでいた。常時の介助者が不在のときは家族で他の人が居るようにするとか、隣の家の人に頼むというものであった。

重度の知的障害と精神障害を併せもち言語も定かでない就学免除の男性障害者宅の訪問の事例では、家族全体がそれぞれ生活することに支障があるので調査も難しかったようである。しかし、調査員は障害児の親であったため、あきらめずに回答を引き出そうと働きかけている。自由記述欄は次の通りであるが、家族の父にも、姉にもそれぞれ障害がある様子であることを、調査員が伝える記載である。

ひきつけを何回もおこす。訪問したところ姉（?）がでてくる。
母はたのまれて草むしりなどの仕事にでていき、今日も不在。
父は目がわるくてねている。30代姉、本人、父が在宅。
姉はろれつがまわらず、はっきりした感じの人でなくて、くわしく話をきくことができなかった。本人は口がき

けない。ダウン症ではないか。ひきつけをよくおこすので、生活の家からのすすめられたが、話もきいたが、行けない。（ママ）

発作が外出の歯止めになってしまっていることを聞き出している。医療や福祉の援助は困難をもった人のためにこそあるはずだが、「ひきつけがあるから行けない」ということで、家族全体が発作の対処のため、毎日不安定な状態を繰り返している。このように話を交わすことによって、次回以降の訪問がしやすくなる。

シングルマザーによる「障障育児」への支援投入

H56さんは近況調査で調査員に生活の事情を訴え、生活困窮の状態から「生活の家」にアクセスした人である。腎臓病の持病があり、出産時に妊娠中毒となり、重症の妊娠高血圧症候群にかかり、胎児であったH56さんは酸素不足に陥り、低酸素症が続いたことで脳に影響を受けて知的障害になった(8)。夫と死別し母子家庭となり療育手帳を取得している。自由記述には次のような記載がある。

つとめたいけど字が読めないから……人にきけば外には出られる。
子どもが小児てんかんのため　いつ発作がおきるか心配。ぜいたくができない。

「子どもが小児てんかんのため　いつ発作がおきるか心配」という記述内容からは、H56さんの子どもは突発性の発作を繰り返すてんかんの持病者であることがわかる。

「つとめたいけど字が読めないから」は、識字がないことで、働きたいが仕事に就けないという気持ちが表れている。「人にきけば外には出られる」とは、知的障害のために自分のいる位置が断定しにくいことを示している。中津川市内のH56さんが知っている機関には「ひがし生活の家」に印がつけられ、「訪問してもらっている」と書かれている。家庭奉仕員の派遣事業は一九五六年に長野県から始まって、さらに老人福祉法で一九六三年の家庭奉仕員制度として制度化された。「生活の家」もこの事業を活用して、H56さんの困難な家庭生活状況への奉仕員派遣を利用している。最後に、「ぜいたくができない」とあり、H56さんは母子家庭の世帯主として、働かなければならないものの、就労は知的障害のために思うようになっていないために経済的に貧困だということである。この調査が発端となり、H56さんにとっての希望がかなって、現在は「生活の家」のグループホームでの生活が実現している。このように、母子のみの二人暮らしより、共同での生活を送るほうがよいという場合もある。

収容されていた障害者・孤立していた障害者にアクセスルートをつくったアンケート調査

一九八四年一一月第二回目の「守る会」の訪問調査は、療育手帳受給者を中心とした調査であった。先の在宅障害者についての近況調査を受けて「守る会」はアンケートで次のように呼び掛けている。

アンケートでは、「生活の家」を通所施設とするのか収容施設とするか、どちらを望むかの是非を当事者に尋ねることが表向きの目的であった。施設づくりに関しては、綴方教師集団の中では、「障害者だけを別の場所に連れて行くというのはおかしい」という点が、根本的な問題としてあげられていた。そして、東小から離れた場所への施設づくり反対と容認の意見が真っ二つになっていた(9)。これは、容認派の主張にあるように、近隣では広い土地の確保は不可能で、市街では難しい事情がある。

「生活の家」自体に大きく関わる小出教諭は強い脱施設化の思想の持ち主である。「守る会」とは一定の距離を置いていたが、事務局は「生活の家」内にあるという事情もあって、小出教諭の強い主張は絶えず、大きく影響していた。グループホームという用語が流布する前から、自立生活できない場合の障害者の生活の場所として、大型施設ではなく、数名の「豆学校」単位に当たるような共同ホームを「生活の家」の基盤にする構想をもっていた（ひがし福祉会 二〇一一）(10)。

保護ではない、収容でもない、隔離でもない、自立のための文化的実生活の保障で始まった障害児の学童保育所は全国で初めての先駆的事業でした。制度がないから、補助がないからやらないのではなく、障害をもった仲間たちの実態や切実な願いに精一杯応え、切り拓いていく。この理念や志がなければ、「今ここにいる仲間たちだけがよくなればいい」で終ってしまう。この地域で本当の意味で障害をもった仲間たちが生きていくこと。そして、この地域で生きる障害をもったすべての仲間たちが安心して地域生活がおくれるような支援。障害者が真に大切にされるような、人間としてあたり前に働き、学び、暮らしていける地域づくりを求めて、新しい年を歩みたいと思います。

（小出信也、一九九九年、「この地域の障害者の〝真の幸せ〟を仲間と共に切り拓く」『会報』27）

このアンケートの回答であるが、親が子どもの代わりに回答している。というのも、第二回目の調査対象者でA判定の療育手帳保持者の多くが家におらず、遠方の収容施設入所か精神病院入院の状態であったからである。だが、それは同時に親同士が語り合えたことも意味していた。

調査結果全体の概要

まずは調査結果全体とその成果を概観したい。調査対象者は七〇名で、回収数六四名、未回収数四名、回答拒否数二名とある。回収率は九四％で、「守る会」の当初の予想を大きく上回った。回収数の内訳は一二～一五歳が八名、一六～二〇歳が一一名、二一～二五歳が一六名、二六～三〇歳が九名、三一～三五歳が一二名、三六～四〇歳が一〇名であり、年齢層別回答者数にはあまり差がないものの、二〇代前半がピークだといえる。男女比を調べてみると、男性が三一名、女性が二八名であった。

回答者の出身所在地は、東小学区内を実家とする回答一五件、南小学区内を実家とする回答が八件、西小学区内を実家とする回答が七件、坂本小学区内を実家とする回答が一二件、落合小学区内を実家とする回答が七件、苗木小学区内を実家とする回答が一一件、阿木小学区内を実家とする回答が四件であった。そして中津川市で出生した障害児者一覧の原本に掲載されていない人の回答が一三件あった。このうち、「生活の家」に関わる障害者は三九名で、半数強を占めている。

このアンケートは通所施設をつくろうとしてその意向を探ることが前提にされたものだったが、通所希望は二五名、収容施設入所希望は一二名と収容施設希望者が意外に多い。それも親が答えているだけではなく、Gさんのように「とまれるところをはやくつくってほしい」という要望が回答としてあった。これは障害者本人が成人して家の代が変われば、実家に居づらくなることを理解している様子と見て取れる回答でもある。通所を含め施設入所希望の回答は三七名と半数以上ある。

「守る会」のメンバーで同じ障害をもつ親たちが調査に当たったことはこの調査の場合、意義深いものであった。それまで口を閉ざしていた障害のある本人または家族が同じ悩みを話す相手であったということである。専門家による判定であれば、障害児・者本人や家族が話すことはなく、項目を答えるだけであった可能性は高い。調査後、「生活の家」に関わってきた人たちの回答者の言及について述べていく。

「生活の家」にアクセスした元収容施設入所者・病院入院者

ダウン症で知的障害も併せもつ調査時二〇代の女性で岐阜県指定の知的障害者が入所する大型の収容施設で生活していたシ1さん、岐阜県指定の大型施設に入所していた重度知的障害のある二〇代男性シ8さん、就学免除で遠方の収容施設に入所していた重度知的障害者であったシ6さん、シ33さん、H10さんは、調査時まで「守る会」や「生活の家」の存在を知らなかったが、この調査によってその存在を知ることで、帰郷の第一歩になった。重度知的障害のあるシ12さんも同様で、母子家庭でもあったため遠隔地の収容施設で過ごしていた。精神病院に入院していたヨ22さんの場合もそうである。

県指定の知的障害者収容施設からの帰郷

シ20さんは重度知的障害のある二〇代の男性であり、就学免除で教育の対象にならず、遠方の施設に入所していた。施設入所中なので、親が回答している。この時点では、中津川市に施設ができても入所希望「なし」としているが、自由記述欄に、親から調査員が聞いて次のような文章を書き留めている。「長期の病気（三カ月以上）になると籍がきれる。第二Mは二〇歳まで（本人二二歳、第三M学園の成人（満員）（ママ））。一、三年すると第二も成人施設になる予定。K君の場合、昨年、初めて発作が出る。発作が二〇歳すぎに出た子どもが、三谷で突然死んだケースがあり、この施設では神経過敏になっている。三カ月入院のため、昨年は大変苦労をした。今年はまだ発作はない」。シ20さんに発作が起こるようになると、収容先の施設にとってみれば、長期入院者や発作もちの人は死亡のリスクが高い入所者となり、死亡者が出れば施設の評判に差し障ることになる。シ20さんのいた施設が彼の入所を歓迎していないということがわかる。

調査時は帰郷希望なしであったが、シ20さんの親に「守る会」の情報が入ってくることによって、「生活の家」につながっていった。シ20さんは帰郷し、現在は「生活の家」のグループホームで基本的には暮らし、実家にも戻る生活を送っている。シ20さんに限らず、重度の知的障害のある人も「生活の家」のグループホームで平日を送りつつも、週末には親が存命の人は実家で過ごすことが多い。一九八四年のアンケートによる訪問調査は、そのように帰郷し実家を行き来する生活に戻る一つのきっかけになっていた[11]。

小　結

「守る会」の人たちがこの調査の成果を語り継ぐところは、アンケートの回答用紙項目の結果ではない。遠方生活を送る障害児・者に対しては家族を介して、「守る会」はじめ「生活の家」「中津川市養護訓練サンター」へのアクセスルートを示し、地域内で介助や支援を受けて生活する場所へ実際につなげた。

市内に住む孤立化していた障害児・者家族に対してはアウトリーチとなった。福祉事務所と協働でのアンケート調査という表向きの形が形式的に整っていることは、今まで門を閉ざしていた障害児・者の家にフォーマルなかたちで入り込める介入の手段そのものだった。実地調査者の多くは「かやのみ教室」に参加した母親たちである。「守る会」会員となり、この調査に参加した。この調査が専門家によらず、被調査者と同じような障害者の親だというピアの関係であったことは、この調査を進める大きな要因だった。

この調査でアクセスした障害者たちは、その後、東小合同教室に通った卒業生による「仲間集団」に加わり、障害者の地域生活運動が展開された。次章では、その新たなメンバーが加わった「仲間集団」が展開した「廃品回収」について述べる。

（注）

（1）調査についての詳細は「恵那地方の障害児者地域生活運動」を参照されたい。

（2）シ12さんとその母親シ12Mさんからの聞き取り調査より。

（3）出典：東京女子医科大学脳神経センター脳神経外科　平孝臣、http://ttaira.my.coocan.jp/homepage1/SDR/SDR1..html、二〇一七年九月一五日取得。

（4）一九六一年一〇月一日『広報なかつ川』中には小児麻痺児親子と市当局との話し合いの模様を「この不幸なこどもをもつ市内の両親十数名がこどもさんをつれて出席」とある。現在であれば人権侵害になるところであるが、考え方の根本に現在ある存在が不幸であると断定しているのである。

（5）現在は、乳幼児を対象とする発達支援センターとなっている。

（6）二〇一四年七月二六日聞き取りによる。

（7）聴覚障害者については、中津川市で出生した障害児・者一覧の原本にあるが、当障害の親たちが難聴児親の会を結成し、守る会会員でもあるので、すでにその把握については難聴児親の会が把握されているためか、近況調査にはあげられていない。

（8）参考：新ゆり大塚レディースクリニック、http://www10.plala.or.jp/olc/maternity/m0007.htm 二〇一七年九月一五日取得、妊娠高血圧学会、http://jsshp.umin.jp/i_9-qa_use.htm、二〇一七年九月一五日取得。

（9）恵那地方の綴方教師依田和子教諭からの聞き取りによる。

（10）鳥居広明氏からの聞き書きによる。

（11）「生活の家」の現在まで続いている特徴として、入所・通所にかかわらず家族の誰かが「生活の家」の職員やボランティアで関わっていることが多い。また、障害者本人は当家の実家に介助する人がいると実家で過ごす人が多い。逆に仕事を終えて家族が本人らのグループホームにまかないの手伝いにやってくる場合もある。

第7章　廃品回収による「仲間集団」の社会的ネットワーク

一九八〇年代を中心に岐阜県恵那地方の中津川市では「障害者の地域生活運動[1]」が展開された。具体的には、「ひがし生活の家」（以下、「生活の家」と略）づくりの運動であるが、運動の始まりは親、教師や指導員の介在が大きかった。とはいえ、障害者本人が成人して運動に加わり、日々の活動がねばり強く続けられた。その活動がなければ運動は成就することはなかったことも事実である。そして、その活動の一つに、一〇年間続いた日々の「廃品回収」がある。

この「廃品回収」が「仲間集団」の地域に出て働く最初の仕事となった。意志疎通も難しい重度知的障害者を含む「仲間集団」が一体どのように「廃品回収」をしたのか、この章ではその経緯をこの章で述べていく。

筆者は、実際に巡回した「仲間集団」の綴方や彼らの様子を伝える『廃品回収だより』の資料を主に使用し、彼／彼女らへ補足インタビューを行った。以下の内容はその情報に基づいている[2]。『廃品回収だより』とは、実際に彼らが廃品回収の際に毎日各家を歩いて手渡しで市民に配布した手摺りの印刷物である。その配布期間は一〇年間にも及ぶ。

重度知的障害のある人が「仲間集団」の一員であったが、他の人に合わせて共同作業するのではなく、その人の習得の仕方で働いていたことが明らかになった。定式の形式化した労働に人が合わせるのではなく、それぞれの障害の在り方で働いていたにもかかわらず、「廃品回収」は一つの社会的ルーティンワークとして成り立っていた。その在り方について紹介していく。

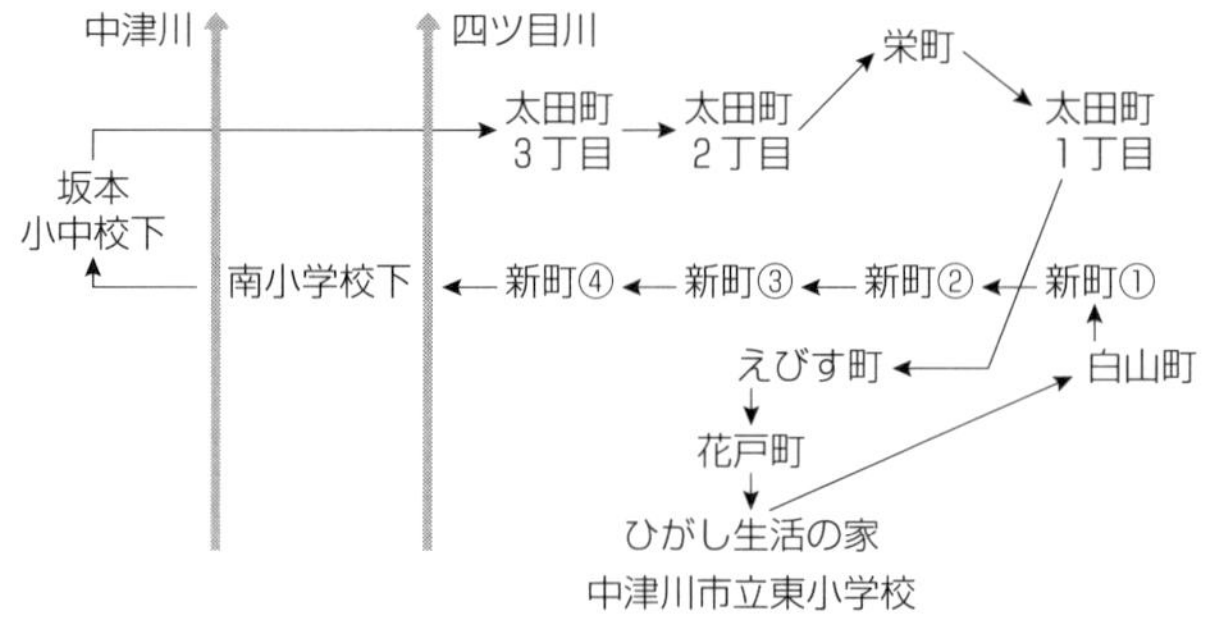

図7－1　廃品回収巡回経路

（出典）筆者作成.

『廃品回収だより』と廃品回収経路について

本章で扱う『廃品回収だより』は「仲間集団」が廃品回収の際に、毎日、各家庭・店・事業所に持参して、実際に相手に見せながら、次回の予定を説明して協力を要請する一連のルーティンワークで使われた資料である。

図7-1は廃品回収巡回経路を示している。東小学校区内を中心に南小学校区内、坂本小学校区内がこの地図の区域を廻るわけであるが、これは市内の中心部全域であり、先の統合教育における合同教室の学区に該当する。『廃品回収だより』は、B4用紙一枚の大きさで、一九八一年二月一三日から一九九一年七月三一日まで約一〇年の期間、一カ月毎に発行されている。一九八五年には、『リサイクルだより』と名称変更している。一カ月に一度の発行だが、日にち毎に一二コースを回っていたので、毎日配布していた[3]。『廃品回収だより』の説明を補足する資料として「連絡メモ」という冊子綴りがある。

この「連絡メモ」は「生活の家」に出入りする関係者が情報共有のために、日々の連絡を見ることができるよう、「生活の家」に置かれていたものである。『廃品回収だより』は中津川市民に配布された公表資料である。その出典については年月日を明記し、そのままの表示を行った。一方、補足資料として扱う「連絡メモ」は「生活の家」内の関係者資料であり、個人情報も多く含んでいるため、掲載に関しては、個人の表記は本人の同意を得て掲載した。また、不明事項に関しては「生活の家」関係者に判断を仰ぎ、掲載した。以上のような倫理的配慮を行い、資料を取り扱っている。

「生活の家」づくりの経緯と廃品回収活動に至る経緯

「仲間集団」が廃品回収を行うようになったのは、「生活の家」づくりのためである。「生活の家」がつくられる発端は、東小学校内に養護学級がつくられたことから始まる。時は遡るが中津川市の施策との関係説明が要るため養護学級設立時期から説明していく。一九六八年、第五九回国会決議文教委員会で養護学校設置促進とその義務制実施についての「特殊教育振興に関する件」が決議され[4]、一九七〇年に「心身障害児家庭奉仕員制度」が施行された[5]。その翌年、中津川市の教育次長に渡辺春正が就任した。渡辺次長は遠縁の間柄である渡辺つやの教諭に内々で、東小学校を中津川市の障害児教育の拠点にし、教諭がその中心になるよう強い要請をした[6]。家庭奉仕員の協力を得て、渡辺教諭は「家庭訪問指導」として、家にこもりきりの児童、中津川市から遠方の施設に入所している児童へコンタクトをとり、多くの困難を経て一九七一年四月、東小に重度の知的障害児二名と重度心身障害児一名の三名を入級させる養護学級を開設させた（本人ネット資料①）。東小の各々の養護学級開設は親の要求で設置されたが、制度的には岐阜県に重度の身体障害児の入学はなかなか許可されず、陳情の末、一九七九年にようやく肢体不自由児学級が設置された。そして、全面介助が必要な車椅子の児童も入学が可能になった（本人ネット資料②）。

その動向は、「生活の家」の構成メンバーの在り方に直接影響している。というのも、障害が重いと放課後の居場所が確保できない状況に直面したからである。渡辺教諭の志に打たれ訪問指導を行っていた増倉笑香教諭は中津川市内の障害児と母親を集めて「かやのみ教室」を組織化したが、それは母親集団自体が結束を固めることにつながった（篠原二〇一六）。一方、「生活の家」の創設における事務方として後押しをしたのは岩久睦海教諭や小出信也教諭であった。

東小に通う三人の重度知的障害児が放課後に居場所がないことから、「かやのみ教室」の母親らが中心となって、一九七八年、校内三・五坪の土地に「ひがし生活の家」（以下、「生活の家」と略）学童保育所が学校建替えの廃材を利用してつくられた。一九七九年になると肢体不自由学級が新設されたので、彼らの放課後の居場所も必要となり、「生活の家」は重度の心身障害児も加わり、重度の知的障害児と同じ場所で過ごした。生徒が成人になるとその居場所が必要となり、地域内の吉川工務店からプレハブの寄付を受け、東校敷地内に一〇坪の家が建てられ、一九八〇年に作業部が開設された（社会福祉法人ひがし福祉会 二〇一二）。

さらにそれまで就学猶予・免除のため他地域へ施設入所した人たちが帰郷し「生活の家」へ通い、保育所員九名、作業所員二一名、計三〇名の規模となり、東小の正面の土地八〇坪を無料貸借し、一九八一年「生活の家」本館が完成された。一年間に一五〇〇万円の維持費が必要となり、財政安定のため社会福祉法人化を目指したが九年間認められず、財政困難の中で、障害児者の地域生活を求める運動が続いた。

廃品回収は母親集団が「生活の家」の運営の資金づくりに一九七八年より始められたが、当時、古紙一キログラムが四五円の高値で売れたため、一度に大きな収益が上がった。一〇年間分残存していた『廃品回収だより』をすべて閲覧すると、日々の回収ルートが示されていた。なぜ、毎日少しずつ行うのか。それは重度知的障害者も重度心身障害者も含めた所員の学習のためである（本人ネット資料④）。

第1節　廃品回収はどのように行われたのか

財政困難で困窮する「生活の家」を支えた廃品回収

一九七九年から、廃品回収は最初三人乗り三トントラックに仲間一名、親一名、指導員一名が乗車し、「やまびこの歌」を流して巡回した[7]。この時期の廃品回収には、主にM．T．さん、H．Y．さん、O．R．さん、W．K．さん、K．K．さんたちが中心メンバーとして、後にI．N．さん、他の所員も加わってローテーションで午前中に巡回した。

一九八二年五月からはN．M．さん、S．H．さん、K．T．さんの三名も加わり、以後、M．M．さんと他、その都度所員で廃品回収をする人が巡回するかたちをとっている。

一九八三年二月からは親をメンバーから外した。これは、所員の自立を考えた小出氏の目論見により、母親の反発をかわしながら、指導員らに根回しをして断行した[8]。同時期に重度身体障害のために就学免除となり学校に行けず遠方で施設生活をしていた野村さんは、職員に全く干渉されない所員の意見や娯楽の場が開かれるべきだと訴え、自治会を組織した[9]。

一九八四年より六人乗り六トントラックになり、所員四～五名、指導員一～二名が一緒になって「生活の家」の運営資金と仲間の給料の一端をつくり出していった。一九八五年四月には所員は二六名となっていたが、廃品回収、後援会、物品販売が大きな収入源になっている。「生活の家」は発足当初は重度の知的障害や身体障害のある人が構成員であったが、一九八五年頃になると、「生活の家」にはさまざまな人が集まってきていた。廃品回収の構成員の出身は東小卒業生だけではない。そして年齢層も一〇代後半から四〇代までと、障害も知的障害、身体障害、精神障害と多岐にわたることから、最初は見ず知らずの人同士が集まって働くこともあった。

一九八五年七月一九日の連絡メモには「作業所はこの四月で二六名になりました。運動は私たちが〝販売〟〝廃品回収〟〝後援会〟と必死になってがんばっています。（中略）作業所員のなかには　理由なく休み続けるもの　家出するもの　性的関心につっ来るもの、――他人に害をあたえるもの等々、その指導に、土、日、夜もなく走り続けています」（事例1）と書かれている。この時期の所員は、東小卒業生だけでなく、遠方の施設から就学猶予・免除で学校に行くことができなかった人、社会と関わりをもってこなかったが、先の実態調査などの情報で一生涯学べると聞きつけてやって来た人、家族の中で働き手と認められず木の下の同じ場所で一日ずっとたたずんでいるしかなかった人たちであった[10]。

『廃品回収だより』は一九八五年一一月二八日より『リサイクルだより』に名称変更しているが、その背景には次の

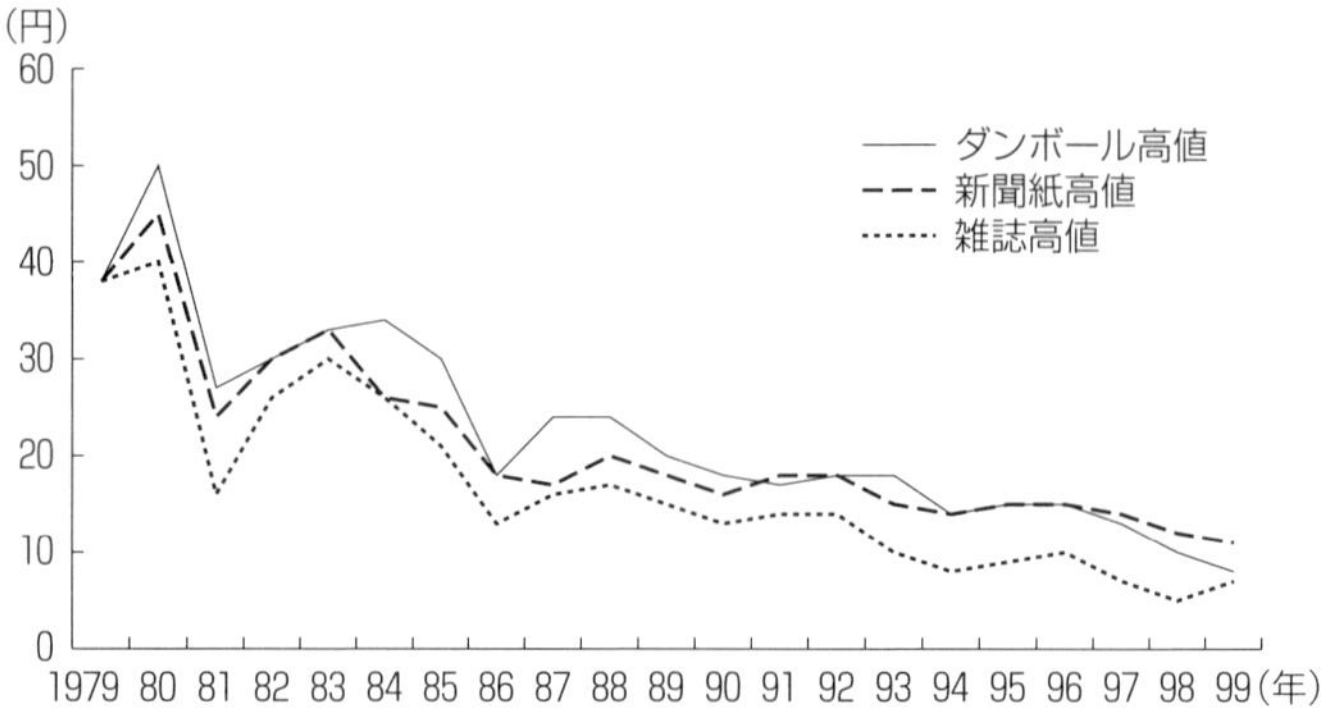

図7-2　古紙価格の推移

（注）横軸は年，縦軸は古紙１kg 当たりの円を指す．
（出典）古紙再生促進センター「主要古紙価格推移表」より数値を引用し，筆者が線種を作成し直した．

ような事柄があげられる。図7-2は一九七九年から一九九九年の二一年間の古紙価格の変動の提示である。

名称変更した一九八五年から一九八六年に古紙価格が急落した地点があり、以後、全体的に価格が下降している。この時期には、日本の一般廃棄物の排出量増加の対策としてリサイクル運動が盛んになっている。一九八五年一一月二八日の配布資料は『ミニリサイクルだより』と題されているが、そこでは「生活の家の運営は、古紙の急落が、ひどければ、大変な状況になります。ここで働いている障害者、指導員が、路頭に迷ってしまいます」（事例２）と、市民に「生活の家」が危機的状態にあることを伝えている。一九八六年、古紙の価格が急落し、軌道にのっていた廃品回収の資金づくりにかげりが見え始めた。これを受け、自治会では「自治会目標　私たちの給料の値下げと生活の家の危機を所員みんなの力でのりきる。自分の家にある古新聞、古雑誌を一週に一回以上持ってくる。所員　全員が持ってきて、朝の会であつめる」（事例３）と一九八六年二月一八日50号の連絡メモにあるように、目標を掲げて「生活の家」の経済的苦境を乗り切ろうとしている。

「生活の家」では、自治会の話し合いが重視されている。話し合いは、まず物事が理解されることが優先され、わかる人はわからない人に説明を丁寧に行い、すべての人がわかるまで待ち、ようやく意見が出るというものであった。わかる人が「豆先生」、わからない人は「豆生徒」と

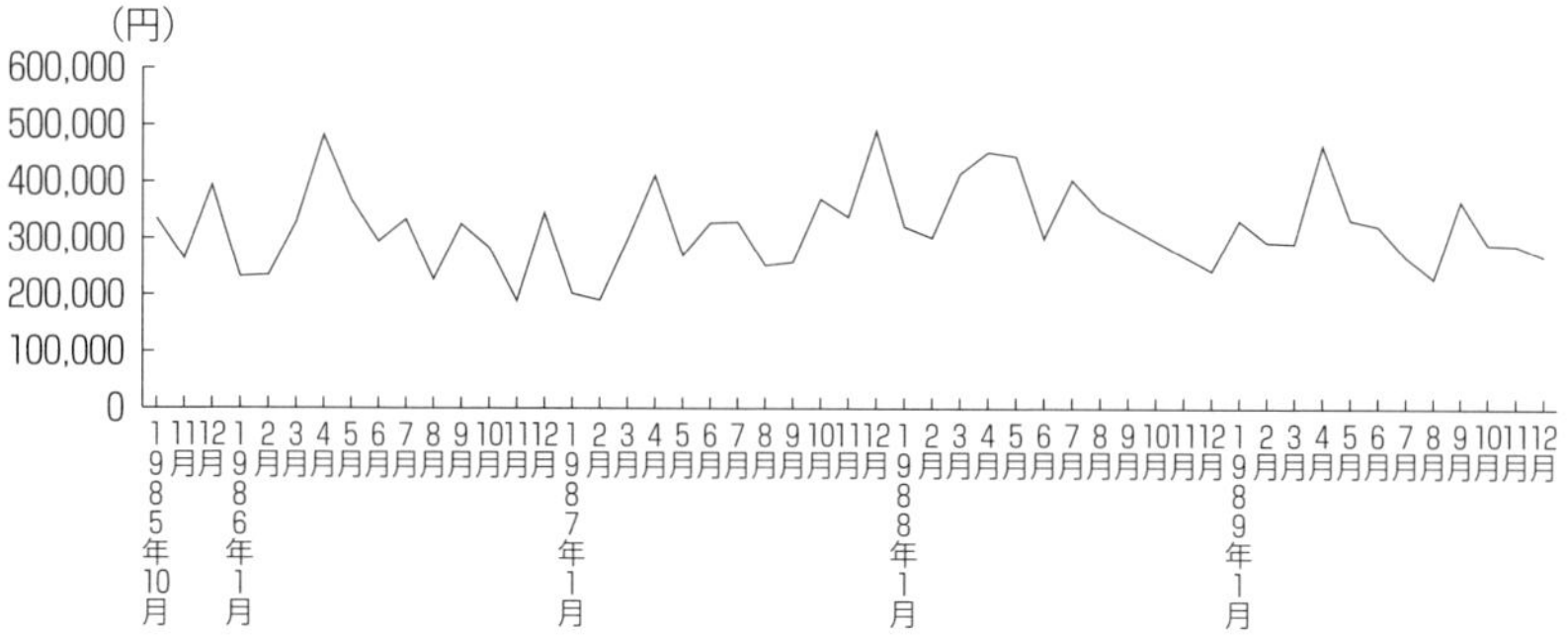

図7-3　廃品回収収入の推移

（出典）『廃品回収便り』より筆者が手書きの記録を整理した.

なるのである。このように「豆学校」方式が受け継がれている（第Ⅰ部参照）。

一九八五年に名称変更した『リサイクルだより』以降、紙面に「お礼と報告」という覧を設け、収益を市民に掲示した。掲示した収入収益の推移をまとめると図7-3のようになる。古紙価格は落ち続けているので、収益も落ちるはずであるが、収益の落ち込みはない。それだけ「仲間集団」が働いて補っていたということである。

また、廃品回収が軌道にのると、業者との軋轢も生じた[11]。そのため、業者が主に行っている店舗や会社は避け、回収先の住み分けを行った。買い取り先の八百健製紙は主に大型の長方形ダンボールをつくっており、古紙はその原料になった。

グラフからは収益にかなりの変動があることがわかる。その額は最低限で一八万八九八〇円、最高額が四九万四〇〇円で、長期的に二〇万円台後半から四〇万円代半ばの間で変動している。一九八五年の施設運営費の内訳は、自治体補助金二八％、物資販売一七％、廃品回収三五％、その他二〇％と、廃品回収は収入財源の三五％と最も多くを占めており[12]、「仲間集団」の廃品回収は「生活の家」にとって一定の収入源であった。

先述の通り、維持費に年間一五〇〇万円を要したが、廃品回収からは毎月一七万円がストックされていった[13]。そしてその残りの金銭を所員や指導員の給料の一部に充てた。

所員の給料は日給五〇〇円で出勤日数を換算すると、月額平均六〜七〇〇〇

写真7－1　仲間自治会総会の様子（1988年5月17日）

（著作権者）社会福祉法人ひがし福祉会　鳥居広明．
（出典）『地域に生きる障害児者運動四〇周年記念 共に生きる』冊子．

円で、出勤の多い人は一万円超であった。

所内メーデーの日には所員が願いを書く習慣があったが、その中で廃品回収に尽力しているI．N．さんは、「給料が二十日以上来ても安い」と訴え、自治会はそれを問題とした。**写真7－1**はその呼び掛けた「仲間集団」メーデーの願いを受けて「働く仲間の会」で話し合っている様子である。

総会を受け関係者全体に配布された一九八八年六月三日の連絡メモには、次のような内容の記述がある。

> I．N．さんの生活は年金と生活の家の賃金だけです。生活の家の賃金は七千円です。
>
> この要求は　国の補助金をという要求で請願署名で大運動したことです。
>
> 補助金が多くなったり、認可施設になれば販売利益はすべて賃金として仲間に支給できるわけです。署名運動だけでなしに、日常的にみなさんにわかってもらう活動をしましょう。（中略）近日中に開催されます、「中津川市障害児者を守る会」[14]の総会に出して行きましょう。そして、みんなの課題話題にしましょう」（事例1）
>
> （一九八八年六月三日、『中津川ひがし生活の家作業所　連絡メモ』より）

とあり、「仲間集団」が自ら要求行動に出ることを呼び掛けている。

しかし、市内への要求だけでは所員の貧困は解決できず、大きな制度が変わらないと改善されない。所員には選挙することと現状の改善が結びついていない人もいる。この仕組みをわかる人からわからない人に何度も説明が行われた。

七月二十三日（日）は参議院議員の選挙です。どんなに障害が重くても　国民の一人として参政権を行使できるようにしましょう。（中略）参政権も同じように　どんなに重い障害者でも権利が保障されるものです。しかし、参政権は自らの意志で一人々々が行使するというむつかしさがあります。〝字が書けない〟とか〝字が書けても　どの政党が私たちのために働いてくれるのかわからない〟等々問題があります。
（中略）まず　投票所へいって　投票（白紙のまま）する。二段階は、投票用紙になんらかの表現（まる　とか　線とか）をして投票する。三段階めは、字の書ける者ですがすきな政党に投票する。四段階は、普通の人と同じで　各政党の政策をよく検討して　自ら決め投票する　とにかく障害者の参政権を保障するには　家族・近所の人たちの支援なくしてはできません　みなさん棄権のないよう頑張ってください。（事例２）
（一九八九年六月二三日、『中津川ひがし生活の家作業所　連絡メモ』ＮＯ・12）

この間、廃品回収・自治会・選挙の理解についての資料づくりなどの事務仕事で、所員の野村芳子さんが無理をして体調を崩してしまった。連絡メモを調査していると、メーデーから総会、そして「守る会」などの嘆願などで、無理をしている人は野村さんだけでないことが理解される。それぞれの所員の様子に気がついた関係者たちにより次のような事項が連絡メモに掲載された。

ひとりは　みんなのために　みんなは　ひとりのために　こういう作業所に作業所は　いろいろな仲間、しかも障害の重い、軽いの集まりです。いろいろな事件もおきますし、同じような仕事、生活、学習ができません。（事例３）

（一九八八年七月二九日、『中津川ひがし生活の家作業所　連絡メモ』ＮＯ・18）

一行目のフレーズは一般によく言われるところだが[15]、併記される「生活の家」で起こっている事情は、「生活の家」が多様な人たちで構成されていることを物語っている。

古紙の価格急落への「仲間集団」の対応

『廃品回収だより』には日々の「仲間集団」の綴方が掲載されているが、この『廃品回収だより』づくりを先導しているのは小出元教諭や岩久元教諭であり、三人の指導員と「仲間集団」がそれに同調して編集委員会を開く。文章や絵の原素材は「仲間集団」により提供され、構成配置は編集委員会を受けて指導員が行う作成方法であった。

廃品回収ルートは指導員の田島氏が作成するはずだったが、重度の障害を含み異なる障害をもっている所員の労働を想定して組まなくてはならず、結局、障害児教育を熟知している小出氏が考えた。『廃品回収だより』には次の回収の日程と回収地区が示されている。ちょうど、当通信の中にカレンダーのように配置構成されている。巡回経路は市民のための情報でもあるが、それと同時に「仲間集団」のためのものでもあった。重度の知的障害者の所員は、今まで行ったこともない「廃品回収」を手掛かりなしではできない。カレンダーならば学習可能な「仲間」たちもいて、巡回表は、回収する本人が位置確認して行動予定をパターンとして自覚するためのものでもあった。巡回は、ほぼ同じコースを繰り返し回る。この繰り返しも、重度知的障害の「仲間」を働けるようにするものであった。「仲間集団」は回収を行う日はすべての訪問先に『廃品回収だより』を手渡しで配布し、店舗や事業所、個人宅に次回の予定を知らせた。

一連の仕組みは指導員と所員がよく打ち合わせをして実行している[16]。野村さんのように重度の身体障害の人は話し合いで意見を出し、やり方に異論を述べたという。知的に障害が重い人も年齢もさまざまな中で一緒にやっていたこの活動に対し、奥さんである芳子さんは障害別の施設から来た人だったため、非常に驚いたという[17]。

ことしは　つづけて廃品回収をしたい。そしてずーとつづけたい。
もうすこし　廃品が多いといいなあと思っている。行き、かえりに橋をわたることを　今　そのこ（と？原文のママ）をやっているのですがときどきわたらないときもある。（事例4）
（K．K．さん、一九八七年四月一〇日、「ことし　ぼくのやりたいこと」『中津川ひがし生活の家作業所　連絡メモ』NO・49）

廃品回収を通して学習しているK．K．さんの様子が綴られている。やりたいという意欲が最初に表明されており、「ずーとつづけたい」は継続したいと思うことで、先の時の流れに対する見通しをもっていたということである。「廃品が多いといいなあ」は量に対する認識、そして、橋を渡るときと渡らないときの認識から、コースの学習、そして日によってコースの違いも認識してきている。

（前略）先日、新町コースを仲間と回っているなかで、こんなことがありました。リサイクル班の一人である林好幸君（みんなは、よっちゃんと呼びます）は自分の思いを言葉として表現するのがむつかしく、「ひがし生活の家ですけど廃品ありますか」といいたいあいさつが、「廃品ある？」となってしまうのです。私たちもなんとか、そういったよっちゃんの気持を育ててあげたいと思い、その日も伊勢屋さんの前でよっちゃんが、「ボクいってくる」というので、そばにいた私や仲間たちが、「よっちゃん、ちゃんとひがし生活の家ですけどっていうんやに」といっておくりだしました。そして、帰ってきたよっちゃんが、私たちに最初にいったことが「いえた」とニッコリして、廃品を回収車まで持っていき、そこにいたもう一人の指導員にも、「生活の家ですけどっていえたに」と、よっちゃん自身からいったのでした。これまで、「そんなことできん」といって、弱気になっていたよっちゃんがと思うと、みんなで、「やったねエ」と拍手しました。よっちゃんも、とてもうれしかったのか、いままで書こうといわれて書くきにならなかった絵も、その日の帰りの会では、自分で画用紙とクレヨンを持ってきて書きました。（後略）
（事例5）

藤原さんは，不況を理由に，二度も職を失い，二年前ひがし生活の家に入所いた。「ぼくががんばらねば生活の家はつぶれる」彼はそう信じている。やっかい者扱いはされても，一人の人間として，あてにされ，おもいのたけを聞いてもらうことなどなかったであろうこれまでの人生、、、、、。今，彼は，生活の家の主人公として，働き，学び，綴り，喜びも悲しみも，生活の家と　ともにある。

出典：ひがし生活の家綴り方集『愛の鈴』準備号1985年９月18日発行。
編集発行：ひがし生活の家・中津川障害児者を守る会・後援会。
絵や名前の掲載については本人の承諾を得て掲示。右上は編集者の解説。

写真７－２　藤原貞利さんが描く廃品回収のミクロコスモス（事例６）

（出典）『廃品回収だより』より本人の同意を得て掲載．この絵は『愛の鈴』にも掲載されている．

（指導員　小林照明さん、一九九〇年四月一二日、『リサイクルたより』第71号）

この事例の林さんは自分の名前を書くことは苦手で、交渉も言葉と行動がうまく結びつかない人だが、古紙価格急落時に危機感をつのらせ一輪車を引き日課やコース以外にも回り材木店との交渉を重ね、「生活の家」への理解を得るに至った。「仲間」や指導員、関係者はそれに触発され廃品集めはエスカレートした。文字は書けないかもしれないが、行動が「仲間集団」を先導したという[18]。

他の例として、藤原さんはよく絵を描くが、その中の廃品回収の絵には遠近がある（写真7－2参照）。藤原さんに尋ねてみると、人は藤原さんで、車は廃品回収のトラックを指し、左後は各家に取りに行く古紙を入れる籠で、左端は時計だという。廃品回収は午前中に済ます仕事だったので、時間を意識している。彼の身体の中央に描かれているモチーフはお金の¥マークだという[19]。

「生活の家」の所員すべての人が廃品回収を行っているわけではない。家内で作業や学習をしている人もいる。その一人であるＪ31さんもダウン症と心臓疾患があり一二歳の寿命と医師より告知されている事情がある。

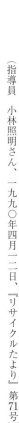

自分の行動に責任を持つように、あまり迷わくをかけない。一人立ちしていく。言われなくてもやれるように。ごはんを炊いたり、顔を洗ったり、頭も、あらったり、自分のことができるように。（後略）（事例７）

（仲間から、一九八三年二月一日、「ひがし生活の家　作業所員　Ｊ31さん　二〇

才をむかえる。二〇才になったJ31さんにおくることば」『廃品回収だより』第23号、ひがし生活の家）

ここで表示した仲間からの言葉は厳しい。病気があることと、「仲間」内でのルールを守ることは違うことを伝えている。そういう人が「生活の家」で一緒に過ごしていることを『廃品回収だより』の中で市民に伝えている。「生活の家」では、冠婚葬祭には、一人に対して、綴方やメッセージが送られるが、送るだけでなく、本人とメッセージのやり取りを行う[20]。このやり取りの手法は豆学校誕生当時の本人が参加する教育調査から脈々と受け継がれている（第I部参照）。

また、他者に指示されることが嫌で、人前に出ることも苦手な力持ちのA兄さんも長く休んでいたが「仲間」らが困ったときには力を発揮している。

（前略）私が兄ィに、「A兄ィ、Mさんが休んで大変なぶん、A兄ィがまとめてみんなを引っぱってくれよォ」という話をしたところ、A兄ィは、「ふーん」と小さな声で返事をしました。しかし、またすぐ、「中津の駅から、どっかちがう所へ行くバスに乗って、方向をまげてもええ?」とからかうような顔をして、言うのです。私は、「そりゃあかん。じゃ、朝俺が中津の駅に迎えに行くでちゃんとこいよ」と言ったのですが返事はありません。次の朝、駅まで行くとちゃんといたのです。こうして、毎週水曜日の朝は、A兄ィとおいかけっこ……。気がついてみると一ヶ月のほとんどを出勤していたのです。よくがんばったなぁA兄ィ。今週も又「どっち方向まげてもええ」というA兄ィの言葉から、私たちのふれあいの一日がはじまります。（※本人の希望により匿名）（↑原文のママ）（事例8）

（一九九〇年六月一六日、「ようがんばったなぁ、A兄ィ!」『リサイクルだより』第72号（発行元は無記載））

A兄ィさんは、東小の卒業生ではなく、三〇歳を過ぎてから所員になった人である。A兄さんのように指示されることが嫌な人は欠勤して意志表示する。出勤に強いこだわりをもつ人は、給料は下がってもよいなら自由にしてよいことを彼から知ることになった。

第2節　「仲間集団」の社会的ネットワーク

廃品回収の共同作業からさまざまな人が仲間意識をもつこと

「仲間集団」は、特に一九九一年の「法人化」が実現される前の五年間を廃品回収に奔走している。先述したとおり、この時期の一九八六年当時、「生活の家」内には障害や軽重も異なり、出身も東小出身者だけでなく、年令層も一〇代後半から四〇代と幅があり、また、居場所を求めてさまざまな事情を抱えてやってきた人たちが一緒にいる。意思が通常のやり方では表せないハンディをもっている人の間にもそれぞれのやり方があり、異なる人が居合せると、行動や価値観のズレによってハプニングが起きる。そのハプニングで彼らはそれぞれの価値観を学んでいくことになっている(事例8参照)。

また、事例5に登場する林さんのルート開拓は、その人のテンポに合わせて仲間が認め合えば、新たなその人の働く意欲が見出されることを証明している。ことばのハンディとその人の意欲とは別物である。社会がその人のこだわりを肯定し、一つのツールとみなせば、そのこだわりのある人は、想定外の力を発揮しえることを証明しているのである。

共同作業のルーティンワークから生まれた社会性

「生活の家」の廃品回収は関係者の中で労働として受けとめられている。重い知的障害の人は自分がいる場所の位置関係がよくわからなくなるということがある。K．K．さんもその一人である。一二日間のコースを何回も繰り返すことで、自分が今、どう巡回しているのか認識してきている(事例4)。また、藤原さんの絵の時計は廃品回収を規定時間で行わなくてはならない仕事だということが実際にわかっている表れである（写真7-2）。

「生活の家」の支給方法についてみると、出来高制をとらず絶対評価であることに注目したい。相対評価であるとできる人に多く払われ、重度の障害者は不利である。しかし一律に払われたのでは働く意欲が湧かない。藤原さんの絵において、心の中央に¥マークが描かれているのは、働きたい気持ちがあり、働いたことに見合うお金が欲しいという気持ちが強く表れている。絶対評価にすると人の意欲は給金に反映される。人と比べるのではなくて、自分がどれだけ出勤したかで決まるやり方である（事例4）。

「生活の家」の場合は対等という働き方ではない。「ようがんばったなあ、A兄ィ」の事例の、「A兄ィ」という呼称は、A兄さんは人見知りで指し図されることが苦手なため、ずっと「生活の家」を休んでいたが、他の仲間の体調不良で廃品回収が危なくなったことをきっかけに、廃品回収の手順を率先して後輩に示している。つまり、廃品回収ではA兄さんが「豆先生」役で、後輩は「豆生徒」なのである。六人単位で展開した廃品回収における「仲間集団」はまさに「合同教室」から培われてきた恵那の教育の特徴である自主学習集団「豆学校」方式を、そのまま模倣している（本人ネット資料③参照）。しかし、廃品回収の構成員の出身は東小卒業生だけではない。そして年齢も障害も多様な所員が最初は見ず知らずの人同士で集まって働くのである。そういう人たちが「豆学校方式」をとっており、わかる人は「豆先生」、わからない人は「豆生徒」なのである。これは指導員と所員に限らず、「仲間集団」内でそうした関係が新メンバーにもてるということで、重度知的障害者は年齢にかかわらず新しい学習が可能であることを示しているのである。「豆先生」になった人は「教えんならんで」と教えることを予習し責任感をもつという経験をするという[21]。指導員はなるべく手を出さないようにするのが「生活の家」方式であり、話し合いなども同様になるべく手を引いていく。そうすることによって、「仲間集団」の中で「豆先生」が出現してくる。わかる人はどうしたらわからない人にわかってもらえるのか、相手のことを考えなくてはわかってもらえないのだということを学ぶ。そして相手にわかる方法で伝えていく。この所員間の関係性の構築は、それぞれの人にはそれぞれの受けとめ方があるということを認めていくことなのである。

「仲間集団」と市民との互酬性

地域社会に目を向けると、当時の生活様式と廃品回収の関係が理解されてくる。巡回コースの新町、太田町、栄町、白山町は商店街で一九八〇年当時は中津川市民が最も集まる繁華街であり、東小学区内である。当時の商店は職住を同じ場所で行っていた。そのために、商店街の家族も東小に通学していたことは、同朋の意識をもちやすくしたものと考えられる。中津川市内では一九九〇年代ようやく大手のスーパーがレジ袋を使用し始めたが、一般商店では軽量商品は新聞紙で、大きな商品はダンボール箱を入れ物にして客に渡したので、家庭でも段ボールが回収できた。(22)「仲間集団」は、多くの人たちに直に会って廃品回収を行える環境にあったのである。

古紙価格は「仲間集団」の廃品回収実施後、全体的に落ち込んだが（図7‐2参照）、一九八六年の急落以降は、さらに強く市民の協力を求めている（本人ネット資料④）。果たして市民は「生活の家」に厚意的に協力したのか。収益の推移をみると二つのことが着目される（図7‐3参照）。ピーク値は店舗の多忙な時期である四月の新学期、九月の棚卸、一二月の年末で、特に家庭において一二月は大掃除で古紙が出て、お金を出してでも回収してもらいたい時期である。無料で回収してもらえば、市民にとって得である。この時期は決算時でもあり、物置を整理する暇などない。物置き場周辺を掃除もしてくれるハウスキーパーの役割を担う「仲間集団」に対して、市民は「いいことをやっとるね」「街の掃除屋さん」と承認している。(23)一方、「仲間集団」にとって提携先の各店・家は古紙で資金づくりするためのお得意さんで、持ちつ持たれつの間柄をつくり出し、その意味では互酬性が成り立っている。トラック布に書かれた「ひがし生活の家」の「ひがし」は巡回路の市民に「東小」という母校意識を想起させる。(24)「自分の学校のためなら協力しましょう」となり、市民に内輪意識をもたらしたのである。

社会参加

所員の活動への見返りである給金があまりにも低価であることへの疑問・不満が出てきたことも重要である。廃品回収に尽力するI．N．さんのメーデーの願いはそれを示していたが、彼は普段は障害のために物事の理解に何度も説明を受けて、時間をかけてわかっていく人である。しかし、働いた見返りの賃金についておかしいことに気がついている。その問題意識を自治会や連絡ノートの運営者たちがとりあげ、市の行政要求につなげている。すなわち、「仲間集団」は「中津川市障害児者を守る会」の会員である。そして「守る会」は市の福祉事務所や教育委員会と活動してきたので、市の福祉行政に対して強い要求力をもっている。その「守る会」の議題にのせようとして、「仲間集団」や「生活の家」に関わる人たちに呼び掛けているわけである（「ひがし生活の家」連絡メモより、一九八八年六月三日参照）。それでも変わらない賃金体系は制度の問題で政治を変えるしかないと理解する関係者は「仲間集団」全体に選挙での投票を促した。この賃金をめぐる矛盾が選挙とスムーズにつながる人とわからない人がいた。わかっている人は最もわからない人に選挙の仕方を提示し、何度も学習をくりかえす。つまり知る機会の平等を所員同士の詳しい説明によって担保しているのである。選挙で実際に有効なのは最後の普通の投票のみだが、この場合、白紙・記号・政党記名の投票は棄権とは違う意義をもっている。実は選挙の方法そのものに、知的障害のある人に対する合理的配慮が足りていないのであるが、投票行動はその欠陥を暴くメッセージになりえる（一九八九年六月二三日「中津川ひがし生活の家作業所　連絡メモ」NO・12）。これは「仲間集団」からの社会参加である。

ここまで、「仲間集団」の「廃品回収」について述べてきたが、一〇年間の歳月を経て、継続が社会的意味をもたらし、活動自体が運動になりえたものと考えられる。「仲間集団」は「生活の家」の存亡の危機を救う使命の下に結束し、市民との間に「社会的ネットワーク」を築いたのである。

注

（1）「地域生活運動」という用語は、「生活の家」に関わった中津川市民がその運動の四〇周年記念時に呼称した「地域に生きる障害児者運動」を成人の生活に関して使用する際の用語として定義する。

（2）『廃品回収だより』は中津川市民に配布された公表資料である。出典については年月日を明記し、そのままの表示を行った。一方、補足資料として扱う「連絡メモ」は「生活の家」内の関係者資料であり、個人情報も多く含んでいるため、掲載に関しては、個人の表記は本人の同意を得て掲載した。また、不明事項に関しては「生活の家」関係者に判断を仰ぎ掲載し、倫理的配慮を行い、資料を取り扱っている。

（3）二〇一六年五月一四日、当時指導員であった伊藤三雄氏からの聞き取りによる。

（4）一九六八年八月二八日水曜日午前一〇時五三分開講午後一時二〇分散会、第五九回国会文教委員会、第3号議事録より。

（5）一九七〇年八月一〇日厚生省発児一〇三厚生事務次官通知。

（6）二〇一五年一〇月一五日、生前の渡辺つやの教諭談話より。

（7）二〇一六年五月一四日、当時指導員であった伊藤三雄氏からの聞き取りによる。

（8）二〇一六年四月（一三、二七日）調査における鳥居広明・伊藤三雄談話より。

（9）二〇一六年八月二三日、当時自治会長であった野村将之さんからの聞き取りによる。

（10）二〇一六年七月一三日、「生活の家」にて、所員の自立生活で一緒に食事をつくって飲食したり、働くことを経験したことのない知的障害のある人に仕事の仕方を「生活の家」発足当初からずっと支援してきた伊藤三雄氏と小林照明氏の談話より。

（11）二〇一六年八月一〇日、鳥居広明氏からの聞き取りによる。

（12）本人ネット資料⑤の一九八五年四月八日発行資料による。

（13）ひがし生活の家施設運営費帳簿より。

（14）一九七二年に発足し、会員資格は市民で任意加入である。親、教師、成人した障害者のほとんどは会員であり、行政を動かす力をもつ組織である。

（15）一八四〇年代のイギリスで生活協同組合の発足当時に使われ始めた定型句である。フランスの作家アレクサンドル・デュマの『三銃士』（一八四四年）でもこの言葉が有名になった。

（16）打ち合わせの様子はビデオ「ぼくたちの城」にも様子が映されている。

（17）二〇一六年八月二三日、野村芳子さんからの聞き取りによる。

（18）当時指導員の伊藤三雄談。二〇一六年八月一〇日、二四日の調査より。
（19）二〇一六年七月一三日、藤原貞利さんからの聞き取りによる。
（20）「仲間集団」の中で弔う人があった場合も同様である。W．T．さんは合同教室で学んだ人である。彼は病弱児であったため、若くして亡くなった。「仲間集団」は合同教室や「生活の家」で彼と過ごした生活を見つめ、各々生活綴方を書いた。綴方はまとめられ、文集となった。そうして、「仲間集団」は彼の死を悼んだ。
（21）二〇一六年九月一四日、現在も縫製グループはこの方式を採用していると職員の「豆学校」の話を渡辺清子さんと談話する。
（22）二〇一六年八月二三日、廃品を出した商店街・商工会員故篠原正光氏からの聞きとりによる。
（23）注（18）に同じ聞き取り、及び二〇一六年四月一三日鳥居広明氏からの聞き取りによる。
（24）中津川市内では「東」を「ひがし」と呼称する習慣があった。

第8章　綴方集『愛の鈴』制作配布過程にみる社会運動性
――一九八〇年代の恵那地方の障害者地域生活運動より――

『愛の鈴』運動

一九八〇年、市民から一〇坪の土地を寄贈され、地域の工務店からもプレハブの家が寄付されて、障害児者本人、親、教師、有志の手で「生活の家」が建てられた。名称も「ひがし生活の家作業部・保育部」と改称された[1]。「生活の家」は利用者が増加し手狭になり、東小の真正面にあった「障害児」の当事者家族から八〇坪の土地を無償無期限貸借し、「生活の家」本館が建てられた。保育所員が九名、作業所員が二一名で登録された所員は計三〇名となりさらに広い場所が必要となった（ひがし福祉会 二〇一一）。

中津川市で出生した障害者の生活を地元で保障するために「生活の家」がその拠点となることを運営する人たちや関わる障害者は障害者の地域生活運動の中心に置いたが、「生活の家」が働くこと、一生涯、教育が受けられる場所、生活する場所として構想したため、そのような制度はなく、社会福祉法人申請を行っても無認可の状態が長く続いた。当家を維持するためには、市民に理解を求めて資金面も支援してもらう以外に存続する道はなかった。

毎日、「生活の家」では、綴方を書くことが日課になっていた。中津川市では当時、毎月五日に教育を考える日という、綴方をめぐって話し合う日があった。つまり、市民には生活綴方を読んで考える習慣があった。

写真8－1　綴方集『愛の鈴』と付随綴方集

（出典）『地域に生きる障害児者運動四〇周年記念　共に生きる』冊子より.

「生活の家」でも「仲間」の綴方をめぐり、構想する運営段階から市民参加を呼び掛けていた。話し合いが頻繁に行われ、「愛の鈴運動」が展開された(2)。運動における綴方集『愛の鈴』の構想には綴方教師たちが関与するが、実際の編集・印刷は支援者や親たちで行われた。『愛の鈴』の冊子がつくられると、多くの市民への広報活動が展開された。訪問配布により、カンパとして寄付を募り、後援会員を増やしていった。法人認可の時期までに準備号が七号、文集が七集ある。1集と2集の間には綴方実践が「生活の家」内で多く起こり特集号が組まれた(3)。

個人の綴方を市民に公表していくことについて

恵那の生活綴方では「ありのまま」ということばが強調される。「生活の家」では、毎日の帰りの会で、「仲間集団」が綴方を書いた。『愛の鈴』に掲載される綴方は、文集をつくるために書かれたものではなく、日々、「生活の家」で「仲間」が実感を綴ったもので、そういう意味での「ありのまま」を指す。日々の綴方が、第1集は各仲間の綴方、第2集は「生きる」、第3集は「地域の中で仲間の中で人間として生きていきたい」、第4集は「学び」「育つ」、第5集は「人間らしく生きる」、第6集は「夢広がる法人認可作業所の建設を間近にして」、第7集は「辛さ、悲しさをくぐって人として育つ」などのテーマで組まれている。

重度障害であると施設入所を余議なくされていたことも市民に伝えなくてはわからない。次の綴方は若林健一さんのものである。

綴方１

ないたことむかし　たるかったです　しせつへいくとき　たるかったです。
テレビがみたかったで　家におりたかったです。
おかあさんといっしょに　おりたかったです。
しせつへ　かえりたくないと　思います。
いまわ（は）おかあさんとおります　うれしいです。
せいかつのいえにおると　い（い）です
れ（い）ぞうこ　かすてらと　アイスクリームが　はいっています。

（若林健一さん、一九八八年四月、「ないたことむかし」『愛の鈴』第５集、二頁）

若林健一さんは母子家庭で障害が重く、遠所のT施設に行かざるをえなかった。非常に厳しい処遇を受けT施設から逃げて「生活の家」に通うようになったが、「生活の家」の仲間J27さんが母親死去でT施設へ収容される事態となり、阻止しようとしてこの綴方を書いたという。若林健一さんは施設生活では識字不能とされていたが、帰郷し「生活の家」で字を学習するようになった。

当時の恵那地方の人たちの多くは収容施設の実情を知らない。「たるかった」は悲しい、不当な思いをしている、傷つけられたときなど否定的な気持ちを表す方言であるが、この一言が書いてあれば、この地域の人にはどういう状況だったかを察知することは可能である。J27さんの施設行きを阻止しようとして若林健一さんが書いたものであった[4]。書かれた状況がわからなければ素通りされてしまう内容かもしれない。「生活の家」で若林健一さんと綴方のやりとりを続けてきた支援員の鳥居さんや伊藤さんが、彼が抗議していることに触発されて、この綴方を『愛の鈴』の五集目に掲載することが運営会議で話し合われ、編集から印刷を経て、市民に配布されるに至った。

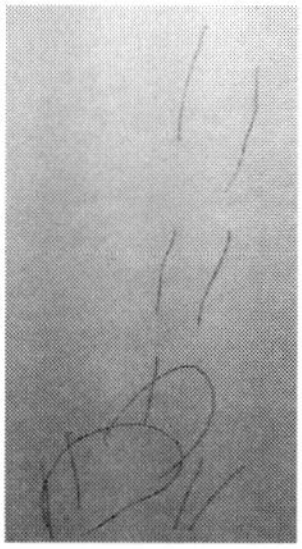

写真8-2　綴方2　第1号12ページに掲載されたIさんの綴方

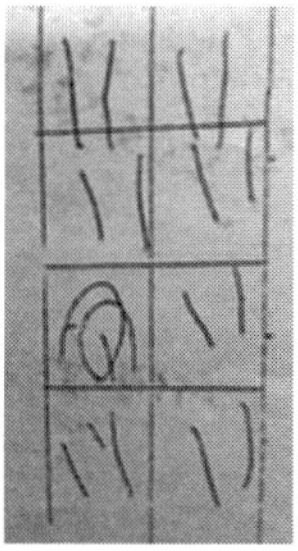

写真8-3　綴方3　特集号2ページに掲載されたIさんの綴方

そうであるとすると、配布された市民だけでなく、配布した人も当然、この綴方を読むことになる。どうしてかといえば、『愛の鈴』は手渡しなので、渡す人も受け取ってもらう人に綴方を理解して説明しなければならない。若林健一さんの訴えが直に、または間接的に周知されていくことになる。そして手渡す人は「豆学校」単位に相当する知り合いに渡し、賛同した人はさらに「豆学校」単位に相当する人数の無尽で広めていく。恵那地方の人たちはちょっとした機縁で無尽[5]を複数かけもちして人脈をつくっている。その習俗は江戸期からずっとこの時期、そして現在も続いている。無尽・「豆学校」システムは後述するが（第9章参照）、少なくとも、この綴方で収容施設は自由に制限があるのだということは市民に伝わるだろう。

文字自体を書くことで可能性を知ること・伝えること

「生活の家」には、さまざまな障害のある人が関わっている。多様な障害があることも知らない市民が少なくない。重度知的障害者もいる。東小卒業生のIさんもその一人だが、第1号、特別号、第7集に彼の綴方が掲載されている。

Iさんは最重度の知的障害者で、行動障害があり、日常動作の習慣行為が難しい人である。従来、彼には文字の獲得はなかったが、第1集発行一九八五年四月の時期に字を書き、八カ月後の一二月に原稿用紙の枠内に字を綴った。Iさんが字を書くことは、周囲の人たちにとって大変な驚きで、何度も話し合われて特集号の印刷に及んだ。中津川市の中で最重度の知的障害者といわれたIさんが字を書くということ、さらに枡目の中に書くという社会性を綴る行為を示したわけで、合同会議では彼が学び続けていることを市民に伝えようと協議した。

作品製作する家族・仲間のユイ

重度心身障害者で手では字は書けないが、指の操作で文字版を利用して綴方を書く仲間もいる。綴方4はその一人である梅村淳さんの綴方である。重度心身障害者の梅村さんが自力で働きたい気持ちと、仲間や母親と働く様子を綴っている。

綴方4

「あ、和くんのボールがはいった」　和くんと、勝ちゃんは、布ボールの袋入れ。ぼくは、足ふきマットを編む。体が思うように動かないので、ぼくでもできるように、木の枠で、道具を作ってもらった。

一本のひもを通すのに、からだ全体をつかって、やっと通す。仕上げは、お母さん。ぼくたちは、障害が重いので、お母さんといっしょに、訓練をしたり、仕事をする。「きれいなマットができたね」と、仲間が声をかけてくれるので、作業所へくるのが、うれしい。

（梅村淳さん、一九八九年、「少しでも自分の力で」『愛の鈴』第6集、一〇頁）

ここでは重心の障害者に一対一で介助できる人員の余裕はなかったので、親が同伴して働いているということである。「仲間集団」は他にも廃品回収や物品販売など外回りをして、それらの仕事には基本的には親は同伴しない。

在宅から生活の家へ出てきたことを伝える綴方

H54さんは「守る会」の近況調査を受けた人であるが、就学猶予・免除で学校に行けなかった。H54さんは次のような綴方を書いて『愛の鈴』で市民に伝えている。

綴方5

子どもの頃よく　生きてたってしかたがないと思っていた（中略）
だけど　私だって学校で　勉強しかたかった　友だちも　欲しかった
そうすれば　死ぬなんてことも　考えなかったのに……（中略）
何のために生きとるのか　わからなかった　何もできず　どこへも行けず（中略）
大ぜいの障害をもつ人と生きていく中で私の考えもだいぶかわった
どんなに障害が重くても　みんな　一生けんめい生きているんだと思うと私も生きようと思うようになった　少しずつだけど　今からでも　おそくはないと　生きててよかった　と思うようになった。

（H54さん、一九八七年四月、「生きようと思うようになった」『愛の鈴』第4集、八―九頁）

障害が重いことで学習の機会を奪われたH54さんであるが、「生活の家」に通う以前は家に引きこもって生活していた。「何のために生きとるのか」はそれぞれの人に突きつけられる命題になっている。学ぶことを奪われたH54さんは健常者から不当ないじめを受け一人で生死をさまよう生活を送ってきた。同じ重度の障害のある人により生きる力を見出している。それを市民に伝えている。

識字がなくとも綴方は表現する術をもち歴史を伝える事例

N21さんの綴方は、識字がないので話綴によるものである。N21さんは一九九一年時で六〇歳なので、戦前生まれの人である。「生活の家」では、学齢期から就学猶予・免除で学習を求めてきている人が集まっているので、障害は多種、年齢も多様である。

綴方6

かあちゃんは、白血病になって、家に寝とった。血が、白うなっちゃう。いくら血を入れても、白うなっちゃう。どんなけ（ママ）入れたか知れん。病気のかあちゃんを、うちが世話した。ごはんを食わして、おむつを洗って、そんな時分は、洗濯機がなかったで、手で洗った。五年くらい 寝とった。かあちゃんが、もうあかんという時、T子（兄嫁）に、「N21を、大事にしてやってくれ」と言って、死んだ。うちが、はたちの時、死んだ。いっしょに ついていきたかった。もうちょっと 生きとってほしかった。もっとええもの、くわしてやりたかった。

（N21さんのしゃべった事の聞き取り）

（N21さん（六〇歳、所員）、一九九一年七月、「もっとええもの くわしてやりたかった」『愛の鈴』東生活の家、第7集、六―七頁）

母親が白血病に罹り、障害のあるN21さんが五年間、看病した話が伝えられている。その横に説明文が添えられている。

説明文

文字の読み書きができないながらも、独りで地域の中で生活するN21さん。それ故、時には人に騙されたりもし、多くの辛さ、苦しみをなめてこざるを得なかった。よくぞここまで生きて来た。

今、N21さんは、新しい「生活の家」での生活を、何より楽しみにしている。

（N21さん（六〇歳、所員）、一九九一年七月、「もっとええもの くわしてやりたかった」『愛の鈴』東生活の家、第7集、七頁）

障害をもっていると脅されたり、お金をだまし取られる話はつきないが、説明文によると、N21さんも酷い目に遭ったようである。この現状を市民に伝えている。

障害のある人と支援員のやり取りがみえる綴方

「生活の家」の営みは、現在あるシステム化された契約関係の福祉サービスとは異なっている。恵那の生活綴方は書き手と受け手のやり取りがあるが、「生活の家」の営み自体が、その生活綴方の在り方に類似している。次の綴方は、『愛の鈴』の中に少しだけ支援者の綴方があり、それより提示する。

綴方7

（前略）体が重い、息切れがする、胸が苦しいと言っては休む。医師に見てもらい、診断は、うっ血性心不全。診断があってからも2、3日休む日が続いた。心配でJ31さんの家をのぞくと、夕方で小雨にもかかわらず、J31さんが飛び出てきて、車に向かって「バック、オーライ、オーライ」と片言の言葉で手を上げ体全体で喜びをあらわしていた。私たちが来たのがよっぽどうれしかったのか飛び跳ねていた。家に入りお母さんと話をしているとやにわに「センセ、カタタタイタル」と言って肩をたたきはじめてくれた。J31さんが肩をたたくタントンタントン、生命のひとつひとつをタントンタントン、生きている証をタントンタントン、私には、J31さんがたたいてくれる1つ1つの音が、こんなふうに胸に刺さった。私の心にJ31さんがこんな身体にもかかわらず自らの挙で人に対しやさしさを示し、自分の生命を分け与えているかのように思えた。そんなJ31さんに対し、自分は今まで何をしてきたのかと疑問やら、自分に対するやりきれなさが胸を突いた。同じ思いに立ってJ31さんを見つめたことがあっただろうかと。よく言われる、子供の後ろにあるもの、子供の生活を見ろと。冬の寒い日に、生活の家の玄関の戸を開け、「オ・ハ・ヨ」といったJ31さんの姿を見て、その後ろに瀬戸の凍る道をとぼとぼと歩んで来た姿が見えたかどうか、私には見えなかった。いや見ようとしていなかったかもしれない。そんな私の肩をJ31さんはたたいてくれるのだ。私はもう裏切れんと思った。そして、中津で生きてがんばっていかなあかんと思った。

（T．H．さん、一九八七年四月、「J31さんから学んで私が中津で生きようと決めたこと」『愛の鈴』第4集、三—四頁）

これは支援員Tさんの綴方である。東小の教育実習が機縁となって、その後、障害者の地域生活運動に携わった支援者である。「生活の家」づくりは、理念としては教師であった小出氏や岩久氏が打ち出していったが、成人の所員に対する日々の介助や学習指導は支援員が対峙していた。生活費は六万円足らずで、後は自力で稼ぐ方法を小出教諭より申し渡されたという(6)。また同時に、東小前の「生活の家」建設も、最初は土地だけある状態で、その資金を稼ぐのは支援員であった。文房具の販売、廃品回収、お金になるありとあらゆる手段を考え出して資金調達に回っていた。そのため、実際には「生活の家」でゆっくりできる時間もないほどであった。多分、J31さんがTさんの肩を叩いたのは、そんなTさんの姿を見て、自分の病状にもかかわらずTさんをねぎらったのであろう。TさんはJ31さんからやさしさをもらって、中津川で生きることを決意したようである。また、実際にTさんは中津川に身を捧げた。

綴方8

この文集を作りながら、そこに語られる「生活の家」への期待、障害を持っている故の苦しさを知らされ自分自身指導員として「生活の家」がもっと大きくなるように切り拓いていく努力をもっとせなあかんと改めて思った。

「生活の家」の仲間達は、否応なしにその問題をつきつけてくる。

以前、N15さんと泣きながら話をしたことがある。学習の時間にかいた絵の事がもとなのだが、その話の中で「私なんか、やりたいことがあったって、何もできへんやんか」と訴えてきた。彼女が　毎日の仕事の中で　その一つ一つに手の不自由さを感じ、その悲しみがこめられた言葉だった。

その重い言葉に　一人の人間としてどうこたえたらよいのか。

障害があるからこそ、人一倍力を出して　人生を切り拓いてかなあかんやんか。しかしこれは「ことば」の問題ではない。生き方の問題である。「生活の家」の指導員として自ら切り拓く生き方をせねばこたえることはできない　と自分は思う。

今、私には、授産内容（仕事）の開拓として粉せっけんの実現と、後援会の４千口目標の達成と組織の強心という試練がある。何としてもやっていかんと思っている。

（Ｉさん、一九八五年四月、「自らの生き方を問いなおしつつ」『愛の鈴』第1号、四一頁）

Ｉさんは障害児の親より「生活の家」を紹介されて、他地域から恵那地方に来た人であるが、小出氏は彼の感受性を見抜いて『愛の鈴』の編集に充たらせていた。障害者と向かい合って意見をぶつけ合っている。その見込み通りＩさんは障害者とのある意味で体当たりの生活の中で、人生を「生活の家」にかけようとした決意で、実際にそうした人である。恵那の綴方教育には、書き手のありのままを引き出す受け手がいて、そのやり取りで綴方がより具体的になっていく性格をもっている。表現に至るまでに激しい葛藤が生じてくることもある。

『愛の鈴』配布がもたらした出会い

全く見知らぬ市民が『愛の鈴』の綴方から作曲し、演奏発表会が開催され、それが新聞掲載されるという公共への広がりを示す例も生まれた。

「中津川歌う会」会員で岐阜県立中津高校の物理教師岩田実教諭は『愛の鈴』からインスピレーションを感じて、野村将之さんの一九編の詩に八曲の歌を作曲し組曲『人間らしく生きたい』をつくった[7]。一九八六年三月二五日夜に発表会が開催されたが、**図8-1 楽譜「生きる」**はその中の一曲である。

組曲『人間らしく生きたい』

生きる

作詞　野村将之
作詞　岩田実

図8－1　楽譜「生きる」

（出典）元楽譜はすべて手書きであるが不鮮明な箇所あり，筆者が活字楽譜化した．著作権者岩田実さんの承諾を得て掲載．

地域生活運動を成り立たせる『愛の鈴』の制作・配布過程

『愛の鈴』は、準備号と第1集から第2集、特集、第3集から第7集にわたる。第1集から第7集までは、「仲間」の綴方が中心である。準備号が一九八五年二月から九月一八日にかけて六集印刷されている。準備号の第2集から第6集までは綴方集発行後にもつくられている。編集している人は、「中津川ひがし生活の家作業所、運営をする会、同後援会、中津川障害児者を守る会」の四集団である。作業所当事者以外の三集団である運営をする会、後援会、「守る会」についても市民の誰でもが参加できる仕組みになっている。[8] 編集責任者のＩさんが構成や配置をし、そこに教師や指導員も加わるが、編集責任者を務めたＩさんによると、[9] 発行の最終決定は小出信也元教諭が行ったという。小出さんは全市の障害児を東小に集めて合同教室を開設した教師たちの一人である。

第1集を発行するのに一年を要した。印刷は、第1集から第2集までは「生活の家」の老朽化した輪転機や、東小の輪転機で行ったのだという。使っている紙は学校の通信と同じ紙であり、表紙は色画用紙（ケント紙）であった。印刷の紙は東小のものを使用した。Ｉさんがほとんど一人で刷ったという。製本は親たちが交代で「生活の家」にきて、何日もかけて手作業で製本した。木工用ボンドを水で溶いて、水彩画の筆でボンドを塗りながらの作業であった。東小を使用できた背景には、東小の門の真向かいに「生活の家」があり、東小の購買部が「生活の家」内にあったためである。東小の児童は「生活の家」で文房具を購入し、一方、「仲間集団」が東小に物品販売に行き、東小と「生活の家」の往来があったことによる。最初の部数は後援会員の獲得目標数に匹敵する約二〇〇〇部であった。

第3集からは「生活の家」内での印刷では部数が追いつかず、市民の印刷所で行うことになった。ワダ印刷でのオフセット印刷を使用したが、事業主の和田金夫さんが「生活の家まつり」のチラシ入込を行った。「生活の家」に関係する集団[10]が自主的に集まって、ワダ印刷に出向き、製本機の扱い方の教えを受け、製本作業は親たちで行った。印刷所は親たちでいっぱいになり、一時、「生活の家」の親たちが独占した格好になったという。第7集の印刷部数は一万部に

写真8-4　愛の鈴貯金箱

「愛」の字は1948年から.
恵那教育研究所発足にかかわり「共育」を実践した三宅武夫教諭の書のレプリカ.
（出典）筆者撮影.

写真8-5　「第4回ひがし生活の家家まつり」

（著作権者）社会福祉法人ひがし福祉会　鳥居広明.
（出典）「地域に生きる障害児者運動四〇周年記念 共に生きる」冊子より.

達した。製本の具体的な作業は重度障害の「仲間」には困難で参加できなかったという。しかし、文集の基本テーマはあくまでも「主人公は障害のある仲間たち」という意識で皆が作業に参加したという[11]。

『愛の鈴』第1集から第7集であるが、一九八五年四月に始まって一九九一年四月までの刊行である。その間、「生活の家」の名称が微妙に変えられている。準備号は「障害者が働き学ぶ施設」と記載されている。第1集は「障害者の施設中津川ひがし生活の家」である。この「ひがし」は東小学校から出発していることを意味する。第2集は「障害者の施設中津川ひがし生活の家作業所」となり「作業所」という言葉がつけられている。これは、「小規模作業所」の助成を受けるための配慮であった[12]。一九八五年一二月一八日発行の特集号以降、「施設」という言葉は取り除かれ、脱施設化を意識した名称を示している（ひがし福祉会 二〇一一：一三二）。第3集から第6集までは社会福祉法人の認可取付けが必要な時期で「中津川」とついているが、認可後の第7集は「作業所」や「中津川」を外している。

第3、5、6集には「生活の家」の略年表が掲載されている。これは市民が「生活の家」の経緯を理解できるように組み込まれている。第6集は法人認可直前の時期に刊行されたもので、とりわけ市民の理解が必要不可欠であった。綴方の内容は働く姿をアピールしており八作品の題材はすべて労働である。しかし法人認可後の第7集は一転して内容は労働以外で、

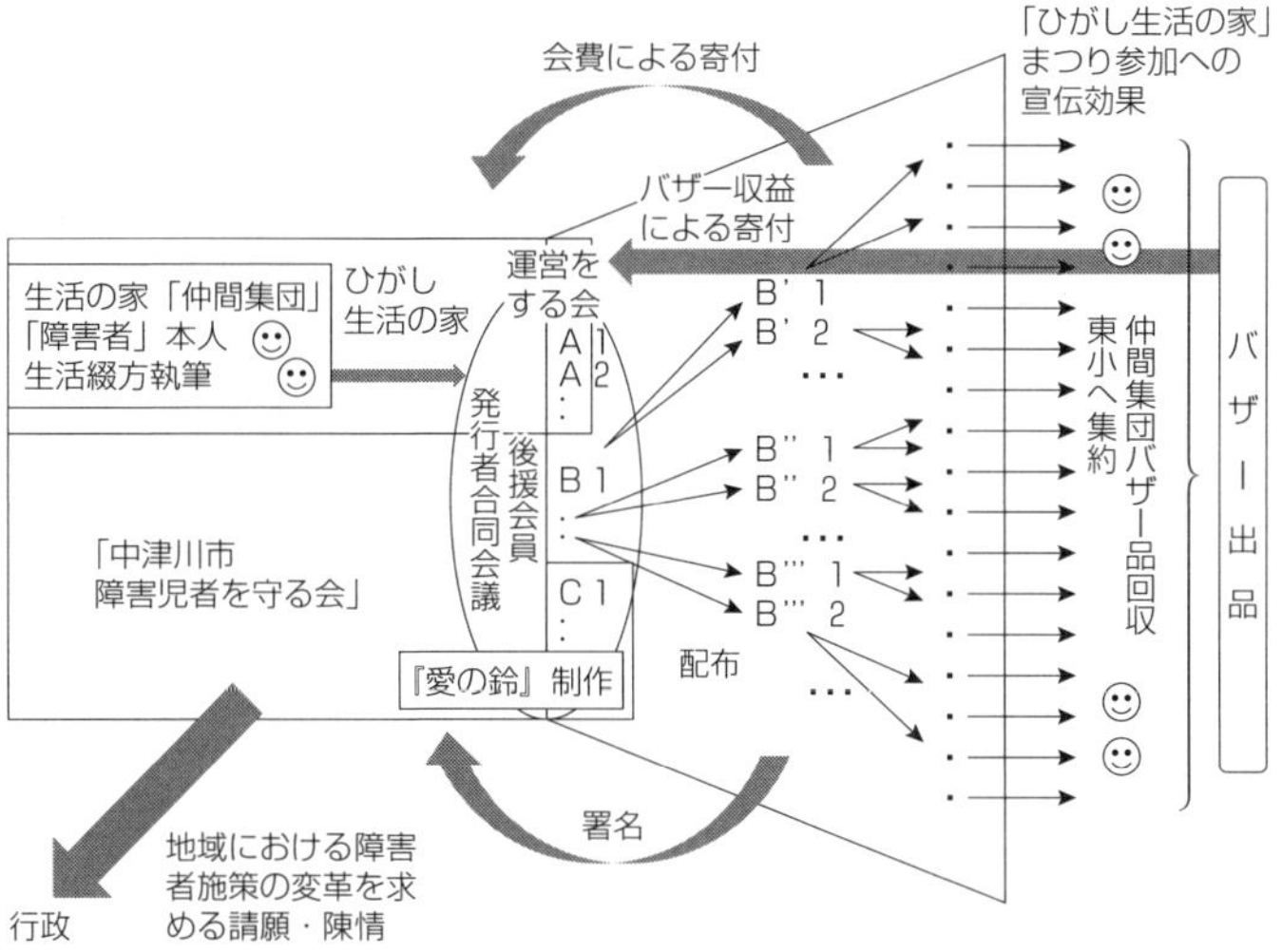

図8-2　生活綴方集『愛の鈴』制作配布過程から導かれる運動の循環性

（出典）筆者作成.

「生活の家」の文化的趣旨が編集後記に述べられている。

後援会としての寄付は一口千円の定期会員と貯金箱にお金を入れて会員になる二つの方法がある。写真8-4はその貯金箱を指すが、ここに示された書は一九四八年から恵那教育研究所で障害児教育の研究をはじめ、同年から一九六一年まで中津川市立第二中学校の校長を務め、一九五六年に第二中学校内に知的障害の養護学級(13)を開設し、「共育」を説いた三宅武夫教諭の書のレプリカである。

冊子配布には、綴方だけではなく、後援会員としての寄付、「守る会」の要求事項と署名願い、「生活の家」主催のまつり開催記事などが掲載されている。

一九八二年から毎年実施された「生活の家まつり」には、市民が家庭でいらなくなった物品を売るバザーがあったが子どもから大人まで人気を呼んだため、その収益金を「生活の家」運営資金に充てることができた。

後援会員は市民の中で年間一〇〇〇円以上の寄付を定期的に行う人を指す。余裕のある人は月払いや、大口の寄付をした。法人認可の時期の後援会員は一万人近くに達していた。

運動全体は、『愛の鈴』を起点に図8-2のような経過を辿っている。左端上に記載したように「仲間集団」が毎日の帰りの会で綴方を書く。その綴方を合同会議で検討し、『愛の鈴』に掲載する綴方が決まっていった。

実際のところ、一九八〇年代は好景気で多忙な市民を会議に惹きつけるため景品をつけたこともあったと伊藤さんは話す。

冊子の配布は会議に参加した人が自分の支部をつくり、各家を回ることになっていた。新しく後援会員となった人は、さらに数軒を訪問し、配布先が枝分かれしていく。この際、冊子配布で後援会入会の寄付を募ると同時に、「守る会」で請願陳情に必要な署名を取りつける。後援会員になるか、署名を行うかは任意である。また、まつりについてのチラシの効果は明白で、一回目は東小体育館内で三〇〇人、二回目は『愛の鈴』配布前二〇〇〇人、四回目は『愛の鈴』配布後に開催され、配布前の二〇〇〇人から五〇〇〇人にまで倍増している。その後、まつりへの五〇〇〇人の参加を維持し、第七回の収益金については読売新聞で二六〇万円の収益を伝えている。一九八九年一一月九日付けの連絡帳には第八回収益金三一〇万三六一九円とある。[14]

「仲間集団」で動ける人は、まつりに市民を動員するためのバザー品回収の作業を受け持った。前日まで各家を訪れ、確実に出品数が確保されるまで回収し続けたという。[15]

『愛の鈴』をめぐる社会運動性

ここまで、『愛の鈴』の制作・配布に関する経緯を示したが、この運動の解釈として、以下の四点があげられる。すなわち、①障害の制約がもたらした共同性、②重度の知的・心身障害者とそれ以外の担い手による主体性の広がり、③印刷機の向上と配布戦略がもたらす障害者と市民との出会い、④サークル運動としても地域生活運動としても二重性をもつことで地域に根差すようになった運動の展開である。

障害の制約がもたらす共同性

「生活の家」に関わる主な障害者は重度の障害者であった。労働に関して、恵那地方では、一人もしくは一軒だけで行えない労働においては、共同労作ユイや経費他金銭を融通し合う無尽講による互助の習慣があった。綴方4を書いた重度心身障害者の梅村さんは母親らと一緒に働いていることを説明している。高度成長期以後、昼間の青年・中年男性の人的資源は都市部に移動し不在であったが、前述した綴方4の光景はまさにユイの再現のように、重度心身障害者たちと母親による共同作業形態を物語っており、制約から生まれた共同性を示している。。

『愛の鈴』を介した運動主体の広がり

『愛の鈴』の綴方は障害者本人のものであるが、掲載内容の検討は編集に関わる親や市民が行った。編集責任者の伊藤三雄氏は「いつも主人公は『仲間』です」と言うが、絶えずそのことを念頭に置かないと本人不在になりやすい。しかし、市民に制作の参画を許容することは、地域社会で障害者を支えることにつながりえる。意図的にでも合同会議を開くことは、障害者だけでなく、会議に参加する人を『愛の鈴』制作の主体者として巻き込んだのである。運営に市民が関わることは重要で、その後の共同作業の参加度に関わってくる。「やらされている」のではなく、各支部を自分自身がつくって、自分が参画する作業や行動をしていくということになっていた。つまり市民が主体的になるということである（図8-2参照）。

印刷機の向上と配布戦略がもたらす障害者と市民との出会い

生活記録の制作において、鵜飼正樹は、手作業のローテクが開く共同性を述べているが（鵜飼 二〇〇九）、一九八〇年代にガリ版から輪転機の印刷に代わったことは、ガリ版では無理な重度障害者の綴方をそのまま印刷し、市民に肉筆の伝達を可能にした。そのことは障害者の「ありのまま」を『愛の鈴』制作・配布に関わった人と市民が共有する点において重要だと考えられる。

これはマスメディアのほどよい利点をうまく活用している。活字になってしまえば、字そのものの筆感は標準化される。手書きはその筆感を保持し、字体そのものでその人の個性を市民に伝えることができる。一三七頁における綴方2や綴方3のIさんの学習の変化は手書きによるからこそわかることで、そうして市民はIさんが字を書く様子を理解するのである。

また、配布時に、「生活の家まつり」の宣伝広告をして、まつりと『愛の鈴』を連動させたことも大きな経済活動の原動力となり、障害者と市民のコミュニケーションの土壌を広げた。出品物を前日まで、赴ける「仲間集団」で民家を回収に回ったというが、その回収時に市民が『愛の鈴』の書き手である障害者の姿を見て出会うということは重要である。実際に市民がその姿を見て協力し、まつりに多く参加し、二五〇万円以上もの収益を上げていることこそが、その証拠である。

サークル活動と地域生活運動の二重運動性

「生活の家」の「仲間集団」は毎日の帰りの会で綴方を書いて話し合い、運営をする会や「守る会」、後援会は合同会議で定期的に話し合ってきた。この取り組みの形態は、サークル活動だといえる。一方、「守る会」と後援会の各々の活動は障害者の地域生活運動でもある。「守る会」は要求を行政に請願する組織として動き、後援会は寄付を募って障害者の生活の経済的な基盤づくりを行う。各々の組織における活動の両輪が回ることで、障害者の地域生活運動が成り立つ（図8-2参照）。

ここに、恵那地方に独特である二つの人海戦術を指摘したい。一つは、一九五七年以降に恵那教職員組合が勤務評定時に取った「親・地域との共闘」である（篠原 二〇一六）。もう一つは無尽講やユイの盛んである恵那地方の伝統がこの運動にも表れていることである。

市民の人口五分の一にあたる一万冊の『愛の鈴』が手渡しで各家に配布されたわけだが、その家の構成員が複数読めば、読者は一万人以上だといえる。現に、その綴方集を読んで何千人もの市民が後援会員になっている[16]。定額会員と貯金箱会員の二種を設けることで、さまざまな階層の人が協力可能となっている。お金に余裕がある人は何口寄付してもよいし、貯金箱の寄付はたとえ一円でも会員になれる。母体の東小が公立の通常学校であるため、協力体制は東小校区全体に広がるものの、それだけでは一万人に達することは不可能である。東小の「合同教室」体制が全市に及んでいたことが大きく影響している（第5章及び第7章参照）。「合同教室」によって、東小校区のみでなく「市民ぐるみ」の運動へ発展しえたと考えられる。

「愛の鈴運動」は枝分かれしながら活動し、各人が承継していったので、図8-2のような運動全体が循環する特徴を導いたのである。止まることのない循環は障害者その人が地域で生活することの保障を意味している。

「生活の家」は重度の障害児者のために創始されたわけだが、重度の障害者だけでは運動はすべて行いえない。そのことがかえって市民全体の運動の結集化を可能にした。この事情は関西の重度の障害者を中心に展開された運動にも同様のことがいえる（定藤 二〇一一）、（山下 二〇〇八）。

では、当運動がどのような合力を導いているのか。それは、市民の多くが「恵那の生活綴方」学習の経験者であったこと、そのことが大きな運動へと変化することの前提にある。

恵那の生活綴方は、まず理念として、書き手が自ら今の自分を乗り越えて新しい自分をつくっていくことや、新しい自分を発見していくことだとしている（田村 一九七九）。その特徴として、事実をその人にとっての「ありのまま」を表現することでその人は生活に立ち向かえるようになってくる。また、心の内を、居合わせた人たちに思いきり表現することにより、生活の課題を取りあげた人たちで立ち向かえるようになってくる。これらは恵那の生活綴方における実践の仕方であるが、それは他の社会運動にも精通するところがある。

斎藤直子は被差別部落における女性たちの住環境整備運動において「他者性」「異質性」を内包する運動であることを述べている。この論文では鄭暎恵が「異質との共存」とは、「自己の内なる異質を受け入れていくこと」としている部分についてふれ、部落解放運動において他者や異質を受け入れる重要性を論じている（斉藤 二〇〇〇）。

障害の生活状況が市民に理解されていなかった状況においては、市民は障害者にとって「他者」であった。健常の市民にとって、それまでは「障害者の生活」は「異質」であった。しかし、『愛の鈴』を目にすれば見過ごすことはできない。なぜかといえば、市民には、生活綴方の学習者経験があったからである。市民にとって、綴方は皆で討議するものという内なる習慣があるためである。

『愛の鈴』はさまざまな障害のある「仲間集団」が書いているので、綴方の表現の仕方は複雑である。綴方を編集し制作するためには、その複雑な表現について理解するために話し合わなくてはならない。配布する人は知らない人に、「仲間」のことが説明できなくては、『愛の鈴』を受け取ってもらい、後援会員としての寄付や署名など集められない。「これは誰さんの綴方で、誰さんはこんな障害です」と説明し、手渡しで配布していくわけである。そこでやっと今まで知らなかった市民が重度の障害者が地域で生活できないことを知る。この行為は、他者の異質性を自分の中に内在化することに他ならない。

そして重度の障害者が地域で生活することが困難なことを市民が知ることによって、重度の障害者と市民との共同作業が促されることになったのである。これはひいては重度障害者の労働の機会を保障することにつながる動きでもあった。他方で、障害者本人だけで運動が不可能なことは、市民に運動の参画の機会を与えることとなったのである。

市民は運営や制作に関与する大きな主体になったり、寄付や署名による小さな主体となったり、運動に参画する伸縮する主体者とも成りえている。つまり、市民はできる範囲で関わり方を自在に伸縮させられる主体者になりうることができたので、市民の参与は増殖した。

よって、障害者だけではなしえなかった「愛の鈴運動」は、『愛の鈴』の制作配布過程において、市民に運動への参画の機会を与えることになった。そして、支援者らの一連の働きがあって、署名数に要求されたラインと寄付による経済的支援の充分なラインの両輪が循環し、運動は九年間も持続した。そのことが、障害者の地域生活を可能にする地域社会の変革をもたらしたのである。

小　結

本章は、恵那地方における障害者の地域生活運動の中心的な事項である「愛の鈴運動」について述べた。

個人の綴方を市民に公表していくことについて、当事者が綴方でその生活を送り、どう感じていたのか示されなければ、同じ人間でありながら、生活の自由を制限され、親から離されて淋しく苦しい思いをして過ごしてきた施設での収容生活など、市民には想像も及ばなかったであろう。

重度知的障害当事者が文字自体を書くこと、それを綴方で伝えることで、市民は教育の可能性を知ることになっただろう。重度知的障害者は「知恵遅れ」で文字は書けないだろうという固定観念があるかもしれない。発達の速度は確かに雲泥の差があるかもしれない。けれども、人は生きて学習し続ける限り、発達し、文字を獲得することがありうるのだということ目の当たりにするだろう。ここには運動者側の意図もある。しかし、教育がその人の現在を乗り越えることを初めて知る市民も少なくなかったろう。

また、重度の身体障害者は何もできない無為の人だという偏見があったかもしれない。しかし、重度の身体障害当事者の綴方は、共同して働くことができること、そして働く意思をもって働いていることを知るだろう。

寝たきりの障害者や重度の知的障害者は何も考えていないのではないかという偏見が市民にあったかもしれない。引きこもりから生活の家にやってきた障害当事者の綴方は、障害者が生きることを考えているのだということを市民に伝えただろう。

障害者は自分が生活することで手いっぱいで他の人のことなど考えられない人ではないかという偏見をもった市民が

いたかもしれない。しかし、障害当事者が重い障害をもちながらも、白血病の母親の食事・排泄の世話をする綴方を読んで市民は偏見をもっていたことに気づくだろう。

いくつもの障害を抱えて寿命も限られていると告知された人は、寝たきりでいるしか仕方がないと思っていた市民もいただろう。しかし、寿命を宣告された重複の障害者がいて、支援員とやり取りをする中で心理的にも身体的にもたくましく、また逆に支援員を思いやって生きた障害当事者がいることを綴方で知るだろう。今まで、障害者のことを知らなかった人が感動してそこから直感して綴方にメロディーをつけて作曲した。配布された生活綴方集『愛の鈴』を読んで感動を覚えた市民は他にもいることは確かであろう。

この運動で培われた後援会、「守る会」、運営をする会は各々、市民運動を成就する要となる組織であり、特に後援会は資金面での大きな力となりえた。このことの詳細を次章で述べる。

注

（1）理念的には「生活の家」の「生活」という言葉が示すように、恵那の生活綴方・地域教育を原点として位置づけていた（「恵那の教育」資料集編集委員会　二〇〇〇：一一二六―一一二七）。

（2）伊藤三雄さんの二〇一六年九月二九日の説明による。

（3）本書の掲載に際して、次のように倫理的配慮を行った。『愛の鈴』は市民に配布された資料である。すべて公表されたものだが、本書の掲載については承諾を得て行った。『愛の鈴』執筆総数は三〇名だが、他界した人や消息不明の人が一八名いたため、残り一二名の方々に、面接しその使用の同意を得た。支援者に関しては総数八名に、その他『愛の鈴』に関わる一一名の市民の方々にそれぞれコンタクトをとった。個人情報の取扱い方について説明を行い、表示方法については、著者の意向に従い、消息不明の方々の綴方については関係者の方々に表示方法の教示を仰いだ。

（4）若林健一さんからの聞き取りによる。

（5）恵那地方では、ことあるごとに無尽講をつくる習俗がある。相互扶助からレジャーに至るまで多岐に渡る。一人の人が複数の無尽講に入り、古くから行われ現在も盛況である。

(6) 岩井万喜子さん、鳥居広明さん、その他複数人からの聞き取り及び『生活の家連絡帳』より。
(7) 二〇一六年五月二〇日、岩田実さんへの電話インタビューによる。
(8) 伊藤三雄さんの二〇一六年九月二九日の説明による。
(9) 恵那地方では、ことあるごとに無尽講をつくる習俗がある。相互扶助からレジャーに至るまで多岐に渡る。一人の人が複数の無尽講に入り、古くから行われ現在も盛況である。
(10) 「かやのみ教室」の母親集団がこの集団内に含まれている（第５章第２節参照）。一九八一年に「かやのみ教室」は合同教室へ吸収された。そのため、以降は育友会となって現在に至っている。親集団は育友会員であると同時に、ほとんどの人が「守る会」会員である。
(11) 一九八一〜一九九一年間の「生活の家」連絡帳より。
(12) 注（８）に同じ。
(13) 当時は「精薄学級・養護学級」と呼称された。
(14) 一九八八年一一月二五日「ひがし生活の家」連絡帳には、まつりの収益目標額が示されている。毎回二五〇万円以上と記載されている。
(15) 二〇一六年八月二三日野村将之さんからの聞き取りによる。
(16) 一九八五年四月八日「中津川ひがし生活の家作業所連絡メモ」ＮＯ・２発行作業所より。他にも都度連絡帳には後援会獲得口数が記載されている。

第9章　地域に根づくということ

第1節　後援会活動による基盤づくり

前章では、市民運動へと広がった「愛の鈴」運動について明らかにした。その仕組みの中に後援会がある。これは、「生活の家」に関わる障害者本人「仲間集団」の生活の資金源ともなっている[1]。何千人という会員数は現在も変わっていないが、法人認可時には一万口の寄付を獲得することができた[2]。当時の中津川市内の人口は五万人であるから、その五分の一の人が会員になったことになる。本章では、後援会員加入の経緯について述べていく。

後援会活動の前提となった「生活の家」入所式――四者会議・「豆学校」組織・民生委員を通した加入の呼び掛け――

「ひがし生活の家」の後援会は、「生活の家」に集まる障害児者の地域生活を資金面で支援するために設立された組織である。活動が本格化するのは、一九八一年九月一三日の「生活の家」の学外開所式からである[3]。同年一一月に規約が配布されたが、後援会を市民に広げようとする運動は後援会発足前より綿密に進められていた。

この開所式を取り仕切っていたのは小出信也氏や岩久睦海氏であったが、その準備は支援員や当家の学童保育部を立ち上げた親集団、障害者本人である「仲間集団」、東小職員総出で行われた。岩久氏は「ひがし生活の家」づくりで行政担当として働いたが、この人物は勤評闘争時に恵那教組の教師たちから教育行政関係者として候補者に推挙された人でもある。

岩久氏は、この時点で「生活の家」の代表でもあったが、東濃労働組合会議の代表でもあり、そして中津川市教育委員会の一員でもあった。つまり彼は三つの役職を有していた（篠原 二〇一八：三二七）。「生活の家」づくりには前教育長の渡辺春正氏も関与した。渡辺氏は神坂小学校・中学校の越県入学を中津川市に承認させ、さらに東小の統合教育に大きく力を貸してきた人である。

学外開所式に当たっては、マスコミにも呼び掛けている。列記すると、東海テレビ、日本放送協会（ＨＮＫ）、中部日本放送（ＣＢＣ）テレビ、中京テレビ、岐阜放送、中津川有線放送に送っている。そして、中日本社会事業団、朝日新聞、毎日新聞などの新聞各社に送っている（後援会資料1）。開所前にマスコミ各社に周知させておくことは大きな広報活動にもなりえた。

たとえば、一九八一年九月八日の岐阜日日新聞は、当月一三日付で、「生活の家」が寄付で建てられた経緯を知らせる記事を掲載したが（後援会資料2）、その掲載によって、恵那地方だけでなく、他の地域にもその事情の理解を得ることができ、他地域からの寄金を得ることができたのである。マスコミの掲載は、そしてまた、恵那地方の人たちにも、信用を与えた。

恵那地方には、生活資金を相互扶助する無尽講が大変盛んで、現在も続いている。何かあれば、当地方の人たちはお金を融通し合う互助の習慣をもっている。そのために、後援会へも障害者が生活に困っているということになれば、「出資しましょう」ということはさほど、驚くべきことではない。しかし、資金のやり取りは、信用があって初めて成り立つものである。

少しでも不明瞭な資金の使い方をすると、たちまちに評判が広がり、運営ができなくなる。その事情については、小出氏は神坂地区の「豆学校」で辛酸をなめている。[4] そのために会計上、使途不明金のないように開所に際して資金の流れを公表している。その資料によると、「生活の家」の維持運営資金一六〇〇万円とある。そして、かやのみ教室の母親、障害者本人や支援する教師約一〇〇人の呼び掛けで、募金が五〇〇万円集められた。

この時点では後援会の規約はないので、寄付の仕方はさまざまである。新聞記事には、他地域の三〇〇〇人の寄付者とあり、寄付金額三〇〇万円が明記されている（後援会資料2）。

そうして九月一三日の開所式の案内状を多くの関係者に送った(5)。ＰＴＡ、学校関係、市役所関係、市・県議会関係、労働組合関係、「育てる会」・「守る会」関係、民生委員、個人、保育園・幼稚園関係。保育園・幼稚園・小学校・中学校・高校の教員で構成される恵那綴方合同研究会（以下、「合同研」と略）のつながり、勤務評定時からこの時期まで続いていた中津川市教育会議におけるＰＴＡ、校長会、教育委員会、労働組合の四者会議のつながり、さらに、市行政関係者、特に、福祉関係者があげられる。また、「育てる会」は「豆学校」（地域子ども会と呼称するところもあり）の親の会である。そして、民生委員のつながりの人たちを招待している（篠原 二〇一八：三二七）。

福祉関係者を招くのは障害児者福祉に今後、協力を要請するものとしては当然といえる。

当時、民生委員には一般にあまねく担当する委員、身体障害者を担当する委員、青年を担当する委員、高齢者を担当する委員があったが、障害担当役員が出席している。

市教委の教育長は勤評時に人事協で指導主事候補に選出された渡辺春正氏が出席している。学校関係で出席した役員は保育園・学校の長、幼稚園は主任が出席しており、恵那地方における生活綴方合同研究会でつながっている人たちである。この二カ月後、一一月より後援会は本格的に動き始めている（篠原 二〇一八：三二七―三二八）。

後援会活動

無認可の「生活の家」は資金繰りが大変である。資金を出資してくれる後援会員が必要である。多くの人々に加入の呼び掛けを行う活動が綿密に進められた。

後援会加入呼び掛け

「生活の家」では後援会の規約をつくり（後援会資料3）、市民に呼び掛けを行った。その規約によると、後援会員は市民であれば誰もが有資格者であることを掲げ、「生活の家」の運営の支援を求めている（後援会資料4）。

この規約によると、四月一日を第一日とすると記されているので、この一九八一年度は四カ月しかないことになる。興味深いのは、この規約に添えられた呼び掛けの用紙である。

この呼び掛けの文書中に括弧の空欄があり、そこに支部設立責任者の氏名を任意に書くことになっており、その責任者が各々の家や知り合いに手渡しして後援会員勧誘を求める仕組みになっているのである。支部設立責任者は有志である。つまり、誰でも支部を設立することができ、この有志による支部設立が潤滑に回っていけば、会員は支部責任者を通して、増殖するようになっているのである。

四者会議を対象に

勤務評定時に結束された恵那教育四者会議は一時中断し中津川市教育会議となるが、教育委員会、校長、ＰＴＡ、恵那教組で構成されていた。四者会議の組織を後援会の加入組織に入れようとしている意図は、保管されていた一九八一年の後援会資料より読み取ることができた（篠原 二〇一八：三二八）。

まず市教委関係と書かれた資料である。教育委員長、教育長、指導主事、常任理事、総務課長、社教課長、保体会長、教育委員三名、前教育長、文化会館館長、教育研究所関係者二名の名前が連ねられている。

後援会活動に呼び掛ける関係組織として、市教委の各役職が列記されている。教育長、指導主事、常任理事、総務課長、社会教育課長、保健体育会長、教育委員、文化会館館長、教育研究所、市教委への後援会活動の担当者は岩久氏となっている。

また、中津川市内の学校長、及び学校関係の役職にも呼び掛ける記録資料が残されており、まずそれらを一覧するメモ書きが残されていた（後援会資料５）。

後援会呼び掛けに関するＰＴＡ関係の資料はさらに細かく当たっていることが記録資料よりわかった（後援会資料６）。その記録の記載事項は、ＰＴＡ会長が一名、副会長が二名、会計が一名、校外指導委員長が一名、文化委員長が一名、広報委員長が一名、学級委員長が一名、母親委員長が一名、会計監査が二名、各地区の支部長と福祉部長が各一名、その氏名と電話番号、そしてその生徒名と所属クラス名が記録されていた。中学校まですべて列記されて、働きかけを隅々まで行ったことは、勤評闘争や「守る会」の悉皆調査に匹敵する細かさがある。記録資料にはそれぞれの教師の名前が書かれていた。ＰＴＡ会員というのは、学校に行っている子どもがいるすべての家ということになる。また、運営に参加した人たちは学区内のすべての家を回っている。たとえば、最重度の知的障害児の母Ｉさんが回ったＴ区内の記録には、後援会員になった人の個人名と所属欄、住所欄があり、手書きで記名されていた（後援会資料７・８）。

保育園の保育士、幼稚園教諭も多く後援会に加入している。その中には実際に「生活の家」に関わる障害者を幼少の頃、受け持った人たちもいたが、それだけではない。恵那の保育園・幼稚園が生活綴方合同研究会に参加してきたこと、日々、お互いの生活綴方を検討し合ってきたという仲間意識が培われてきたことの証といえる（後援会資料９）。

後援会関係資料の中に、一九八一年八月現在の資料として、恵那教組も所属していた地元労働組合連絡協議会とその責任者が記載された資料がある。四者会議の一員である教組が労働組合を引き入れていたためである。林野中津川、国労運輸及び車両区、北恵那鉄道、鈴木工業、長尾建設、中央板紙、全日自労、恵那金属、電通、全逓、市職などの労働組合が名を連ねている（後援会資料11）。また、中津川地区民間労働組合協議会への働きかけも行っており、三菱電機労働組合、関西電力労働組合、本州製紙労働組合、オーミケンシ労働組合、常盤産業労働組合、前野工業労働組合の名を連ねている（後援会資料12）。労働組合との関係をもつことは、成人の地域生活を支えていかねばならない「生活の家」にとっては重要なつながりでもある。

恵那教組は地元の労働組合とも連絡協議会をもって親睦を深めてきていたので、このような後援会の呼び掛けも不自然なものではなく、実際にその後、この労組を後援会の支援活動や就職斡旋のつなぎにしていた。

ここではまた、民間企業の労働組合すなわち、「中津川地区労働組合連絡協議会（民労協）[6]」の名も、後援会呼び掛けの一覧にあがっている。成人の部となると、就職が大きな問題となる。現在のような障害者の雇用枠はないので、障害を理解し就職できる労働の枠を開拓していかなければならない。また「生活の家」で当時は、資金集めのために下請けの仕事も行っており[7]、労組及び会社や工場の役職との知り合いつながりで、仕事を獲得していったのである。現代流にいえば産学連携を意図したのである。

「豆学校」関係を対象にした呼び掛け

後援会の資料によると、東ブロック、南上ブロック、南下ブロック、合同教室参加小学校でない中津川市内の地区については「育てる会」の役員が区ごとに分けられている。当該の人たちはブロックという名称は「支部」と呼称することが多い。中津地区、阿木地区、苗木地区、坂本地区、落合地区、神坂地区は「豆学校」で結束されてきた「育てる会」が地区ごとのユニットになっている[8]。

連絡会のブロックと「育てる会」のブロックは大体一〇人程度のグループによる（石田 二〇一七）。これは「豆学校」の単位に相当する（小出 一九六五）。この一〇人という単位を、所属集落の関係からみると、ちょうど、お日待講の一〇人程度の班に対応する人数である。役員名簿の掲示は大体一町内ごとに示されている（篠原 二〇一八：三三二）。

民生委員の関係筋への呼び掛け

民生委員でもそれぞれに担当する福祉分野が異なっている。一九八〇年一二月一日時点の民生委員・児童委員名簿から一覧表を作成し、民生委員ルートの後援会を開拓している。その資料によると、「老」という記号が記載されていた

表9-1　各集落の集計

地区名	広報会数	町内会数	班数	世帯数	広報配布数（予備）	回覧文数配布数
中津	43	200	614	8,178	8,500	800
苗木	15	82	82	1,227	1,300	130
坂本	24	75	82	2,371	2,500	230
落合	12	76	76	1,047	1,100	110
阿木	12	38	87	673	700	90
神坂	5	14	14	337	400	40
計	111	485	955	13,833	14,500	1,400

（出典）筆者作成.

が、この記号は老人問題対策研究部会所属の民生委員であり、「青」は青年問題対策研究部会所属、「一」は一般福祉問題対策研究部会所属、「身」は身体障害、精神障害問題対策研究部会に所属する民生委員である。民生委員役員の中で有志がそれぞれに在住する民生委員すべてを回って地域生活運動の関係者になってもらえないかを持ちかけるのである。資料には四種の記号にかかわらずすべての民生委員が一覧されている。役員が交渉した民生委員で障害者の地域生活運動の後援会員となる民生委員には右端に〇がつけられているが、その〇がすべての民生委員に施されており、すべての民生委員が地域生活運動の関係者になってもらうということを意味していた（篠原 二〇一八：三三四）。

回覧板を利用した後援会獲得活動

表9-1は、回覧板の広報の詳細が示されている。これは、一つの地区にいくつの町内と班があるのかを示し、その世帯数と広報配布数が明記され、回覧板の文章がどの程度配布されたのかを示すものである。回覧板の広報状況を調べ、広報会長に働きかけて後援会活動の呼び掛け文章と申し込み用紙を回覧してもらおうとしたのである（篠原 二〇一八：三三七）。

運動員による個人宅への勧誘活動

運動員は各地区のブロックを回って市民一人ひとりに後援会加入の了解を得ている。そのブロックのコースは「仲間集団」が廃品回収で毎日巡回しているコースと重複するところが多い。廃品回収では『廃品回収だより』を配布していたが、その中に後援会加入の呼び掛けやチラシ折り込みを行っていたので、後援会勧誘の訪問された側は、「生活の家」のことが連想しやすくなるである。マレビトではなく、ナジミの運動性を活用しているのである。廃品回収も後援会活動も運動の両輪なのである。

また一九八一年一一月の「広報戦略文書」には、依頼方法についての記載がある。運動員は、直属会員に一人ずつ送り、団体・企業・職場には、全員あてで郵送したり、場合により全員の分をその場に持参した。地域の支部や個人支部の人にもそれぞれ一人ひとり書いた。その際、職場との重複にも細心の注意をはらっている。

障害者本人たちがいつも市民と交流していることから導きだされた市民の後援会加入

そして、この配布に関する戦略の成果としては、周到な計画もさることながら、日常の障害者当人と地域の人たちがそれぞれに知り合いであったことが運動の大きなうねりをつくった。東小卒業の障害をもった人たちは重度であっても、絶えず地域の人たちと登校下校で出会い、地域学習で出会ってきた人たちであったからである。

たとえば、毎日の廃品回収の古紙その他廃品回収の物品搬入を行った八百健製紙は、社長に後援会加入の郵送物が届けられるだけでなく、「生活の家」のTさんが実際に社員の人たちにも呼び掛けたので、会社としても、そして各々の会社員からの大口の寄付も行ったのである。金銭だけでなく、当会社が「生活の家」の「仲間集団」の廃品回収の回収物の受入れを継続的に行ったのである。企業全体としての理解を得ていなければ、廃品回収の安定した収入は成り立たなかったであろう。経営者だけでなく、手渡しで一人ひとりに呼び掛けていくことは、会社全体の理解につながる。そして、地域で暮らそうとする障害者が存在し、そのために後援が必要であるという事情の周知が、すべての人に行きわたっていくことにつながったのである。

大口の寄付者には近鉄タクシーというタクシー会社がある。近鉄タクシーは恵那地方一帯でよく利用されるタクシー会社である。近鉄タクシーが寄付を多くする大きな理由があった。中津川で最も重度の知的障害者とまで評判になった

Ｉさんは幼い頃から青年期に至るまで、本人にとっては気ままな意向であっただろうが、昼夜を問わず、生まれた状態でさまざまな場所に赴く習癖があった(9)。彼に関わる人たちにとっては失踪を示す。幾度となく繰り返し、警察が捜索しても不明ということも多々あった。そのような状態で発見できたのはタクシーの無線による連絡網があったからである。無線を使えば、各地に赴いているタクシーの無線が一斉に彼を探索する。Ｉさんの失踪は日常茶飯であったので、捜索する人たちはまず、駅前の近鉄タクシー乗り場に赴き無線を使用し、彼の身柄を保護してきた。その経緯から、Ｉさんの地域での最も最大の理解者は近鉄タクシーの運転士の人たちだったのである。

機関紙発行と後援会員

「第二回中津川ひがし『生活の家』後援会支部代表者会議協議メモ」（一九八二年三月～一九八三年一月分析）として、一年間の分析を行っている。一九八二年三月から一九八三年一月まで寄付の口数は三七八六・八五口とあり、金額に換算すると一一二万五九五六円を集金したことになる。地域・民生委員からの寄付者は四五八名あった。四五八名の一般市民の後援会数は、「生活の家」認可直前の一九九〇年代になると一万人を目前として増加したのである。

一九八三年に至る後援会の状況は、勤務評定時から続いている四者会議組織の協力体制が反映されるものであった。そして、生活綴方集会や「豆学校」組織を経て地域子ども会に至る各集落に存在していた集団が後援会に関しても組織的に機能していたのである。具体的にいえば、保育園・幼稚園・小学校・中学校・高校が協力組織となっていたことである。後援会組織は勤務評定時に成立した四者会議の組織網と「豆学校」方式といえるブロック組織網がその支援団体となったのであった。

一万人を目標にした一九九一年の後援会員

愛の鈴運動や「仲間集団」の廃品回収活動を介することによって、後援会加入が加速していった。一九九一年は社会

写真9－1　J27さんと亡母のブロンズ像
（1988年5月17日）
（著作権者）社会福祉法人ひがし福祉会　鳥居広明.
（出典）『地域に生きる障害児者運動四〇周年記念 共に生きる』冊子.

福祉法人化される年である。[10] 認可の六月一八日に向けて、後援会員を一万人にすることを目標に関係者は動いた。

この間に、母子共に地域生活運動を行ってきたその母親であるN. K. さんが一九八六年九月に重度の知的障害と自閉症である一七歳のJ27さんを残して病のために逝去した。[11]「生活の家」への思いを次のように文章で残している。

障害を持つ人達の福祉の夜明けを　共に拓いて下さい
命尽きる前に障害を持って生まれた　我が子の無邪気な寝顔
毎日悩み　悲しみ　人には言えないで　そっと涙をながす
生活の家本館を建設する為に　多くの家をまわり　暖かいはげましの言葉と募金に　今度はうれしい涙を　たくさん出しました
私は病気（癌）になってしまった　私が倒れた時……
命尽きる前に　法人したいのです
（故N. K. さん、（昭和五六年国際障害者年の本館建設の年に））

そしてこの題材を元に地元彫刻家が「風の中の母子像」を制作して、後援会加入呼び掛けの表紙にした。[12]

「生活の家」の法人化直前の状況

当時の「生活の家」は寝泊りする家の造りにはなっていなかった。N. K. さんの永眠後、一カ月間は当家で、関与する親や職員らが交替で、J27さんの寝泊りを共にしてきたが、家族などの事情によって恵那地方に留まることが許されない状況になった。Ｊ27さんには重い自閉症と行動障害があり、常時、誰かの介助がないと生活できない状態だった[13]。遠方の施設に行くことになり、その前に、支援者である鳥居さんと伊藤さんとで、彼の旅立ちの宴を行ったという。マジックショーを行って「きっと『生活の家』が法人化されてまた戻ってこれるようにする」とお互いに誓い合った。Ｊ27さんはＴ施設に入所後もそのことを頼みに宝箱にマジックショーと書いた紙きれを入れ続けて、お守りのように所持していたという。

そのようなこともあって、ＴさんやＩさんは、是が非でも「生活の家」を法人化して生活する場所をつくらねばならないと決心したという。二人とも恵那地方の出身者ではない。たまたま教育実習で恵那地方に訪れた人たちだが、生活綴方の意味や重度障害児の意志を汲み取り学習し合おうとする類まれな人たちである。小出氏にその感受性が認められてずっとここまで支援してきたが、この地に骨をうずめる覚悟をした。しかし、法人申請は申請毎に却下され、九年の歳月が流れていた。制度にはない構想を求めたこともあって無認可のままであった。この「生活の家」は誰か一人の人が牽引して統制していくものではない。代表者欄に「運営する会・守る会・後援会」と連名で書いていった。つまりみんなで話し合いでつくっているのだということを示すのであるが、それは公的書類では通用せず、役所から都度、書き直しを命ぜられた。随所にその類のことが続出し、認可申請は却下され続けた[14]。Ｊ27さんの遠方での施設入所は続いたままの状態であった。

では、実際に法人認可までにどのくらいの費用が必要になるのか。そのことも後援会加入への呼び掛けで開示した。その資料によると（後援会資料14）、一九九二年六月の開所時までに資金が四億一八二〇万円必要で、一九九一年三月時点で一二二〇万円不足していることが示されていた。六月までに後援会員一万人が必要だとしている。一万人だと一年に一〇〇〇万円、会員は四月に振り出しとなるので、翌年六月時点で二二〇人を獲得しようということになった。

近鉄タクシーは「六〇」口寄付している。このタクシー会社は一九八一年当初から寄付を続けている。これは日頃のつながりがもたらしたものであった。病院の通院に当タクシー会社を利用したり、郊外から通う障害者には送迎バスのない当時は場合によって当タクシーを利用した。また、当家の所員が行方不明になると当タクシー会社の無線連絡網で所在を教えるという協力体制が敷かれていた。そのような理由から障害者本人と運転手がいつも出会っていたからである。

金沢一彦氏は「四五」口とあるが、金沢氏は後援会発足当初の会長である。木材所の経営者であるので、その従業員に配布可能である。障害者の雇用として、一九八三年の障害者実態調査でも明らかになったことであるが、当該地域は多くの山野を含むため、豊富な木材があり、木工所に就職することが多かった。やはり、ここにも木工所での障害者との交流ができやすい会社にチラシは行き渡っている。実はここにも障害者本人と金沢氏のやり取りが影響している。Ｊ28さんは「生活の家」がなくなるのではないかと危機感を募らせ、朝から晩まで一輪車を引いて彼の居住区一圓を回っていた。金沢氏にも廃品提供を懇願し続け、その姿勢に金沢氏は感動し廃品提供のみならず後援会活動に参画するようになった。廃品回収に参加していた「仲間集団」のＪ28さんの姿勢が「仲間集団」や支援者を触発したことについては第７章で述べたが、市民をも動かしていたのである。

認可時の後援会長であった脇坂氏[15]の「二〇」口も意味のある数字であった。脇坂氏はどこかの団体の代表者というわけではなく、ボランティアであった。民生委員を長年歴任したが、「生活の家」後援会の呼び掛けは後援会発足当初から九一歳に逝去された二〇〇二年まで続けられた。民生委員全員を一人ひとり回り、中津川市の全区長を回り、市内の宗教関係団体すべてを回ったという。そして、その姿勢に感動して多くの民生委員、区長、宗教関係者が後援会員となった（ひがし福祉会 二〇一一：四八―四九）。

自治会員の後援会加入

一九九一年四月九日の「後援会ニュース」ＮＯ・２発行事務局伊藤三雄氏のまとめによると、そのチラシを受けて後援会員になった人の一覧が示されている。この時点で一六五七口と、目標の一万口の一六％にしか満たしていないことを示している。

ただし、伊藤氏も指摘していることだが、その内訳の中に障害者本人が給料日などに後援会員になっていることは注目される。この本人たちが各家や学校を回った話は逸話になっている。自治会というのは障害者本人で結成されている「仲間の会」を意味している。後援会員に障害者本人も加入している点が特徴的である。

ただ、それまで自治会長であったN3さんの名前はない。N3さん夫妻は坂本地区に移転することには反対だったからである[16]。東校の真ん前にあって、街中ですぐに立ち寄れる所、それが「生活の家」の良さであったのに、離れた所に移転すると、立ち寄ることはできない。N3さんは一旦、「生活の家」から離れ、中津川市の福祉課の援助を受けて自立生活に入った。また、N3さんと同様、比較的障害が軽く自立生活している人は一旦、移転とともに「生活の家」を離れた。N3さんに限らず、自立生活を送っている人の名前も見当たらない。この時点では運動から撤退している[17]。恵那地方には移動支援が存在しなかったので、運動に加わっている障害者本人は、介助が必要な重度の障害者ということである。

一方、ここに記載されている自治会の人は、「生活の家」に留まり運動を続けた人たちである。二週間後の四月二七日の後援会について、資料は次のように伝えている。

一万口達成のかなめです（ママ）。みなさんお忙しい中、たいへんご苦労様ですが、毎週、集約しますので、集められた会費を、毎週ごとにもって来て下さい。また、状況や、問題点なども、お寄せください。

（伊藤三雄、一九九一年四月二七日、「後援会中間総括――現状と方向、これかたの展望」）

この説明では毎週集計をとることになっている。週ごとの状況が把握できる。

後援会加入状況

K.N.さん　20口
カーフレッシュクマザキ　20口
S.M.さん（H）2口
R.N.さん（自治会）5口
東民生委員17人　37口
K.S.さん（T）50口
T建設（K支部）200口
S.G.さん（〃　）10口
S.M.支部　5口
I.M.さん　5口
H.S.さん（自治会）1口
W.支部16人　20口
I.M.さん　20口
M.支部7人　15口

H.S.さん（K.さん）1口
H.さん（K.さん）支部20人　100口
Y.M.さん（W.さん）1口
H.N.さん（I.さん）1口
北恵那農協（林）10口
K.Y.さん（H.さん）100口
I.N.さん支部4人　28口
I.A.さん（ボランティア高校生）2口
N.M.さん（K.さん）20口
H.K.さん（自治会）1口
北野保育園9人　53口
坂本民生委員17人　36口
I.さん支部　I.E.さん二他　51口
O.T.さん（自治会）1口
S.M.さん（自治会）1口
M.Y.さん（自治会）1口

I.K.さん（自治会）1口
K.A.さん（自治会）1口
N.T.さん（自治会）1口
S.H.さん（自治会）1口
H.H.さん（自治会）1口
H.Y.さん（自治会）1口
K.K.さん（自治会）1口
I.N.さん（自治会）1口
M.A.さん（自治会）1口
N.K.さん支部　62口
O.S.さん支部20人　74口

図9－2　法人化直前における寄付の状況

（出典）筆者作成.

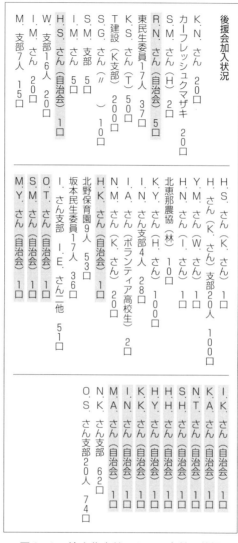

価値観の違いから生じた寄付の遮断から復帰へ――理解されにくい「生活の家」の運営――

小出氏、鳥居氏、伊藤氏をはじめ、この時点で運営に関わっていた人たちは話し合いを行い、今後の方向について以下のように合意した。「育友会、この動きの中での親御さんの気持ちをつかみつつ、生活の家の中心としてなってもらうことを意識して、運動を提起（ママ）。障害者の権利が守られ、幸せになるということは、どういうことか」とある（後援会資料16）。

この記述は「生活の家」の運営方針を示すものであったが、当時の大人にとっては理解しにくい提起に映った。親に対しては、小出氏と障害者の母親Ｉさんとの激しい論争がそうであった（ひがし福祉課二〇一一：七―一〇）。「生活の家」の多くの障害児者は重度の知的障害の人たちが多い。彼らに一般的な「生活の家」の運営をすることは難事である。しかし、彼らの意志を抜きにしてことを進めないということを指摘しているのである。

それは、Ｋ地区のリーダーＫ氏にも不可解なこととしてしか映らなかった。「生活の家」はそれぞれにとって関わる人が関わる部署で頻繁に話し合いを行って合議していく。[18] Ｋ氏はそのことについての理解ができなかった。「一緒に運営しましょう、後援会になってください、守る会会員になってください」と『愛の鈴』などで呼び掛け、寄付もたくさんすれば、寄付した人が運営の権限を受け取ったものと思われるのは想像に難くない。

「生活の家」の「仲間集団」がどういう人たちなのか。一つのことを丹念に繰り返して、確認し合ってやっと実を結ぶ。ささやかな進展なのだが、「豆学校」方式は支援者が「仲間集団」に教えるだけでなく、仲間から支援者が学び、仲間も仲間同士でその実感を確かめ合ってその人の人生を考えていく営みを行っている。重度障害者が理解できるような、非常にゆっくりとした、けれども自律を根に置いたものである。

それを理解するのは、繁く共に接していかないと理解できないものであるし、強者が采配を振るってしまえば、「生活の家」でなくなり収容施設化してしまう。その裏表があることを長く支援している人、障害者本人は知っていた。しかし、運営の采配を拒まれたK氏にとっては矛盾して受け止められたであろう。

二重の困難に直面した「生活の家」

S地区に「生活の家」が移転すると、二つの障壁が顕在化した。S地区は、生活綴方教育者からの不信感により後援打ち切りであり、あと一つは当開拓地における有力者の後援の打ち切りである。どちらも「生活の家」の維持には受難を強いられることであるが、これらの障壁は表裏一体であり、かつ、複雑な事情が絡んでいた。

S地区は恵那地方の中で最も生活綴方に対する批判が強い地域であった。S地区のO．N．氏は一九七八年に生活綴方教育批判を行使する団体としてS地区教育懇談会を設立し、市議会への問題提起、渡辺春正教育長へ質問し、抗議し続けていた。生活綴方は「生活の家」の営みの中で根幹を成すものである。この学習活動なくしては「生活の家」はそのアイデンティティを失うといっても過言ではない。

一方、前述したような地元有力者の後援打ち切りは、有力者のみの援助が打ち切られるだけではない。有力者に信頼をもっている地区の人たち全体が「生活の家」への後援を断ち切ることを意味していた。九年間の無認可の辛苦を経て法人化が決定したと同時に、新たな苦難に立たされているのが、「生活の家」の実状であった。

恵那地方全体は内陸部で山間部である。大正期からその荒野を丹念に開墾してきた地域住民の土地に対する想いは我が子に対するそれに類似するところがある。「我が大地」なのである。内陸部の左派思想による山村工作隊の曙事件があり、左派の首謀者にとってはそれを正義の行動であった。しかし、受け手は啓蒙によりイデオロギーを押し付けられるだけでなく、長年に培ってきた習慣をも含め我が土地を、左派の人たちが無きものにしようとする革命のイメージを払拭できるものではなかった。

一九九〇年代になると、生活綴方にイデオロギーが絡んでいるとなると、援助や関わりを断ち切ろうとする市民が多くなっていたので、特に生活綴方教育批判の強いS地区では、このような騒動で、そうでない実態を知らせる必要があった。

「生活の家」が移転した頃に岐阜県知事となった梶原拓氏が、この時期に建設省の官僚になっている[19]。梶原氏は根尾村出身であるが、北部地区は根尾村からの開拓者である。そのリーダーは梶原氏との政治的なパイプをもっている。そのため、「生活の家」の移転開所時に梶原氏を迎え、小出氏も握手をかわした。そして、その場で小出氏より知事に万歳をして手を挙げた[20]。

一方、綴方教師側からは、祝賀会での小出氏の梶原知事との握手はゆゆしき出来事であった。さらに、ことは決定的だったという。この時期、すなわち、一九九〇年代には、教育正常化によって、授業内での生活綴方は不可能になっていた。東小から巣立った小出氏が、正常化を推進した与党知事への懇意をこめた握手や、まして小出氏の方から万歳をするなどの行為は許容できない出来事として受け止められた。

小出氏にとっては「仲間集団」の地域生活が可能になるか否かの一大事である。否であれば、障害者が露頭に迷うのである。「生活の家」の仲間の生活がかかっている。どんな考えの人であろうと援助してくれるならば、コンタクトをもつ。教育の理念を貫くI氏とは溝が深まっていった。二人は大論争し、一時、決別した。そして、I氏に信奉する綴方教師は「生活の家」の後援を断ち切った。結局、「生活の家」の仲間は、後援者の大口寄付を右派からも左派からも断ち切られて、最大の窮地に追い込まれ、J27さんはこのままでは帰省できない状態に陥ってしまった。

一方、S地区は生活綴方に対する反対運動が強く起こっている地域である[21]。たとえ、「生活の家」自体が融和をもちかけても、その背後に生活綴方・地域教育を組織する恵那教組が関係していると賛同はとりつけられない。それがS地区の現状である。「生活の家」が坂本移転の現実を帯びてくると、「生活の家はアカだ」という神坂地区で起きた誹謗・中傷がこのS地区でも同じように起こった。

そうして、後援会活動が危機に陥ってしまった。しかし、障害当事者である「仲間集団」は、さまざまな局面に遭遇しても、後援会勧誘活動、物資訪問販売、廃品回収訪問を地道に続け、市民の各家を訪問し続けた。また、「生活の家」に踏み留まった支援員と有志民生委員は、彼らと運命を共にする覚悟を一貫して「仲間集団」を支えた。「生活の家」が法人格を得て移転した新天地であるS地区はどのような地域性があり、「仲間集団」はなぜ、その地域で生活しえたのか。そして、今、地域の人たちと交流をもつことができてきたのか、次節で述べる。

第2節　「生活の家」が地域に根づくということ

恵那地方は険しい地形を含む扇状地であるため、度重なる災害や凶作に遭遇し、その都度、共同労作により飢饉を凌いできた(22)。

街中の手狭になった「生活の家」は郊外の開拓地S地区に移転することで、新たな障壁にぶつかった。綿密な後援会活動にもかかわらず、綴方教師たちの立場と移転先の開拓地域の人たちの事情の相違が対立することにより、双方の関係者が「生活の家」から離れ、後援を断ち切られて、窮地に立たされていた。

そもそも、移転先は移転前と地域性が異なることにある。移転先のS地区には昔からもめごとが絶えなかった。「生活の家」が移転する前から、さまざまな住人の衝突が繰り返されてきた。そのような土地柄でありながら、「生活の家」は地域に如何にして根づいていたのか、その経緯を示すことで地域生活運動の一旦の区切りとしたい。

S地区の地域事情——開拓事業と軍事利用のはざまで——

坂本地区は最初、茄子川村と千旦林村に分かれていた。双方とも江戸時代は尾張藩領であり、明治三〇（一八九七）年に合併して坂本村になった。多くの移植者たちが集まってきている地区にもかかわらず、特に第二次世界大戦後の農地改革まで、神坂地区と同様、街道筋のN集落は旧家が力をもち、しきたりが重んぜられる地域でもあり、街中から婚家すると嫁ぎ先や近所付き合いに従っていくのに苦労する話がつきない。「Sは難しい所」と恵那地方の人もいわれる場所である。

「生活の家」の支援者の一人である北部K地区のMさんは、筆者のインタビューで次のように述べている。(23)

役を合わせると20年近くかな。やったんですけどね。（中略）東西南北から入り人（いりびと）がねえ、入ってきた坂本村ですので。そこから代表者が地区から出てくると、意見が全部違うんですよ。（中略）「こいでいいですか？　まとめますよ」と言うとちょっと待ったという、ほって「何ですか？」って言うとこうこう云々。全然反対の事を言う人。

（M．T．さん談、二〇一七年二月一日、聞き取り調査より）

「東西南北から入り人が（中略）入ってきた坂本村」とは、生活の価値観や意見が異なるのも当然であり、Mさんが意見集約しようとしても、一向にまとまっていかない様子はそれを物語っている。このようなS地区の「入り人」の多さには理由があった。北部の開拓は大正期から活発に進められていたが、「生活の家」の移転先となる土地の開墾は明治三〇（一八九七）年に始まっている（S地区文化遺産保存会 二〇〇七）。しかし、「東西南北から」人が転入するようになるのは、その後の一九四五年に開始された緊急開拓事業が大きく関与していた。開拓事業地区は全国で八七カ所あったが、S地区はその一カ所であった（中津川市 二〇一二：四五三）。

さらに、この地区は戦前、明治四三（一九一〇）年旧陸軍に買収され、戦後は二度にわたって米軍による接収の対象となったことで、転入と退出、仮入植及び再入植が繰り返されてきた。そのような事情から戦前と戦後の開拓者の間で争いは絶えなかったが、その原因の一つに戦後の食糧難があった（篠原 二〇一八：三六二）。

さまざまな人が入ってきている土地柄なので、転入することには寛容であることも確かである。「生活の家」が移転した北部には多くの開拓者が入り、荒れ地を開拓することにより、その土地は肥沃な農業地帯となった。このことは同じ開拓地でも神坂地区が山林に囲まれ、開拓に来てもある集落は離村を余儀なくされた事情とは異なる。北部地区の人たちには、岐阜県内で事が運ばれ、岐阜県や国の助力を優遇される政治的人脈があったからである。その助力なくして、農地の改善はなかったであろう。

自然災害に見舞われる開拓地――命綱としての県知事とのつながり――

恵那地方は高山の扇状地であるため気候の急激な変動で自然災害を多く受けてきた。そのことが人々にとって、社会生活を送る上での脅威であり、また実際に生活すること自体をあきらめなくてはならないような多くの損害を負ってきた。特に北部地区は木曽川沿岸にある地形で、被害を多く受けることにつながっている。

この地域における自然災害による損害は甚大である（中津川市 二〇一二：一四八七）。梅雨前線の水害も甚大であった。一九六一年六月二六日梅雨前線が、木曽川南岸に停滞、六月二六日から二七日にかけて激しい雨が降り、各河川を増水させるとともに土砂の崩れを誘発し、鉄砲水となって押し出したため、広い地域にわたり大きな災害を引き起こした。総被害額は五億八五三四万円に達し、被災者も四四二世帯一八八五名に及んだ。

一九七五年七月の四度に及んだ集中豪雨禍の被害総額は、一二億六二二六万八〇〇〇円にのぼった。坂本では家屋倒壊、床下浸水、道路、河川の決壊が各所に起こった。

度重なる被害の損害を個人は勿論のこと、地方の市町村が補償できるはずもない。県庁所在地から遠隔に位置する恵那地方の被害状況は、実情を示さなければ素通りされてしまう事項であった。被害から復旧にかかる費用は県や国の助成が必要である。

S北部字K集落の開拓者の祖先は岐阜県本巣郡根尾村（現在大垣市）出身であった。Mさんは根尾村の薄墨桜について懐かしそうに話された。Mさんは、幼少の頃より、祖父の膝上で毎日のように根尾村の祖先の話を聞いて育ってきたので、その話は昨日のことのように実感していると言われた(24)。

小出氏と握手をした梶原岐阜県知事は根尾村の出身である。K集落の指導的立場の人たちとはコンタクトがある。一九七〇年にはパイロット事業の一環として、大がかりな治水事業である木曽川対岸からの架橋工事を実現した。これが源斎橋の架橋である。

源済橋（水管橋）は、一九七〇年六月一日、総工費一億一五一七万円で木曽川に長さ一四四メートルの水管橋として完成し、源済橋と名づけられた。この水管橋は、一九七二年にできあがる県営西山地区開拓パイロット事業の一つとして着工されたもので、木曽川をまたいで付知川の水を西山地区へ送ることを目的としていた。市その他が工費の一部を負担して、車道三メートル、その両側に〇・七五メートルずつの歩道をつくり、人・車も通行できる橋にし、さらに橋の両端には取り付け道路もつくられた。近くに源済公園があり、木曽川を眼下に風光絶佳の地としてこの付近は新観光地として期待された。そして当時の平野三郎岐阜県知事が渡り初めのテープを切った[25]。

源済橋ができるまでの間、陸の孤島と呼ばれた恵那郡福岡町高山の宿地平開拓地の人たちは、外部（中津川市）へ出る唯一の足としてロープウェーを利用していた。ロープウェーといってもワイヤーロープに屋根のない木箱のゴンドラをぶら下げただけの農作物運搬用のもので、この木箱に乗って水面上五〇メートルをゆらゆらと渡った。人が乗ることは岐阜県からは禁止されていたが、外部へ出るにはこれ以外に方法がないため、大人はもとより子どもたちがゴンドラに乗って危険な思いをして毎日、中津川へ通学していた（中津川市 二〇〇七：九八八―九八九）。

梶原氏の知事就任は一九八五年であったが、このパイロット事業の時期には建設省の官僚であった。当時、官僚が自分の関係者に便宜を図るのは、当時の常識であった[26]。源斎橋の架橋は交通路としての道を開いただけでなく、北部地区の命綱としての日常の水の安定供給を保障した。

ここで、S地区の中津川市での属性について説明しておく。中津川市人口は一九七〇年に四九二人、一〇年後の一九八〇年で四万八六六人である。その後、街中は一九五三年から一九五八年までの六年間に、苗木町・坂本村・落合村・阿木村・神坂村と合併し、人口・世帯数は増加した。そして、合併後の一九六〇年には、一世帯当たりの人数は四・七二であった。その後一九六〇年から二〇〇〇年までの四〇年間の合計を見ると、世帯数は七七五九戸増加し、人口の増加数七四一〇人を上回っている。そのため、一世帯当たりの人数は一九六〇年の四・七二から徐々に減少し、一九七五年には三・九七と三人台になり、二〇〇〇年には三・〇八まで減少している。このように、中津川市においても核家族化は急速に進行した。なお、日本全体で一世帯当たりの人数が三人台になったのは一九七〇年であり（『昭和史全記録』）、岐阜県では一九七二年である（『岐阜県統計書』）。

①専業農家は、一九六〇年から一九六五年の五年間の五カ年の減少が著しく、一九七五年に最低を記録している。
②第一種専業農家は、同五〇年にかけて激減している。経済の高度成長に伴う、専業農家の兼業化の現象である。
③第二種兼業農家は、一九六〇年から一九八〇年にかけて急増したが、その理由は他産業への流出である（中津川市 二〇〇二：五四九）。

S地区の人口は、一九六〇年時点で中心市街の五六・一％に次ぐ一五％で、郊外地区の中では最も多い。家族の構成は高度成長期に促進された核家族化は中津川市全域にも上述により進行している状態である。そして目を見張る事項は、この割合が一九九二年に二〇％を占めて、一方、市街の中津地区は漸次減少していることである（中津川市 二〇〇七：一〇九二）。一九九二年といえば「生活の家」が法人化しS地区に移転した年に当たる。

S地区の「ぐるみ運動」

共同作業についてMさんは次のように説明する。

「今日はみんなで一斉清掃やろか」なんていう今は草刈り鎌というエンジンの付いた鎌でしょ。そういうことでも自分の田畑をいつでもやってるから、ここに住んどる人たちは何ってこともない、難しいこともないちゃんと順序をとってやるんやけど、他所から来た人はねえ、その順序がわからんわけやね。（中略）そこはうまく元から住んどった人たちが指導しながらねえ。そういう人ともうまくやりましょうということが地域性というやつで。そういうのが、人種差別をせずにねえ。お互いに助け合って生きていくっていうところが、本当に代表的な地区やなって私自身思うんですが。それっていうのは目に見えん基礎があるからあるわけやね。

（M．T．さん談、二〇一七年二月一日、聞き取り調査より）

昭和初めから中頃まで続いている生活習慣としてユイの一部をMさんの聞き取りより知ることができる。

養蚕は神坂小での綴方にも書かれていたが、恵那地方の農家にとって、現金を得る確実な収入源であった(27)。中津川市史によればS北部K地区日向平はじめ土室育は各自が自分の家で行っていたが、技術が未熟だと不具合が出るなどしたため、適当な場所のある家や集会所を使って共同で行うようになった。土室育は日向平の集会所でも行われていた。集会所で土室育をしていたのは、日向平の人たち一〇軒で春蚕、初秋蚕、晩秋蚕、晩々秋蚕の年四回行っていたとある（中津川市 二〇〇七：六一九）。S地区ではさつまいもや落花生が収穫される。中で赤土の地質をもつ場所の産物は特に美味である。K集落だけでなく、S中学校S地区の全戸が、さつまいもの切干をつくって売り、その収益で学校が建てられた経緯がある(28)。つまり、S地区は争議の多い地域であったが、災害の普及工事、食糧難、資金づくりになると、協調する経験をもつということである。この地域の人たちは「ぐるみ運動」と呼んでいるが、「地域ぐるみで活動していく運動」の意である。

Mさんの話は続く。

「仲間集団」の上演について

M：あれはああいう不自由な子たちはねえ。指導を受けてやった劇ですから、そりゃあ満足な人たちがやると、わけは違うねえ。

今までにあの子たちやなしに（＊過去、「仲間集団」の他の人たちも）劇をよくやってきとるんですが、みんなこの地がねえ、その地域性というのかなあ。地域性というのを重んじて、その血液が近いんじゃなしに、親戚とかそういうことやなしに、いくら他人であっても、同等の権利っていうかな。そういう立場で守り合ってねえ、そういう助け合って生きてきとるという代表的なとにかく生き方をしとるっていう、人から見ると見えるらしいんですよ。

これは、つまり「ぐるみ運動」を行ってきた人の輪が、イデオロギーの対立を超えたことを語っているといえるだろう。

「仲間集団」・支援者の地道な活動継続がもたらした後援者の出現

ボランティアの志が強い人であればそれだけ、熱心に主導権を発揮するということはありえる。K氏もその一人なのであろう。自分が運営を取り仕切っていけば、事はとても速くスムーズに進む。「生活の家」では一緒に運営をしようと呼び掛けがありながら、その厚意をあだで返すように映ったことはいなめない。

しかし、「生活の家」が最も重視する営みは、スムーズに事を処理して障害者の生活環境を整えることではなく、また、福祉サービスを充実させることでもない。障害者、「仲間集団」が地域ぐるみの地域生活をつくっていこうとするものであった。これは、S地区の「ぐるみ運動」に合致できる志でもあった。

北部地域のリーダーはその指導力を「生活の家」にも行使しようとした。しかし、「生活の家」の地域生活運動は、外からの権力が一部の人によって進められることは、窮地に立たされても、思想的に右派左派関係なく拒絶している。その「生活の家」としての主張ははっきりしているのである。(29)

仲間集団は重度知的障害の人たちが多いので、時に何をやっているのかわからなくなることがよくある。運動は一退しても、仲間の障害が何れであろうとも、その人なりに、この地域生活運動の意味を自覚しながら行っていくように、関わる人それぞれが教え合うのである。それを自覚している人は、自覚していない人に疑問を投げかけ、運動の進みは牛歩の如くである。それぞれの一員が納得するまで、運動における行程の一事項一事項を確かめつつ進んでいく。それは現在も仲間や支援者内部の営みの中で脈々と受け継がれている。

「豆学校」方式といってもよい運営の仕方なのである。

また「生活の家」では、恵那の障害児者教育・地域生活運動で最も根本的な原理である識字学習や生活綴方が如何なるものであるかは理解されにくいことがある。生活綴方は、それを体得した人によらないと、理解されにくいからである。

この地域生活運動は本人たちがヘゲモニーの主導権を握った運動ではない。しかし、本人の意向を置き去りにした運動でもない。その中には、一般的な意思疎通をしない重度の知的障害者が中心をなしているということである。そして、親と反目する運動でもない。

ただ、その人が恵那の地域で暮らすことの保障を求めた運動にすぎない。しかし、その地域生活そのものが、この地ではままならない状態だったのである。彼らに関わってきた健常の支援者たちは、「仲間集団」から生き方を学んでいるという。複数の支援者から関わった感想で「Aさんの人生やなあ」という言葉を聞く。それは、その人と関わっていて、知能や発語とは異なるその障害者本人の生き方や思いを実感するのである。

援助が一旦断ち切られた中でも、「仲間集団」の物資販売、なおかつ後援会活動は続けられた。そして、「仲間集団」に全生活をかけた支援員たちも法人化の条件を満たすために「生活の家」入所の募集をとりつけに、恵那地方の郡部に何度も足を運んで、「生活の家」の主旨を説明し、各地区を回った。

左派、右派の思想にかかわらず、他の人の生活を想像しようとした人が、「仲間集団」の置かれた境遇を知り、また、後援を再開したのだった。それは「仲間集団」の働く姿、脇坂氏のような何のゆかりもないボランティアが、宗派を問わず市内すべての寺院・教会を回り、民生委員すべてに懇願した姿勢に市民が共振したことでもあった。隅々まで周知していく姿勢は、この地域の気質を表す言葉「恵那雑巾」に当たる。

一方、民生委員長の脇坂氏は民生委員だけでなく、中津川市全域の宗派を問わず全宗教団体に訪れ後援会寄付を募った。苦境の中で歩き懇願する姿を見て、一旦退いた人たちが、開拓者側からも綴方教師側からも、一人、二人と戻ってきた。そして、「仲間集団」はその誠意に感謝を示すために、自分たちの運営で、敬老の日に、開拓者の人たちを招いて宴を催すようになった。法人化から開所し定着するまでの波乱は、ひとまずここで決着した。

ユイへの仲間入り――「仲間集団」による開拓伝承劇・神社祭礼奉納と寄り場所としての「生活の家」――

「生活の家」では、地域の活動を重視している[30]。そのことが同じ開拓地で「豆学校」が展開されようとしていた神坂地区の活動とは大きく異なっている。

この地域活動を重視するということは、「仲間集団」が率先して、その土地の民俗になじんでいく活動を自らで働きかけつくっていくということである。「生活の家」がS地区に移転した後、敬老の日には毎年、「仲間集団」主催でK集落の高齢者を招いて行われる恒例行事がある。K集落の高齢者たちは毎年恒例のこの催しを楽しみにしていることが参加者からの聞き取りよりわかった[31]。そこで「仲間集団」の有志による伝承劇が上演されている。

敬老の日に「仲間集団」主催で行う北部地域の敬老者を招いた美恵橋をはじめとする開拓・開墾の伝承劇、洲原神社での飛翔太鼓奉納及び宴の出し物、日常の「げんさいや」（一八二―一八三頁参照）の「市」としての機能は、社会資源の民俗的有用性を示している。また、「生活の家」は、人的資源の拠り所ともなっている。地域の人たちが「生活の家」で働き、ボランティアに赴いている人たちも多いからである。

北部K集落は日常の生活では水不足で「水利」に悩まされ、非日常では災害を被って「治水」が問題になる。水との関わりはすこぶるこの地域の生活を成り立たせる決定項である。架橋や復旧工事には対岸同士の協力が必要不可欠である（中津川市 二〇一二：五八三）。しかし、川を挟むと地域社会の文化は大きく異なる。北部地区の対岸は古くからの苗木藩の城下町である。北部地区は開拓地でものの考え方も異なっていたとMさんは話す[32]。

この地域は肥沃である一方、水不足にさいなまれていた。治水事業は個人個々の集落で行うことは不可能であるため、ユイは必要不可欠な互助機能である。貯水池をつくるために命を落とした人がいる。(33) 地形が険しい山野の中での治水工事にはそれだけ危険を伴うものだったのである。

一〇月吉日に毎年、K集落の神社である洲原神社例祭で「仲間集団」が祀りの宴にその伝承劇を上演している。この往来する関係からみると、「仲間集団」はK集落のユイの一部分に入っていることがわかる。

「生活の家」の「仲間集団」はこの宴や神社で、伝承劇や解説パネルなどで解説をしているが、その上演に向けて学習会を重ね、この伝承の意味に関する学習会や舞台練習を繰り返していた。(34) 重度知的障害をもっているメンバーは途中で自分の立位置がおぼつかなくなったり、台詞を忘れてしまう。

しかし、居合わせる皆はおっとりと笑いながら何度もやり直すのだった。そうして演技を心身に刻み込ませたり、わからなくなるところで演技できるような装置を一人ひとりに対してしつらえて介助を受けながらも、上演を迎えていた。その気迫に観客ははっとなって、拍手が沸き起こるのだった。

北部地区と木曽川を結ぶ橋に美恵橋という橋があり、「ふんどし橋」とも呼ばれるが、この橋は一九一四年五月一四日の木曽川の大洪水により流失、一九二五年に二代目の美恵橋が完成、一九五八年八月二七日の台風17号により再度流失、一九六二年六月四日に三代目の美恵橋が完成、一九八三年の集中豪雨に遭って三度目の流失という被害を被っている。(35) そのエピソードも「生活の家」の「仲間集団」のレパートリーの一つである。

「生活の家」の一角に地域のよろずやとして「げんさいや」という店舗がある。その名前はこの近くにある源斎岩から取ってつけられている。源斎岩は、戦国時代の武将、吉村源斎が身を潜めていた場所の岩を指し、この近くの人たちのシンボルでもあるが（中津川市二〇一二：一五六〇）、この地区で必要なライフラインを通す橋を「源斎橋」と命名した。この「源斎」をとって「げんさいや」としている。この「げんさいや」は北部K集落の人にとって、よろずやのような機能があり、また、喫茶部で無尽講の寄り合いを行う場所にもなっている。また、この売店は購入するだけでなく、家で不用の物品を店に出して売ったり、地区でよくとれる胡桃などの嗜好品も置かれて、一種のバザーとしての機能も有している。

北部K集落は災害時とは逆に日常になると水不足が深刻であった。そのため、雨乞などの民俗行事がなされてきた。毎年一〇月一〇日に、最も北部地区で重視されている氏神である洲原神社の例祭が開催される。「生活の家」の「仲間集団」はS地区に移転後、積極的に参加をしてきた。神事が終わると、ご神体の前で宴が催され、「仲間集団」による太鼓を奉納する習わしとなった。「仲間集団」の有志が飛翔太鼓を結成しているが、太鼓奉納には、太鼓の音が雷神に届き雨を降らすという雨乞の習俗がある。その意味で「仲間集団」はユイに加わろうとしているのである。青年団は奉納しないので、雨乞の行為を「仲間集団」が肩代わりしているのである。

太鼓の奉納には雨乞いの意味がある。飛翔太鼓が盛大に神社の境内で行われることには民俗祭祀として非日常の祭で、日常の安定した水源の供給を祈る儀礼行為として地域に重要な祀りのファクターを提供している。そして、雨は別の意味でも北部の人と「生活の家」の仲間を結びつけている機縁をもたらしている。それはこの洲原神社に屋根がないことに起因する。雨天の場合は神社の宴を神社の代わりに「生活の家」の福祉会館（現在は飛翔座と呼称）で執行するとしている。雨を機縁とした互酬の関係づくりをしているのである。

かつては農民道場で青年団が結成されていたが今はなく、青年団の機能を残しているのは消防団である。この消防団に「仲間集団」も参加している。青年団といえば氏神の祭事で太鼓奉納をする地域は少なくない。洲原神社の一〇月例祭では、稚児の舞が奉納されるが青年団の太鼓奉納はない。太鼓は「生活の家」の「仲間集団」が宴として催している。そして、開拓劇や一座の上演も続けて行うのが恒例になっている。北部K集落の氏神はS地区須原神社（洲原神社）である。祭りの神は伊邪那岐大神・伊邪那美大神・大国主之命で、祭礼は一〇月八日から二〇日頃の日曜日とある。建立は一九一六年二月とある。明治から大正にかけてS地区北部の開発が行われるようになってから、美濃地方から多くの開拓者が入植し、K集落の組もA集落・B集落・C集落などに分かれていった。その後北部の人口が多くなったとき、祭神は岐阜県美濃市の洲原神社から祭神を迎えた。この神社はS地区北部開発の象徴ともなる神社である[36]。

この当時、最初に入った入植の家を四軒屋といって当地区の人たちは開拓の功績を讃える言い伝えが残っているが、一九一八（大正七）年秋の台風で、日向平神社の祠から御神体のみが分霊され御神体がなくなったことを知り、古里が郡上村なので里帰りの折、現在の美濃市に洲原神社の礼を受けて帰り、日向平の神社に奉ったのが、千旦林日向平の洲原神社の由来である[37]。

洲原神社の氏神がどういうものであるかということは、第一産業を営む人たちにとって重要であり、地域特性に関係してくる。この根尾村及び美濃市からK集落へ入った開拓者の開墾の様子と洲原神社のご神体についての題材も「仲間集団」の伝承劇のレパートリーの一つである。

小　結

第1節では地域生活運動が進行していくための資金面の底力としての後援会活動について述べた。S地区に移転するとたちまちに問題が起きた。それはS地区が恵那地方の中で最も生活綴方批判の強い地域であり、開拓者は教育正常化で綴方教育を弾圧した与党支持者であり、彼らと折り合いをつけていく「生活の家」の態度には、綴方教師集団にとって教育理念の裏切り行為のなにものでもなく映ったからである。

しかし、重度の障害者が多くを占める「仲間集団」はイデオロギー以前に生活していくことの事態に直面しているのである。

「生活の家」の障害者がこのままでは地域で生活できなくなることを理解すると、利害を越えて開拓者の後援会員が戻ってきた。そして、政治的対立を越えて、綴方教師側の中からも後援会員が戻ってきた。

「仲間集団」は恵那のS地区K集落で暮らすことを実現させてくれた開拓地の人たちに感謝をこめて、消滅しかかっている当集落の民俗を継承した。開拓伝承劇・神社祭礼奉納と寄り場所としての「生活の家」をK集落の人たちに返し、ユイへの仲間入りである。

制度に従って制度内で生活を営んでいくことは容易い。しかし、自分たちの意思で社会をつくっていこうとすると、制度を巧みに活用しなければならない。時には新しい制度をつくるように運動しなければならない。しかし、根本はそこではない。ただ、地域で生活すること、それだけのことなのである。しかし、人はそのただ地域で生きることそのものが、障害の有無に限らず難しい。当たり前に現在「生活の家」がある。しかし、その当たり前は自分たちでつくってきたものである意味は大きい。

注

(1) 後援会費の中から所員のボーナスや支援員の賃金が支払われた。
(2) 会員は前節で示した通り二種類の会員があるが、定期会員は会費一口一〇〇〇円となっている。
(3) 筆者は「生活の家」の許可を得て、残存する後援会関係資料をすべて調査した。公表できない部分もあるため、本章では許可された事項のみ提示する。
(4) 「民主教育を語る会」の県民集会に向け、神坂地区からバスを出すために資金を募った。段取りよくお金が回収されたにもかかわらず、神坂地区の中で、会費をだまし取ったなどと評判され、参加を取りやめ返金しなければならない事態となった。
(5) 資料は一部「入所式」となっているが、その部分に関してはママとした。
(6) 全民労協は全日本民間労働組合協議会の略称である。労働戦線の統一をめざして一九八二年に結成された組織。一九八九年、日本労働組合総連合会（通称連合）の結成によりこれに参加した。出典：小学館『日本大百科全書』第二版、一三巻。
(7) 現在、下請け仕事は原則的にしていない。
(8) 神坂地区で一旦小出教諭が追放されるなどの波乱が起こったが、その後、最初は難色を示していた木曽（長野県）出身の教師たちが豆学校活動を引き継ぐことになり、長野県出身の教師が行うことがかえって当該の人たちに受け入れやすかったことは留意すべき点である。小出教諭や恵那教組はある意味革命活動家にみられていた。
(9) 自閉的傾向のある人には衣服をまとうことを嫌う人は少なくない。筆者の関わってきた自閉症の人たちの中にも衣服の接触が苦手な人たちが一定数存在していた。

(10) 「ひがし生活の家」は一九九一年六月一八日「ひがし福祉会」として法人認可される。
(11) 「ひがし生活の家連絡メモ」NO・22、一九八六年九月一二日記録。日報メモより。九月八日勝子さんの葬儀と記録されている。
(12) 作者は地元の彫刻家本郷新作。
(13) 慣れている「生活の家」であれば、そのような必要がないし、家に関わる周りの人たちがわかっているので、常時、見守っている必要はない。けれども、慣れない場所や人そして彼を受け入れない人・場所ではそれがかなわない。
(14) 鳥居広明氏からの聞き書きによる。
(15) 脇坂氏は後援会発足当初は副会長であった。一九八九年四月より後援会会長を務める。「ひがし生活の家作業所連絡メモ」の「生活の家作業所の新しい体制」より。
(16) N3さん宅にて夫妻の話の筆者による聞き取りから。
(17) 意志がはっきりしている障害者本人たちは「生活の家」が収容施設のようになってしまわないかとても危惧していたのである。N3さん、綴方教師Y教諭からの聞き取りによる。喫緊の坂本移転の問題が落ち着くと、「生活の家」は駅前に自活センターを開設する。関係者がN3さんに呼び掛け、彼の「生活の家」でのコンタクトは再開されている。N3さんは街中の自立生活をする障害者のピア相談員となっている。
(18) 小出氏が晩年、采配を振るおうとして、「仲間集団」は「仲間の会」会議に小出氏が介入することを拒み、小出氏は出入り禁止になっている。
(19) 梶原氏は一九八九年に岐阜県知事に初当選している。
(20) 小出氏は生前に「どんな考え方の人でも一%のつながりはつくっておく」と筆者に話されていた。筆者は二〇〇〇年より市民利用で当会館を一〇年間他活動のため休日利用していたが、その活動の合間に当会館の生活綴方を閲覧し続け、小出氏とは綴方に関する問答を何度か行った。
(21) 一九八一年一〇月に恵那の教育の授業内容に疑問をもった人たちが「坂本地区教育懇談会」を設立した。その中心人物である小木曽尚寿氏は一九八〇年『先生、授業の手を抜かないで』、一九八五年『続 先生、授業の手を抜かないで』を自費出版し、恵那の教育を批判している。
(22) 『なかつがわ広報』には、一九六一年二月一日寒冷地帯の農業振興、一九六一年八月一日災害の共同による復興他、凶作や災害を共同で切り抜けた経緯についての記載がある。
(23) 二〇一七年二月一日聞き取り調査より。

(24) M氏からの聞き取りによる。二〇一七年二月一日M氏宅で実施した。
(25) 出典：中津川市庶務課広報広聴係、一九七〇年七月一日、『広報なかつ川』一八二号 中津川市役所。
(26) 梶原氏は知事就任まで一九五六年に建設省入省の官僚であった。
(27) 一九六〇年一月現在における稚蚕共同飼育所の設置状況は、岐阜県全体で一〇〇〇カ所あり、飼育所形式では群馬式土室育が最も多く、全個所の約七割であった。恵那地域は一二五カ所と県全体七六四カ所ある中で、三番目に多い（中津川市 二〇〇七：六一四）。
(28) 一九四九年一〇月に完成（中津川市 二〇〇七：一六九七）。
(29) 東小の就学運動から「仲間集団」と共に生活を送ってきた鳥居広明氏、伊藤三雄氏からの聞き取りによる。
(30) 二〇一六年一〇月二〇日、鳥居広明氏からの聞き取りによる。
(31) 「仲間集団」の準備段階を何度か見学する中で、すでに毎年のようにわかっている経験者がまだ経験の浅い「仲間」に運営の仕方や実際の準備をわかるように丁寧に説明して伝授していた。これが豆学校方式といえる。
(32) 注（23）参照。
(33) 老人クラブ会報中津川市老連二〇一六（平成二十八）年一〇月より。
(34) 筆者は演劇練習や上演を何度か見学させてもらったが、実は演劇上演は練習だけでは、とても成り立たない部分がある。知的障害のある人は、上演する意欲をもちながらも、障害のために台詞を忘れることが多くある。自分の位置と舞台の位置関係が不明になることが随所にあるためであった。一座のリハーサルでは、一人ひとりの障害に合わせて、その人の位置や注意喚起が促されるような目印や台詞のプロンプトの打ち合わせが障害者と支援職員の間で取り交わされており、そのやり取りによる準備段階も大切な行程のように見受けられた。
(35) 中津川市（二〇一二）『中津川市史下巻　現代編Ⅱ』、九八六―九八七頁。
(36) 出典：『中津川市文化遺産図録』『北部地域の開拓と信仰』より。
(37) 注（36）参照及びMさん執筆、二〇一六年一〇月、「我古里の歴史の一駒」老人クラブ会報中津川市老連発行者、中津川市老人クラブ連合会編集教養委発行所より。

おわりに
――地域で人と成ること――

恵那地方での障害者運動は、障害者が地域外の施設生活から地域内に戻り、家にこもるだけの生活から地域に出て暮らす運動だといってよいであろう。これまでの記述を経て、人が生まれ、学び、生活し、その地域社会で一人の人間として存在することについて考え、本書の結びとしたい。

恵那地方の運動は、教師集団、障害当事者集団、母親集団の三集団がまずなくては、市民運動には発展しえなかった。このような恵那地方の障害児者運動の経緯に関して、時代と集団の推移を検証していくと次のように図示することができる。

第Ⅰ部は如何なる社会で子ども本人による学習集団「豆学校」が形成されたかを、戦後から一九六〇年代前半まで述べた。越県分村合併問題と開拓の入植者が混在する地域社会には相和さない生活と貧困の現実があり、大人の合併争議で児童の教育は不在となる。児童の学習が疎外される中で、児童による「豆学校」が誕生し定着したわけである。「豆学校」を支える親・地域集団の組織は発祥地区では消滅したにもかかわらず、恵那地方の他地区へ伝播することによって「豆学校」、「民主教育を守る会」のそれぞれ五〇〇以上に及ぶ集団が形成されるに至った。そしてその後の地域生活を支える後援会活動の単位組織の一部となった。

第Ⅱ部では、恵那地方の統合教育について述べた。障害のある児童にとっての、毎日、毎週、原学級授業・活動、養護学級授業、合同教室、市民活動も含む交流学習と学習形態をそれぞれに行き渡っていく授業について明らかにした。

渡辺つやの教諭の「希望があればどんなに重い障害児の入学も断らない」という言説は障害児と親の要求から学級づくりが出発していたことを指し示すものであった。親の要求行動が結実する基盤には、「中津川市障害児者を守る会」

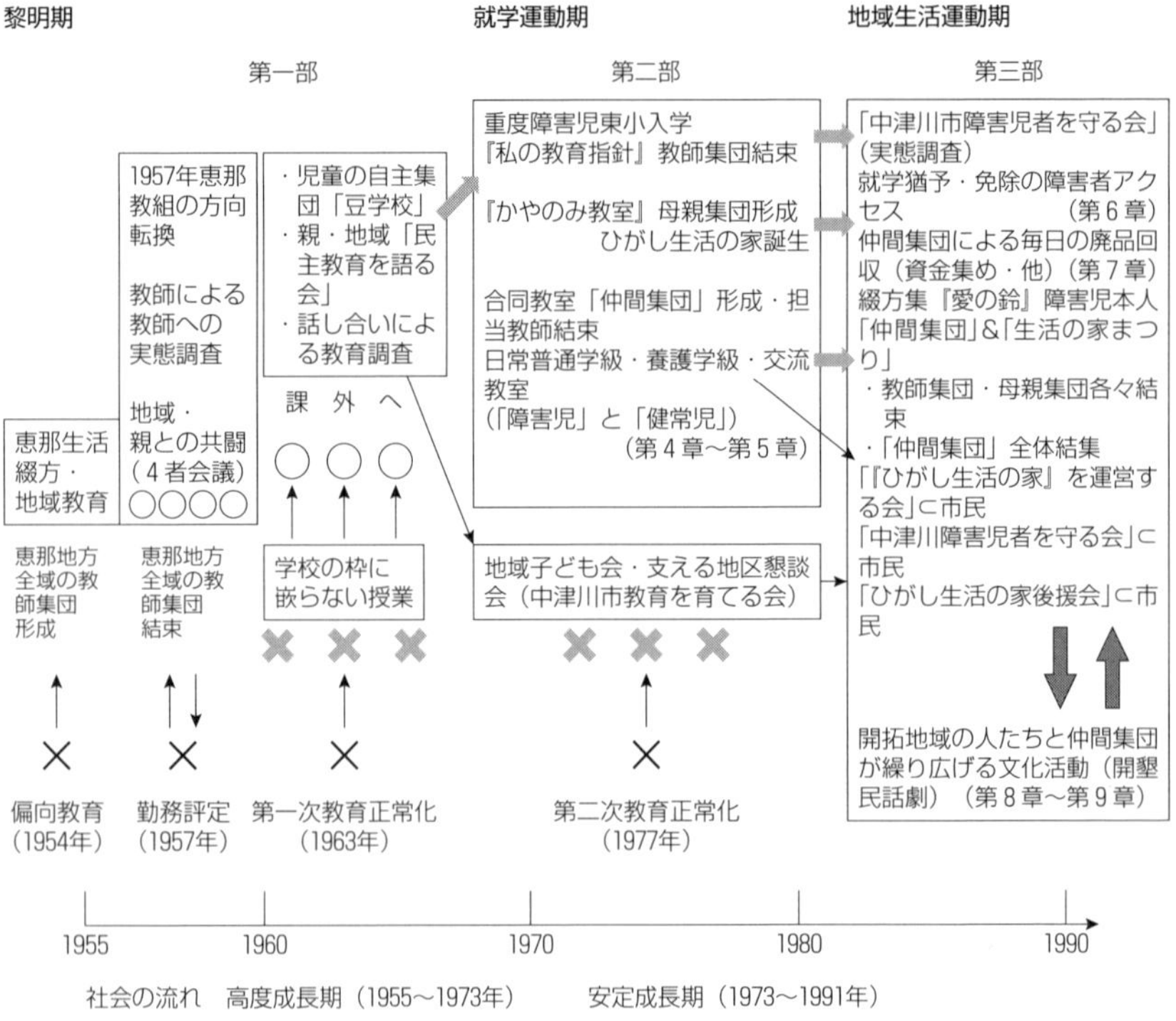

図　統合教育から地域生活運動への流れ

（出典）筆者作成.

が教育委員会や福祉事務所と協働する機会が随所にあったためである。その協働関係があるために、親や教師は訪問指導、重度障害児の介助、その他の緊急要求事項等を訴える先である福祉事務所・教育委員会の受け入れ可能時期を周知することができたのである。

固定した授業枠があるのではなく、その時々における障害児の状況によって学習形態は動いていく。その伸縮可能な学習形態は無理に「障害児」をつくり出さない。また、強制的に集団へ個人が合わせていく一斉授業とも異なる。一人の障害児に合ったその人なりの授業があって、その人は成長していくのである。

流動的な授業が成り立つためには、その屋台骨となるカリキュラムの自由度を許容する教育システムが必要である。そうでなければ、授業自体は成立しない。教師集団が教育委員会と教育現場を往来していたことはそれを担保するものであった。

また、重度の障害児が通学していたために介助がないと就学ができないという事情により、福祉行政と教育行政が東小に混在していた。そのことが、内容的にも物理的にも流動的な授業を成立させることを可能にしていたのである。

一人の人が成長していくことには他者が必要である。他者がいなくては、また人として成長できない。

相互理解というものは、第4章第2節で児童の綴方が示しているように、健常児と障害児がいつも関わっていないとお互いのことをわかりえない。重度障害児の意志疎通は、行事の交流会くらいではわからないということである（津田二〇一二）。美化された側面だけでなく、日常を過ごさなければわからないことがたくさんある。

その観点からすると、定期的に実施された小学校中学年時と障害児童による交流学習も大切な機会であった。ギャングエイジの社会化にみるように、健常児にとってはこの時期に敢えて重度の障害児と多く出会っておく必要があるだろう。そうした視点でみても、小学校期の統合教育は必須要件なのではないだろうか。少なくとも公教育は誰にも平等な教育の機会を与え、他者を理解する学習をすすめていくべきであろう。これは昔の話ではない。現在の日本の社会では、多くの事情を抱えた児童が暮らし、多様な他者の理解が求められている。障害児、不登校を続ける児童、無国籍・他国籍の児童、出生届けのない児童、出生の在り方で差別を受けている児童、格差の要因が複数混在する社会の中で、まず互いが理解しようとすることで、各々が人として生きることのスタートラインが敷けるのではないだろうか。そういった意味で統合教育の枠組みを障害の有無に限らず検討していくことが今後求められるだろう。

重度障害児が過ごす放課後の居場所として開設された「ひがし生活の家」が閉じられた場所ではなく、東小の生徒や地域の人たちが立ち寄れる場所として門戸をひらいたことは重要であった。毎日、放課後に障害児と健常児が授業に拘束されない自由な時間帯に関わる居場所となったからである。そして、地域生活運動の拠点となっていったのである。

第5章第1節で取り上げた「私の教育方針」には、実践現場において、一人の障害児の生活を考えた場合、養護学級がよいのか普通学級がよいのか、二項対立では解決できない葛藤が書かれている。普通学級の担任と養護学級の担任が児童に関する情報共有をもっていたことは現代の通常学校の中で普通学級と養護学級の在り方に示唆を与えるものであろう。綴方が教師間の共通認識する媒体になりえていた。

中津川市全体の障害児を一堂に集めた「合同教室」という正規の授業があり、この合同教室にさまざまな障害の児童が集まって来ていたために、東小を法的に養護学校として認めさせることができていた。法的な保障は重度の障害児に地域内で学習することを可能にした。

この運動は就学運動から出発していることから、教師集団が中途まで関与していた。恵那地方の教師集団は一九八〇年代まで教育の自治を実践していた。教師集団の自律性は時としてイデオロギーを帯びていく。イデオロギーを帯びると、一部の親や地域の人たちから運動の拒絶をまねいた。地域を伝統的に守ろうとする恵那地方の気質には、伝統を否定して地域の改革を強いるイメージがぬぐえず、教師集団の地域変革はなじまなかったのである。

本書であげた対象である恵那地方の障害児者は、就学運動期における合同教室で形成された「仲間集団」、そして、地域生活運動の拠点となった「生活の家」に結集した障害者たちである。軽度の障害者から重度の障害者に及ぶさまざまな人たちである。つまり、知的障害のある人、発達障害のある人、重症心身障害の人、重度身体障害のある人、精神障害のある人をも含んでいる。

第2章にあげた生活の貧困や不自由な現実を打開するために、児童本人たちと家族を介して行われた自らによる自らの教育調査は、第6章でみる中津川市で出生した「中津川市障害児者を守る会」による障害児者の全数調査に脈々と受け継がれていた。この調査が障害児者を地域に戻していく活動の突破口になった。

この調査者となった人たちには、第5章第2節で述べた「かやのみ教室」の母親集団が多く含まれている。同じ当事者家族同士であることが、頑なに隠れる障害者を地域に出していったともいえる。この調査で「生活の家」にアクセスしたり、遠方から帰省して地元で暮らすようになった障害者が多くいるからである。そして、調査でアクセスした障害者が地域生活運動に加わることになり、自らの運動を担っていった。

障害者自らの身体でつくった巡回のネットワーク

第7章では、重度知的障害者を含む「仲間集団」が、日々の廃品回収で構築した「社会的ネットワーク」の経緯を明らかにした。「仲間集団」の日々の活動には次の二点の成果が指摘できる。

一つは、地域に向けた活動が成立したのは、「仲間集団」の継続する力が市民に届いたということである。彼らが廃品を回収し『廃品回収だより』を配布する街中には自営業の人たちが多い。「仲間集団」の仕事は彼ら自営業者の自家の清掃にも役立つものとして評価されている。自らの手で巡回のネットワークをつくっていたということである。

二点目は「仲間集団」だけで行えるようにしたシャドウワークの存在である。日頃彼らの介助や学習指導に当たっていた人たちが、母親集団の強力な運動進出を適宜防いできたということである。適宜というのは、長く本人集団と付き合ってきた運営に関与する支援者たちが、母親集団と交渉して、母親らに、『愛の鈴』製本づくりや後援会活動など、役割を分担していたということである。障害児者にはできない他の役割を分配すれば、母親集団から苦情が出ることもない。その画策をしたのは小出氏であるが、実際の駆け引きを行ったのは小出氏が抜群の感受性の持ち主として抜擢した支援員たちである。その支援員たちは「仲間集団」と時には寝食を共にし、本気で討議することもしばしばであった。表現しにくく理解されにくい「仲間集団」のそれぞれの機微を、日々のやり取りで感知していく人たちであった。

綴方集を手作りし手渡しながら障害者の書いた綴方を関わる人たちで理解していくこと

第8章では『愛の鈴』運動を述べたが、そこで明らかになった点とは、「仲間集団」に重度の障害があるという制約が、『愛の鈴』の制作から配布過程に市民の参加を促す結果をもたらしたという点である。具体的には、市民有志が、「生活の家」を運営する会、「守る会」(1)、後援会に参画したことであった。参画者は綴方を書いた経験があったために、共同作業を行うことでまた新たな市民に届けるという共同性がもたらされていた。つまりそれは、運動主体が複数出現し、輪のように広がっていくことを意味している。

また、現在のようなハイテクでない手作業で顔と顔を合わせながら行うローテクな共同作業が、有志も一緒に働くことを可能にした。心当たりのある人の家を訪問し、障害者を知らなかった人に障害者の生活や「生活の家」の事情を説明していくという『愛の鈴』の冊子配布は輪のように広がっていった。冊子の受け取りは中津川市民全体数の五分の一にあたる一万部にまで及んだ。

地域社会での障害者の社会人としての承認

第9章第2節では「生活の家」の移転先S地区北部K集落の地域特性について述べ、「仲間集団」がどのように地域に関与しているのかを示した。

山間部が多くを占める恵那地方は、開墾や山水の氾濫を防ぐ治水工事なくして、地域を守り抜くことはできない。開拓民が災害と命の存続にいつもさらされ土地を尊きものとして祀ることは、「生活の家」の「仲間集団」の地をならすような毎日の営みに親和している。

「仲間集団」の非日常には青年団の役割をつないで行事を絶やさない行為は、開拓地の人たちに受け入れられていった。開拓者たちは何度も水害の脅威に瀕して、難事には、反目する人とも折り合いをつけて共同で荒地改良や防災に取り組んできた。「仲間集団」がその辛苦を伝承劇として繰り返し上演することは、集落に開拓の記憶を留めることを維持していくだろう。「子供組」や「若者組」が村の年中行事や祭礼に参加することは、一人前の大人の形成を意味することだといわれるところである（庄司 一九七八：二〇九―二一一）。

この運動に関わったそれぞれの人たちは、これまでの経緯を経て、ようやく、人と成ることを実感していくのである。

注

（1）「中津川市障害児者を守る会」は市民であれば誰でも会員資格がある。

謝　辞

本書は二〇二〇年度立命館大学先端総合学術研究科出版助成費を受け、刊行されたものです。

執筆するにあたり協力下さった中津川市立東小学校、「ひがし生活の家」、中津川市南小学校資料室、恵那教育研究所、その他関係機関に御礼申し上げます。当時の経緯をお話し下さった故小出信也先生、渡辺つやの先生、故浅野信一先生、西尾昭洋先生をはじめ諸先生、ありがとうございました。「ひがし生活の家」設立当初のお話をしていただいた理事長鳥居広明様、伊藤三雄様、職員の皆様に感謝申し上げます。「中津川市障害児者を守る会」副会長成瀬喜久子様、恵那難聴の会・「生活の家」役員の成瀬浩康様、調査の経緯を説明して下さりありがとうございました。「かやのみ教室」に関する詳細なお話をして下さった岩井万喜子様、三戸律子様、関係者の方々に感謝申し上げます。綴方掲載に同意して下さり、その当時のお話しをして下さった方々に感謝申し上げます。野村将之様、馬場紀行様をはじめ、詳細なお話や見学に何度も応じて下さった「仲間集団」の方々に深く感謝申し上げます。

研究に関してご指導いただいた立岩真也教授をはじめ、立命館大学大学院先端総合学術研究科の諸先生方に感謝申し上げます。

最後に厳しい状況の中で出版に漕ぎつけて下さった晃洋書房の丸井清泰氏、山中飛鳥氏に感謝申し上げます。

二〇二一年三月一〇日

篠原眞紀子

索　　引

〈ア・カ行〉

〈サ　行〉

〈タ・ナ行〉

〈ハ・マ行〉

〈ヤ・ラ・ワ行〉

参考文献

阿部彰（1963）『戦後地方教育委員会制度成立過程の研究』風間書房.

荒井裕樹（2017）『差別されている自覚はあるのか』現代書館.

麻生誠・柴野昌山（1978）『変革期の人間形成——社会学的アプローチ』アカデミア出版会.

安部彰（2007）「社会的連帯——再考—他者の存在の〈保障〉と〈承認〉をめぐる／のための試論」『現代社会学理論研究』 1，pp. 70-83.

カイヨワ，R.（1990）『遊びと人間』（多田道太郎・塚崎幹夫訳），講談社.

セルトー，ミッシェル・ド（1987）『日常的ポイエティーク』（山田登世子訳），国文社.

地域の校区で障害児の教育権を保障させる「学者・研究会」の会（1981）『陽だまりの　なかへ——共に生きる教育の創造』編集工房ノア.

知的障害等法規研究会（2000）「療育手帳制度の実施について」『知的障害者福祉六法』中央法規.

知的障害等法規研究会監修（2007）「知的障害者福祉六法」中央法規出版.

デーモン，W.（1990）『社会性と人格の発達心理学』（山本多喜司編訳），北大路書房.

デュルケーム，E.（1976）『教育と社会学』（佐々木交堅訳），誠信書房.

恵那教育研究所（1984）『教育実践資料展の記録』恵那教育研究所.

「恵那の教育」資料集編集委員会（2000a）『「恵那の教育」資料集』1，桐書房.

————（2000b）『「恵那の教育」資料集』2，桐書房.

————（2000c）『「恵那の教育」資料集』3，桐書房.

恵那の教育東濃民主教育研究会（1977～97）『人間・生活・教育』東濃民教研機関誌実践報告.

遠藤ゆう子（2008）「日本の林業はなぜ退潮したのか——協調による国産材利用促進の提案」『中央大学夏合宿要項』.

Freire, P.（1968）*Padagogie do oprimido,* Rio de Janeiro: Paz Terra（三砂ちづる訳（2011）『被抑圧者の教育学』亜紀書房）.

岐阜地方気象台（1981）『創立百年誌』岐阜地方気象台.

ゴッフマン，E.（1980）『集まりの構造』（丸木恵祐・本名信行訳），誠信書房.

————（1984）『アサイラム』（石黒毅訳），誠信書房.

後藤基行（2015）「日本における精神病床入院の研究——３類型の制度形成と財政的変遷」一橋大学大学院社会学研究科2015年度博士論文.

後藤知英（2016）「子どもの急性脳症の種類と症状——けいれんに潜む重大な病気とは？」（https://medicalnote.jp/contents/161003-003-ZL，2017年05月08日取得）.

原武史（2007）『滝山コミューン1974』講談社.

畑中大路（2015）「学校組織間における知識転移——カリキュラムマネジメントの事例を踏まえた仮説生成」『教育経営学研究紀要』（九州大学大学院人間環境学科（教育学部門）教育経営学研究室／教育法制研究室）17，pp. 13-22.

樋口恵子（2001）『自立生活運動と障害文化――当事者からの福祉論』全国自立センター協議会.

平田仁宏（1971）「就学猶予・免除児の教育的処遇について――民生委員の障害観と教育意識について」『特殊教育学研究第』pp. 8-3, pp. 1-9.

堀正嗣（1994）『障害児教育のパラダイム転換――統合教育への理論研究』柘植書房.

堀尾輝久（2005）『地球示談の教養力――まなぶとは，わかるとは』かもがわ出版.

堀智久（2014）『障害学のアイデンティティ』生活書院.

堀利和（2015）『障害者が労働力商品を止揚したいわけ――きらない　わけない　はたらく』社会評論社.

星加良司（2007）『障害とは何か――ディスアビリティの社会理論に向けて』生活書院.

藤井渉（2012）「身体障害者福祉法の成立に関する ·考察　　対象規定に着目してその１」『花園大学社会福祉学部研究紀要』20, pp. 21-36.

福世武次，箕田源二郎（1962）『太平物語』講学館.

古山萌衣（2011）「特別支援教育政策の歴史的展開にみる特別支援教育の意義」『人間文化研究』名古屋市立大学大学院人間文化研究科16, pp. 68-84.

二見妙子（2017）『インクルーシブ教育の源流――1970年代の豊中市における原学級保育運動』現代書館.

市澤豊（2010）『戦後発達障害児教育実践史』明石書店.

井出浩子（2010）「市民同士の熟議／対話――日本における市民討議会の実証研究」（田村哲樹編）『政治の発見第５巻 語る――熟議／対話の政治学』風行社, pp. 235-265.

五十嵐顕（1970）『戦後教育の歴史』青木書店.

五十嵐良雄（1975）『教育状況への発言』現代書館.

池田智恵子（1994）『保母と重度障害者施設――富士学園の3000日』彩流社.

今井誉次郎（1958）『たぬき学校』講学館.

――――（1969）『教育生活五十年』百合出版.

稲葉振一郎（1999）『リベラリズムの存在証明』紀伊国屋書店.

井上健治（1992）「人との関係の拡がり」木下芳子編『新・児童心理学講座　対人関係と社会性の発達』金子書房, pp. 1-28.

乾尚（1980）『重複障害児教育の現場』JCA 出版.

イリイチ, I.（1982）『シャドウ・ワーク――生活のあり方を問う』（玉野井芳郎・栗原彬訳），岩波書店.

石田和男（1978）「私の教育課程づくり」『人間・生活・教育』春季号, pp. 4-5.

――――石田和男教育著作集編集委員会編（2017a）『石田和男教育著作集第１巻生活綴方教育の出発』花伝社.

――――石田和男教育著作集編集委員会編（2017b）『石田和男教育著作集第２巻運動方針の転換』花伝社.

――――石田和男教育著作集編集委員会編（2017c）『石田和男教育著作集第３巻子どもをつかむ実践と思想』花伝社.

――――石田和男教育著作集編集委員会編（2017d）『石田和男教育著作集第 4 巻時代と人間教師の探求』花伝社.

板井理（2008）『子どもの発達と描画』かもがわ出版.

糸賀一雄（1968）『福祉の思想』NHK 出版.

伊藤綾香（2015）「障害者と健常者の「共働」実践における対等性の模索――事業所「すずらん」を事例に」『名古屋大学社会学論集』36, pp. 1-21.

伊藤登志夫（1976）『サークル前史への試み』鶴見俊輔編『共同研究集団』平凡社, pp. 45-67.

岩橋誠治（2008）「二三年前入所施設を出て一人暮らしはじめた重度知的当事者 J さんの場合」寺本晃久・末永弘・岡部耕典・岩橋誠治『良い支援？――知的障害／自閉の人たちの自立生活と支援』生活書院.

――――・寺本晃久・岡部耕典・末松弘（2015）『ズレてる支援！――知的障害／自閉の人たちの自立生活と重度訪問介護の対象拡大』生活書院.

岩崎信彦・上田惟一・鯵坂学他（1989）『町内会の研究』誠信社.

開拓20周年記念事業会内戦後開拓史編纂委員会（1967）『戦後開拓史』全国開拓農業協同組合連合会.

金井嘉宏・佐藤郁哉・クンダ, ギデオン・ヴァン＝マーネン, ジョン（2010）『組織エスノグラフィー』有斐閣.

苅谷剛彦・濱名陽子・木村涼子・酒井朗（2000）『教育の社会学』有斐閣.

川喜田二郎（1999）『続発想法』中央公論社.

河北まり子（2012）「重度重複障害者の老・老介護の背景について」『障害学会第 7 回大会発表要旨』, pp. 1-6（http://www.jsds.org/jsds2010/Presentation/1_2_Kawakita.doc, 2014年 7 月10日取得）.

川内俊彦（1987）『八尾中学校の同和教育』同和教育実践選書刊行会.

金馬国晴（2007）「戦後初期コア・カリキュラムの「形態」としての問題と可能性――「明石プラン」の改訂過程を手がかりに」『日本教育方法学会紀要』32, pp. 37-48.

――――（2007）「戦後初期における諸「プラン」の形態上の傾向と分析課題――コア・カリキュラムを中心に」『日本教育学会大會研究発表要項』66, pp. 254-255.

木下芳子編（1992）『新・児童心理学講座第 8 巻　対人関係と社会性の発達』金子書房.

木村博一（1983）「戦後初期社会科教育実践史研究――吹上小学校コア・カリキュラムと内原小学校地域教育計画の検討」『社会科研究』31, pp. 85-95.

木村毅・相馬均・南博（1972）『現代人の病理――人間関係の臨床社会心理学』誠信書房.

岸田典子（2017）「関西における障害者運動をけん引したある盲人の青年期――楠敏雄を運動へ導いた盲学校の経験」『コア・エシックス』13, pp. 37-48.

岸政彦（2013）『同化と他者化――戦後沖縄の本土就職者たち――』ナカニシヤ出版.

――――・石岡丈昇・丸山里美（2016）『質的社会調査の方法』有斐閣.

木曽教育会（1959）「梵天随想――創りゆく学園」『木曽教育』14, pp. 95-100.

北村小夜（1987）『一緒がいいならなぜ分けた』現代書館.

――――（1997）『地域の学校で共に学ぶ――小・中・高校・養護学校教師の実践』現代書館.

――――（2004）『能力主義と教育基本法「改正」――非才，無才，そして障害者の立場から考える』現代書館.

小林正典（1998）「第九章　尾を引いた教育問題」『文豪の里分村合併始末』中津川市，pp. 154-163；626-689.

小出信也（2000）「生活に根差した発達保障を」，「恵那の教育」資料集編集委員会編『「恵那の教育」資料集　ほんものの教育を求めつづけて1986-1999年３』桐書房，pp. 1120-1127.

小出信也，国分一太郎（1983a）『生活綴り方とともにⅡ』新評論復刻.

国立コロニーのぞみの園田中資料センター（1982）『わが国精神薄弱施設体系の形成過程』心身障害者福祉協会.

国立療養史研究会（1976a）『国立療養史（結核編）』厚生省医務局国立療養所課.

――――（1976b）『国立療養史（総括編）』厚生省医務局国立療養所課.

厚生省大臣官房統計情報部編財団法人厚生統計協会（1983）『社会福祉行政業務報告（厚生省報告例）』.

近藤益男（1975）『近藤益男著作集１』明治図書出版社.

――――（1982）『ちえ遅れのおとなたちと――障害者との共同生活の案・なずな園からの報告』ぶどう社.

――――（1999）『ともに生きるともに老いる地域で障害者と嬌声50年』太郎次郎社.

――――（2009）『この子らと生きて』日本図書センター.

楠敏雄（1982）『「障害者」解放とは何か――「障害者」として生きることと解放運動』柘植書房.

鯨岡峻（2006）『ひとがひとをわかるということ――間主観性と相互主体性』ミネルヴァ書房.

教育科学研究会（2014）『戦後日本の教育と教育学』かもがわ出版.

丸山義王（2001）「教職員の勤務評定の研究」『学校経営研究』26，pp. 60-82.

増倉笑香（1990）『恵那の障害児教育第１集 くるまばばぐるま』恵那の障害児教育編集委員会.

松井彰彦・川島聡・長瀬修（2011）『障害を問い直す』東洋経済新報社.

松友了編（1999）『知的障害者の人権』明石書店.

メリアム，S. B.・シンプソン，E. L.（2010）『調査研究法ガイドブック』（堀薫夫訳），ミネルヴァ書房.

道場親信・宇野田尚哉・川口隆行・坂口博・鳥羽耕史・中谷いずみ『「サークルの時代」を読む――戦後文化運動への招待』影書房.

三井さよ（2016）「それでも「社会」でありつづける――多摩地区における知的障害者への支援活動から」『社会志林』pp. 62-4，pp. 189-207.

――――（2010）「かかわりの中にある支援」『支援』p. 1，pp. 6-43.

三ツ木任一編（1988）『続自立生活への道』全国社会福祉協議会.
宮本茂雄（1974）「千葉県下における就学猶予・免除児の実態その 2，在宅児の実態（I ドー」『千葉大学教育学部研究紀要』p. 23, pp. 135-151.
宮本常一『日本民衆史 4　村のなりたち』未來社.
――――（2014）『宮本常一講演選集 3 都会文化と農村文化』農山漁村文化協会.
宮崎隆太郎（1981）『普通学級の中の障害児――知恵おくれ，自閉症児の統合教育の試み』三一書房.
南雲道雄（1994）『『山芋』の少年詩人大関松三郎の四季』社会思想社.
名古屋恒彦（1996）『知的障害教育方法史――生活中心教育・戦後50年』大揚社.
中津川市（2012）『中津川市史下巻　現代編Ⅱ』中央ユニオン.
妊娠高血圧学会（http://www10.plala.or.jp/olc/maternity/m0007.htm, 2017年 7 月26日取得）.
森口弘美（2015）『知的障害者の「親元からの自立」を実現する実践』ミネルヴァ書房.
恵那の教育編集委員会（2000）恵那の教育，柏書院，pp. 1-3.
森田道雄（1992a）「恵那教育会議の教育法社会学的考察(1)――「国民の教育権」の実現をめざす地域的運動の実証的研究」『福島大学教育学部論集』51, pp. 23-37.
――――（1992b）「恵那教育会議の教育法社会学的考察(2)――「国民の教育権」の実現をめざす地域的運動の実証的研究」『福島大学教育学部論集』52, pp. 33-48.
――――（1993a）「恵那教育会議の教育法社会学的考察(3)――「国民の教育権」の実現をめざす地域運動の実証的研究」『福島大学教育学部論集』53, pp. 31-48.
――――（1993b）「恵那教育会議の教育法社会学的考察(4)――教育権論形成期の理論的検証」『福島大学教育学部論集』53, pp. 51-66.
――――（1994a）「恵那教育会議の教育法社会学的考察(5)――教育権論形成期の理論的検証」『福島大学教育学部論集』55, pp. 51-66.
――――（1994b）「恵那教育会議の教育法社会学的考察(6)――教育権論形成期の理論的検証」『福島大学教畜学部論集』56, pp. 25-39.
――――（1979）「続・教育行政の地方自治原則と市町村教育委員会――中津川市教育委員会にそくして・1」『福島大学教育学部論集』31, pp. 13-20.
――――（1982）「学校経営における教育委員会・校長・教職員――中津川市教育委員会にそくして・2」『福島大学教育学部論集』34, pp. 33-45.
――――（1986）地域にねざす教育行政の展開（上）――中津川市教育委員会にそくして・3」『福島大学教育学部論集』40, pp. 47-64.
――――（1987）「地域にねざす教育行政の展開（下）――中津川市教育委員会にそくして」『福島大学教育学論叢』41, pp. 39-56.
――――（1995a）「恵那地域における1960年代の教育実践・運動の展開(1)――地域にねざす教育への胎動と新しい生活綴方への模索」『福島大学教育学部論集』57, pp. 37-53.
――――（1995b）「恵那地域における1960年代の教育実践・運動の展開(2)――恵那教科研から「東濃民主教育研究会」の設立過程」『福島大学教育学部論集』58, pp. 17-34.

――――（1995c）「恵那地域における1960年代の教育実践・運動の展開⑶――民教研の結成と「地肌の教育」」「東濃民主教育研究会」の設立過程」『福島大学教育学部論集』59, pp. 33-50.
――――（1996a）「恵那地域における1960年代の教育実践・運動の展開⑷――「生活に根ざし生活を変革する教育」実践の理論的検証，その１」『福島大学教育学部論集』60，pp. 55-72.
――――（1996b）「恵那地域における1960年代の教育実践・運動の展開⑸――「生活に根ざし生活を変革する教育」実践の理論的検証，その２」『福島大学教育学部論集』61, pp. 9-28.
――――（1997a）「1970年代の恵那の生活綴方教育の展開⑴――70年代前半期の中津川市西小学校における学校づくり」『福島大学教育学部論集』62，pp. 17-38.
――――（1997b）「1970年代の恵那の生活綴方教育の展開⑵――付知中学校の学校づくりと付知町教育研究会」『福島大学教育学部論集』63，pp. 33-54.
――――（1998a）「1970年代の恵那の生活綴方教育の展開⑶――上矢作町小学校の「労働教育」と「心とからだ」」『福島大学教育学部論集』64，pp. 1-20.
――――（1998b）「1970年代の恵那の生活綴方教育の展開⑷――丹羽徳子実践明日に向かって」について」『福島大学教奮学蕩識集』65，pp. 15-34.
――――（1999a）「1970年代の恵那の生活綴方教育の展開⑸――続・丹羽徳子実践明日に向かって」について」『福島大学教奮学蕩識集』66，pp. 1-16.
――――（1999b）「1970年代の恵那の生活綴方教育の展開⑹――「わかる学習」と「私の教育課程づくり」」『福島大学教奮学蕩識集』67，pp. 15-34.
――――（2000a）「1970年代の恵那の生活綴方教育の展開⑺――続・「わかる学習」と「私の教育課程づくり」」『福島大学教奮学蕩識集』68，pp. 1-18.
――――（2000b）「1970年代の恵那の生活綴方教育の展開⑻――生活綴方の理論的問題について」『福島大学教奮学蕩識集』69，pp. 15-36.
――――（2000c）「恵那の教育運動」「恵那の教育」資料集編集委員会『「恵那の教育」資料集』１，桐書房，pp. 26-77.
――――（2009）「続・1980年代の「恵那の教育」の到達点⑴――民教研・研究集会基調報告から」『福島大学人間発達文化学類論集』10，pp. 65-80.
――――（2010）「続・1980年代の「恵那の教育」の到達点⑵――綴り方作品とその指導について」『福島大学人間発達文化学類論集』11，pp. 29-48.
――――（2004a）「1980年代の『恵那の教育』の到達点⑴――民教研機関誌『人間・生活・教育』を中心に　その１」『福島大学教奮学蕩識集』76，pp. 21-30.
――――（2004b）「1980年代の『恵那の教育』の到達点⑵――民教研機関誌『人間・生活・教育』を中心に　その２」『福島大学教奮学蕩識集』77, pp. 1-10.
――――（2005a）「1980年代の『恵那の教育』の到達点⑶――民教研機関誌『人間・生活・教育』を中心に　その３」『人間発達文化学類論集』1, pp. 39-48.
――――（2005b）「1980年代の『恵那の教育』の到達点⑷――民教研機関誌『人間・生

活・教育』を中心に　その4」『人間発達文化学類論集』2, pp. 35-44.
――――（2006a）「1980年代の『恵那の教育』の到達点(5)――民教研機関誌『人間・生活・教育』を中心に　その5」『人間発達文化学類論集』3, pp. 43-58.
――――（2006b）「1980年代の『恵那の教育』の到達点(6)――民教研機関誌『人間・生活・教育』を中心に　その6」『人間発達文化学類論集』4, pp. 35-50.
――――（2009）「1980年代の『恵那の教育』の到達点(7)――民教研機関誌『人間・生活・教育』を中心に　その7」『人間発達文化学類論集』9, pp. 27-36.
――――（2011）「1990年代の恵那教育研究所と教育実践(1)――研究所開設10年記念「あざみの賦」を中心に」『人間発達文化学類論集』14, pp. 1-18.
――――（2012a）「1990年代の恵那教育研究所と教育実践(2)――湾岸戦争と恵那での教育実践――」『人間発達文化学類論集』15, pp. 11-26.
――――（2012b）「1990年代の恵那教育研究所と教育実践(3)――憲法・平和学習と「一人前・学習意識」調査」『人間発達文化学類論集』16, pp. 1-16.
――――（2013）「1990年代の恵那教育研究所と教育実践(4)『資料集』坂元忠芳「解説」について　その1」『人間発達文化学類論集』18, pp. 1-16.
――――（2014）「1990年代の恵那教育研究所と教育実践(5)『資料集』坂元忠芳「解説」について　その2」『人間発達文化学類論集』19, pp. 53-70.
――――（2016a）「1990年代の恵那教育研究所と教育実践(6)――石田和男の生活綴方論の到達点」『人間発達文化学類論集』22, pp. 113-128.
――――（2016b）「1990年代の恵那教育研究所と教育実践(7)――石田和男の学校論・教師論の到達点」『人間発達文化学類論集』24, pp. 13-28.
――――（2017）「1990年代の恵那教育研究所と教育実践(8)――教育実践における「生活」概念の比較検討」『人間発達文化学類論集』26, pp. 55-69.
文部省（1957）「昭和32年（事務次官通達）盲学校小学部・中学部学習指導要領一般編作成・ろう学校小学部・中学部学習指導要領一般編」.
文部省（1960）「昭和35年（事務次官通達事務次官通達）盲学校高等部学習指導要領一般編作成・聾学校高等部学習指導要領一般編」.
無着成恭（1951）『山びこ学校』岩波書店.
村上泰亮・公文俊平・佐藤誠三郎（1979）『文明としてのイエ社会』中央公論社.
村田茂（1977）『日本の肢体不自由教育――その歴史的発展と展望』慶應義塾大学出版会.
長野県開拓十周年記念事業実行委員会（1955）『開拓十年』昭和30年刊行長野県開拓協会（向山雅重民俗資料館蔵　長野県上伊那郡宮田村）.
長岡克行（2006）『ルーマン／社会の理論の革命』勁草書房.
仲村優一・板山賢治（1984）『自立生活への道――全身性障害者の挑戦』全国福祉協議会.
中根成寿（2006）『知的障害者家族の臨床社会学』明石書店.
中西正司（2014）『自立生活運動史』現代書館.
中津川市（2012）『中津川市史下巻　現代編Ⅱ』中津川市.
中津川市史編さん室（2012）『中津川市史下巻現代Ⅰ』中津川市.

中津川市企画商工部企画広報課（1982）『市制30周年記念広報なかつ川縮刷版』中津川市.
中津川市庶務課広報広聴係（1959a）『広報なかつ川』第46号，中津川市役所.
————（1959b）『広報なかつ川』第47号，中津川市役所.
————（1970）『広報なかつ川』182号，中津川市役所.
ナジタ・テツオ（2015）『相互扶助の経済――無尽講・報徳の民衆思想史』みすず書房.
日本臨床心理学会（1980）『戦後特殊教育その構造と論理の批判』社会評論社.
————（1987）『「早期発見・治療」はなぜ問題なのか』現代書館.
西川祐子編（2009）『戦後の生活記録にまなぶ――鶴見和子文庫との対話・未来への通信共同研究』日本図書センター.
西尾彦朗（1957）『戦後の岐阜県教育十年史』龍文堂.
野崎泰伸（2010）「分離教育か共生共育かという対立を越えて――「発達」概念の再検討」立命館人間科学研究，21，pp. 25-41.
————（2011）『生を肯定する倫理へ――障害学の視点から』現代書館.
ヌスバウム，M. C.『正義のフロンテイア――障碍者（ママ）・外国人・動物という境界を超えて』法政大学出版局.
小木曽尚寿（1980）『先生授業の手を抜かないで』中津川市教育連絡会.
————（1985）『続先生授業の手を抜かないで』中津川市教育連絡会.
奥井秀樹（2009）「利他的行動理論の実証研究への適用――その方法論的課題と解決」国際研究論集，大阪国際大学紀要，23(1), pp. 49-61.
小倉鈹褱二・真田渥（1978）『地域のくらしと社会保障』法律文化社.
恩田守雄（2006）『互助社会論――ユイ，モヤイ，テツダイの民族社会学』世界思想社.
大畑裕嗣・成元哲・道場親信・樋口直人（2004）『社会運動の社会学』有斐閣.
大津尚志（1992）「教員人事における県教委―地教委の関係に関する一考察」『東京大学教育学部教育行政学研究室紀要』，12: pp. 75-82.
大浦猛（1950）『教育社会学』教育出版文化社参照.
大田堯（1973）『教育の探求』東京大学出版会.
————（2014）『大田堯自選集成 4　ひとなる』藤原書店.
————（1978）『戦後日本教育史』岩波書店.
パーソンズ，T.（1973）『社会構造とパーソナリテイ』（武田良三監訳），新泉社.
Propp, Vladimir（1969　(1928)）*Morphology of the Folktale*（*2nd. Edition*）, University of Texas Press（北岡誠司・福田美智代訳（1987）『昔話の形態学』水声社）.
斎藤尚視（1965）「豆学校――運動の基本的観点」神坂小・中・幼分会『東海教育科学研究協議会』配布資料，p. 18.
佐貫浩（1988）「1958～59年の教師の勤務評定反対闘争の研究――岐阜県恵那地域の勤評闘争の展開と論理」『法政大学文学部紀要』1，pp. 71-102.
————（2014）「岐阜県恵那の教育運動の展開と戦後教育学――石田和男の教育運動と実践の理論の展開に即して（その 1）」『法政大学キャリアデザイン学部紀要』11, pp. 69-107.

「戦後日本教育史料集成」編集委員会（1983）「教員の勤評をめぐって」『戦後日本教育史料集成　勤務評定と教師』三一書房.
社会福祉法人ひがし福祉会（2011）『地域に生きる「障害児」者運動四〇周年記念　共に生きる』ひがし福祉会.
定藤邦子（2011）『関西障害者運動の現代史――大阪青い芝の会を中心に』生活書院.
斎藤直子（2000）『周縁から中心へ――ある被差別部落における女性たちの住環境整備運動をめぐって』大阪市立大学同和問題研究，pp. 75-95.
榊達雄（2003）『教育自治と教育制度』大学教育出版.
坂本地区文化遺産保存会（2007）『北部地域の開拓と信仰』坂本地区文化遺産保存会.
猿山隆子（2014）「鶴見和子の生活記録運動におけるコミュニケーションと「記録」――「生活をつづる会」の学習組織の形成をめぐって」『社会教育学研究』50，pp. 11-20.
澤田誠二（2009）「教育における日本的平等観の再考」『東京大学大学院教育学研究科紀要』(49)，pp. 43-52.
成城教育研究所（1985）『社会科の新構想――柳田国雄先生談話』成城教育研究所.
生活綴方「恵那の子」編集委員会（1982）『恵那の生活綴方教育』草土文化.
渋谷光美（2014）『家庭奉仕員・ホームヘルパーの現代史』生活書院.
重森暁（1985）『共同と人間発達の地域づくり』自治体研究社.
柴田信之（2012）『みんな言葉を持っていた――障害の重い人たちの世界』オクムラ書店.
柴野昌山・菊池城司・竹内洋編（1992）『教育社会学』有斐閣.
嶋田道彌（1982）「満州における邦人の教育史」『満州教育史』青史社.
島崎藤村（1935）『夜明け前』第一部（上）・（下），第２部（上）・（下），岩波書店（岩波文庫）.
清水寛（1981）『発達保障思想の形成』青木書店.
――――（1984）『共同教育と統合教育の実践』清水書店.
清水寛・秦安雄編（1975）『ゆたか作業所――障害者に働く場を』ミネルヴァ書房.
篠原眞紀子（2016）「地域に立ち向かう母親の共同的アイデンティティ――恵那「障害児者」運動の源としての『かやのみ』より」『立命館大学人間科学研究』33，pp. 45-62.
――――（2017）「恵那地方の「障害者」地域生活運動」『コア・エシックス』13，pp. 99-112.
――――（2013）「障がいのある人の自己実現に向けた音楽学習――重複障がいのあるＨさんと太鼓を通しての関わり合いより」『関西楽理研究』30, pp. 283-287.
――――（2016）「自律的参画へのプロセス――勤務評定闘争における「恵那人事協議会」の1957年の記録から」『コア・エシックス』12，pp. 115-129.
――――（1995）「講のレクリエーション性」『自由時間研究』17，pp. 163-174.
篠原眞紀子・長谷川則子・花田ひとみ（2011）「障がい児学童かがやきキッズクラブを立ち上げに至るまでの親の思いを綴って」障がい共生支援論研究会レポート.
篠原睦治（1991）『共生・共学か発達保障か』現代書館.
思想の科学研究会（1954）「生活綴り方運動の問題点」『思想の科学――特集・生活綴り方』

4, pp. 26-39.

城山英明（2013）『公共的コミュニケーションの可視化——複雑社会における政治的法的判断の構造．異分野融合による方法的革新を目指した人文・社会科学研究推進事業報告書』日本学術振興会．

副田義也（2012）『教育基本法の社会史』有信堂．

総理府社会保障審議会事務局（1985）「第23表　身体障害者手帳交付台帳登載数」『社会保障統計年報』．

障害学研究会中部部会（2015）『愛知の障害者運動——実践者たちが語る』現代書館．

障害児教育実践体系刊行委員会（1984a）『障害児教育実践体系第３巻 重症心身障害児』労働旬報社．

———（1984b）『障害児教育実践体系第８巻 教育運動』労働旬報社．

———（1984c）『障害児教育実践体系別巻障害者制度・権利便覧』労働旬報社．

障害者福祉研究会（2007）「療育手帳制度について」『障害者自立支援六法平成19年版』中央法規．

障害者福祉研究会監修（2007）「障害者自立支援六法」中央法規出版．

障害をもつ子どものグループ連絡会議（1977）『障害児の保育と教育の場をもとめて　はばたけ子どもたち』ぶどう社．

庄司和晃（1983）『柳田国男と教育——民間教育学序説』評論社．

杉本章（2008）『障害者はどう生きてきたか——戦前・戦後障害者運動史』現代書館．

滝沢武久（1971）『知能指数』中央公論社．

武田幸治・手塚直樹（1991）『知的障害者の就労と社会参加』光生館．

竹川郁雄（2006）『いじめ現象の再検討——日常社会規範と集団の視点』法律文化社．

玉野井芳郎（1990）『地域主義からの出発』学陽書房．

田村武夫（1979）『恵那における地域教育運動の発展』青山学院大学・和光大学教育社会学ゼミナール調査学習の記録，pp. 87-88.

田辺繁治・松田素二編（2002）『日常的実践のエスノグラフィー——語り・コミュニティ・アイデンティティ』世界思想社．

田中耕一郎（2007）「社会モデルは〈知的障害〉を包摂し得たか」『障害学研究』3，pp. 36-62.

田中孝彦（1983）『子どもの発達と人間像』青木教育叢書．

———（1988）人間としての教師．新日本新書．

田中昌人（1980）『人間発達の科学』青木書店．

田中昌也（1989）『せ・な・か・が・い・た・い——ひとりひとりにあわせた手作り教具』恵那の障害児教育編集委員会より出版．

谷口明広（1988）「重度身体障害者の日本的自立生活概念と自立生活教育プログラム」『社会福祉学』29(1)，pp. 45-64.

立岩真也（1997）『私的所有論』生活書院．

———（2000）『弱くある自由へ』青土社．

――――（2004）『不動の身体と息する機械』医学書院.
――――（2010）「ただ進めるべきこと／ためらいながら進むべきこと. Special Education and Multi-Knowledge Convergence, 大邱大学講演録. 生存学研究センターホームページ」（http://www.arsvi.com/ts2000/20100119.htm.pdf, 2014年1月19日取得）.
――――（2011）「もらったものについて6」『そよ風のように街に出よう』79, pp. 38-44.
立岩真也編（2016）『社会モデル』1.2kyotobook.
立岩真也・安積純子・岡原正幸・尾中文也（1995）『生の技法』生活書院.
戸田浩史（2010）「昭和29年の教育二法の制定過程――教育の政治的中立性をめぐる国会論議」『立法と調査』文部科学委員調査室, 305, pp. 43-57.
戸塚廉（1959）『いたずら教室』講学館.
富永京子（2016）『社会運動のサブカルチャー化』せりか書房.
東京で「54年度養護学校義務化阻止」共闘会（編）『みんなといっしょの教室で――共に学ぶことをめざす教師の実践記録』柘植書房.
東京女子医科大学脳神経センター脳神経外科平孝臣（http://ttaira.my.coocan.jp/homepage1/SDR/SDR1..html）
東濃民主教育研究会（1977～97）人間・生活・教育. 東濃民主教育研究会.
遠山啓（1976）『競争原理を超えて――ひとりひとりを生かす教育』太朗次郎社.
土田武史（2011）「国民皆保険50年の軌跡（人口問題国民皆保険50年の軌跡）」『季刊・社会保障研究』47(3), pp. 244-256.
土屋基規編（2011）『現代教育制度論』ミネルヴァ書房.
土屋葉（2002）『障害者家族を生きる』勁草書房.
津田英二（1996）「障害者差別解放過程の理論家のために」『生涯学習・社会教育学研究』20, pp. 31-39.
――――（1997）「自己決定を支える集団に関する理論的考察」『日本社会教育学会紀要』33, pp. 75-84.
――――（2000a）「「障害文化」概念の意義と課題：共生の社会教育のための理論構築に向けて」『神戸大学発達科学部研究』7(2), pp. 87-100.
――――（2000b）「知的障害者がいる家族の自助グループにおけるネットワーキング」『人間科学研究』8(1), pp. 45-56.
――――（2011）「インクルーシブな社会をめざす実践における葛藤の積極的な意味――自閉症児のストレス表出に対する他者の反応をめぐる考察」『神戸大学大学院人間発達環境学研究科研究紀要』4(2), pp. 39-48.
――――（2012）『物語としての発達/文化を介した教育――発達障がいの社会モデルのための教育学序説』生活書院.
――――（2017）「都市型中間施設の効果と課題――「のびやかスペースあーち」10周年調査の質的データ分析から」『神戸大学大学院人間発達環境学研究科研究紀要』11(1), pp. 111-119.
津曲裕次・清水寛・松矢勝宏・北沢清司編（1985）『障害者教育史』川島書店.

鶴見和子（1989）『内発的発展論』東京大学出版会.
――――（1998）『鶴見和子曼荼羅Ⅵ魂の巻水俣・アミニズム・エコロジー』藤原書店.
鵜飼正樹（2009）「生活綴り方からつながる世界」西川祐子・杉本星子編『共同研究　戦後の生活記録に学ぶ――鶴見和子文庫との対話・未来への通信』日本図書センター，pp. 194-225.
宇野田尚哉・川口隆行・坂口博・鳥羽耕史・中谷いずみ・道場親信（2016）『「サークルの時代」を読む――戦後文化運動への招待』影書房.
わらじの会（2010）『地域と障害――しがらみを編みなおす』現代書館.
渡邊健治（2002）「特殊教育と知的障害教育」全日本特別支援教育研究連盟編『教育実践でつづる知的障害教育方法史』.
ワロン，A.（1982）『子どもの精神的発達』（竹内良知訳）人文書院.
山岸俊男（1990）『社会的ジレンマのしくみ』サイエンス社.
山口村誌編集委員会（1995）『山口村村誌』
片山惣次郎「神坂というところ――合併備忘録」1.
山下幸子（2004）「健常者として障害者介護に関わるということ――1970年代障害者解放運動における健全者運動の思想を中心に」『淑徳大学社会学部研究紀要』38，pp. 51-61.
――――（2008）『「健常」であることを見つめる――1970年代障害当事者/健全者運動から』生活書院.
山下恒男編（1980）『知能神話』JICC 出版局.
山沢智樹（2012）「恵那教育会議研究における分析視点の検討」『教育論叢』55，pp. 33-42.
――――（2015）「恵那教育会議「めあて・規約Jの制局晶程の検討一恵那教育会議の機能・役割の解明に向けた基礎作業として」『教育科学研究』（29），pp. 1-10.
山住正巳（2009）『日本教育小史――近・現代』岩波書店.
柳洋子（1975）『社会集団論』早稲田大学出版会.
柳田国男（1946）「社会と子ども」『家閑談』鎌倉書房.
――――（1999a）『柳田国男全集』第1巻，筑摩書房.
――――（1999b）『柳田国男全集』第24巻，筑摩書房.
――――（2000）『柳田国男全集』第25巻，筑摩書房.
矢野洋（1989）『部落解放教育と集団づくり』明治図書.
安田裕子・滑田明暢・福田茉莉・サトウタツヤ編『TEA 実践篇複線径路等至性アプローチを活用する』新曜社.
矢澤修次郎編（2003）『講座社会学15　社会運動』東京大学出版会.
横田弘（1979）『障害者殺しの思想』JCA 出版.
――――（2004）『否定されるいのちからの問い――脳性マヒ者として生きて』現代書館.
横田弘・立岩真也・臼井正樹（2016）『われらは愛と正義を否定する』生活書院.
横塚晃一（2007）『母よ！殺すな』生活書院.
吉原直樹（1980）『地域社会と地域住民組織』八千代出版.
吉田茂（1998）「目に余る偏向教育――第四次・第五次内閣当事の教育問題」『回想十年』２，

pp. 457-459.
要田洋江（2014）「「知的障害」概念の脱構築――筆談援助法（FC）利用の社会的障壁と専門科学」『大阪市立大学「人権問題研究』14，pp. 187-252.
雪丸武彦（2011）「日本の障害児就学をめぐる政策過程(2)―障害児教育をめぐる文部省，民間団体の思想の検討」『教育経営学研究紀要』14，pp. 5-13.
全国情緒障害教育研究会編（1971）『情緒障害児の教育』日本文化科学社.
全国障害者問題研究会（1997）『全障研三十年史』全国障害者問題研究会出版部.
全生研常任委員会『学級集団づくり入門第2部』全生研常任委員会.

資料一覧

第Ⅰ部に関する一次資料

恵那人事協議会及び勤務評定関係一次資料

(以下＊付記は恵那教育研究所蔵を示し，●は具体的執筆者不詳を示す)

参議院会議録情報第019回国会文部委員会議事録，昭和二十九年四月十二日（月曜日）

文部科学省「公立教員の任命権について」「地方教育行政の組織及び運営に関する法律（地教行政法第34条（教育機関の職員の任命による）（昭和31年法律第162号）http://www.mext.go.jp/b_menu/shingi/chukyo/chukyo3/009/siryo/03111001/001.htm

現代日本教育制度史料編集委員会，1986，「文部省「[二〇]「文部省本省職員勤務評定実施規程」昭和三十二年八月十三日文人任第一〇一号及び［二一］「勤務評定の実施について」昭和三十二年八月二十七日文人任第一一六号『文部行政資料』1957年通知等文書」『現代日本教育制度史料』12:218-251.

全国日本教職員組合，1957年5月17日付，「1957年度運動方針全文」，『日教組教育新聞』1～5面.

全国日本峡職員組合1957年8月21日・22日第43回中央委員会資料「経過報告」.

全国教職員組合『教育情報』1957年1月号上旬，中旬，下旬～12月号上旬，中旬，下旬.

岐阜教組恵那支部，1957年6月，「一．経過報告」「一．議事「運動方針に関する件」，「昭和32年度運動方針案」冊子．＊

(以下の勤評資料①～㊹は時系列の前後関係，次に資料に明記されていた表題に意味があり作成年月日→表題→作成者と資料の種類・所蔵場所に順に示す)

勤評資料① 1957年1月20日「昭和57度末人事異動に関する要望書」(三宅信市) ＊

勤評資料② 1957年7月2日「第一回選挙管理委員会」●（手稿）＊

勤評資料③ 1957年7月16日「第二回選挙管理委員会（恵那人事協議会)」●（手稿）＊

勤評資料④ 1957年7月29日「第三回選挙管理委員会」●（手稿）＊

勤評資料⑤ 1957年8月19日「第一回人事協議会」●（手稿）＊

勤評資料⑥ 1957年8月25日各学校依頼9月13日完成提出「1957年度児童生徒，職員数の調査集計表」●（手稿）＊

勤評資料⑦ 1957年9月13日「第二回人事協議会」●（手稿）＊

勤評資料⑧ 1957年9月13日「Ⅰ昭和32年度勤評アンケート岐阜教組恵那支部」●（手稿）＊

勤評資料⑨ 1957年10月4日「昭和32年度勤評アンケートⅡ」●（手稿）＊

勤評資料⑩ 1957年10月23日「第3回人事協議会」●（手稿）＊

勤評資料⑪ 1957年12月13日「第4回人事協議会」●（手稿）＊

勤評資料⑫ 1958年1月20日「第5回人事協議会」(9月13日～) ●（手稿）＊

勤評資料⑬ 1958年2月1日「1957年度恵那地方小中学校教職員高齢者調査」●（手稿）＊

勤評資料⑭ 1958年２月６日「(候補者推薦）本荘教育課長殿恵那学校人事協議会」●（手稿）＊
勤評資料⑮ 1958年２月８日「人事異動調査についてお願い」三宅信市（手稿）＊
勤評資料⑯ 1958年２月８日～26日「1957年度時点支部内学校一覧表」●（手稿）＊
勤評資料⑰ 1957年度時点「次年度転出入（長・勧告含む）一覧表」●（手稿）＊
勤評資料⑱ 1958年２月８日～26日「1958年２月26日第七回恵那人事協議会」●（手稿・説明加筆)」＊
勤評資料⑲ 1958年２月28日「A中人協会長S殿←恵那人事協議会長三宅信市」(書簡）＊
勤評資料⑳ 1958年３月４日「A中人協会長S殿←恵那人事協議会長」(書簡）＊
勤評資料㉑ 1958年３月６日「A中学校人事協議会長S→市村対策委員長丸山雅巳殿」(書簡）＊
勤評資料㉒ 1958年２月28日「I小中学校長K殿←恵那人事協議会議長三宅信市」(書簡）＊
勤評資料㉓ 1958年３月３日「I小中町学校長→恵那人事協議会長三宅信市殿」(書簡）＊
勤評資料㉔ 1958年２月28日「O小学校長S殿←恵那人事協議会会長三宅信市」(書簡）＊
勤評資料㉕ 1958年３月４日「O小学校長→恵那人事協議会長」(書簡）＊
勤評資料㉖ 1958年２月28日「T小学協議会長I殿←恵那人事協議会議長三宅信市殿」(書簡）＊
勤評資料㉗ 1958年３月５日「T小学校人事協議会長I→恵那人事協議会議長三宅信市殿」(書簡）＊
勤評資料㉘ 1958年２月28日「T中学校長K・人事協議会長H→恵那人事協議会議長三宅信市殿」(書簡）＊
勤評資料㉙ 1958年３月17日「T中学校長・人事協議会長２名合同→議長三宅信市殿」(書簡）＊
勤評資料㉚ 1958年３月25日「T中学校人事協議会H→三宅会長殿」(書簡）＊
勤評資料㉛ 1958年２月28日「Y中人事協会長H殿←恵那人事協議会長三宅信市」(書簡）＊
勤評資料㉜ 1958年３月６日「Y小人事協会長N→恵那人事協議会長三宅信市殿」(書簡）＊
勤評資料㉝ 1958年３月12日「H小学校人事協議会長後藤勇雄→恵那人事協議会長三宅信市殿」(書簡）＊
勤評資料㉞ 1958年３月15日「H小学校S教員報告書→三宅信市（原本「一」と表記）先生」(書簡）＊
勤評資料㉟ 1958年３月25日～４月21日「I教師→T人事協」(書簡）＊
勤評資料㊱ 1958年２月20日～３月14日S教諭→恵那人事協議会長「２月20日の要請受け３月14日話し合う事項」(手稿）＊
勤評資料㊲ 1958年３月14日「第八回恵那人事協議会」●（手稿）＊
勤評資料㊳ 1958年３月15日「要望書」(三宅信一）＊
勤評資料㊴ 1958年３月15～20日「予定記録」●（手稿）＊
勤評資料㊵ 1958年３月18日「岐阜県課長交渉」●（手稿）＊
勤評資料㊶ 1958年３月18日「恵那市教育長交渉」●（手稿）＊

勤評資料㊷ 1958年３月18日「恵那教育課長へ（転出希望名簿）」●（手稿）＊
勤評資料㊸ 1958年３月27日「第九回恵那人事協議会」●（手稿）＊
勤評資料㊹ 1958年４月21日「昭和32年度恵那人事協議会反省会」●（手稿）＊

「豆学校」関係資料

（下記資料所蔵場所：ひがし生活の家所蔵．●具体的筆記者不詳を示す）

「豆学校」資料１
　1965年２月６日所収　部分報告の目次　小出信也記録
「豆学校」資料２　（ひがし生活の家所蔵）
　1963年度　夏休み子どものくらし　小出信也記録
「豆学校」資料３　（ひがし生活の家所蔵）
　1963年９月10日中島子供会→神坂小学校長殿　小出信也記録
　1963年９月10日発行父母の書簡に対する教師コメント『学校だより』小出信也記録
　1963年９月10日発行Ａ地区Ｔさん綴方・Ｓさん綴方
　1963年９月10日発行Ａ地区「父母の感想」『学校だより』
　1963年９月10日発行Ｂ地区『学校だより』
　1963年９月10日発行２手さぐりで――子どもの可能性を信じて『学校だより』
「豆学校」資料４　（ひがし生活の家所蔵）
　1963年11月15日問題提起「神坂の子どもたちの現状」小出信也記録
　1964年夏休み前「蚕」Ｃさん綴方
　1964年夏休み前「家の金」Ｄさん綴方
　1964年夏休み前「お父さんの仕事がみつからない」Ｅさん綴方
　1964年夏休み前「兄さんの仕事」Ｆさん綴方
　1964年夏休み前「お金」Ｇさん綴方
　1964年夏休み前「遊ぶ所は」Ｈさん綴方
　1964年７月前「合併問題」Ｔさん綴方
「豆学校」資料５
　1964年神坂地区民主教育を語る会呼びかけ案　小出信也記録
「豆学校」資料６
　1964年６月29日夏の子どもたちの　子どもたちによる会を期待して　職員会討議資料
「豆学校」資料７
　1964年Ｃ地区「豆学校」一覧
「豆学校」資料８
　1964年夏「豆学校」の経験は子どもたちに何を？
「豆学校」資料９
　1964年夏「豆学校」６年２組　Ｊさん綴方
　1964年夏　３新しい可能性　小出信也記録
「豆学校」資料10

1964～1965年冬休み　ハモン　4生活に根ざし，生活を一歩向上する豆学校の芽が…・
1964～1965年冬休み　D荒町豆学校川柳
「豆学校」資料11
1964年冬　職員会討議資料
「豆学校」資料12
1964年冬　正月予定　正月の楽しみ会を豆学校でひらこう（豆学校の討議資料）
「豆学校」資料13
1964年12月　子どもたちの自らの力による子どもたちの会（豆学校，豆先生）の発表のために，みなさんのお力をおかしください（PTA総談会のためのプリント）
「豆学校」資料14
1964年12月PTA新聞
「豆学校」資料15
1964年12月　豆学校のためにご協力ください（父母の討議資料）
「豆学校」資料16
1964年12月　子どもの創造的な会を　親が支援すえう芽が（民主教育を語る会　九号）
「豆学校」資料17
1965年正月　豆学校楽しみ会　Kさん綴方
「豆学校」資料18
1965年1月　K地区山びこ豆学校 「豆学校のこと」 5年Lさん綴方
「豆学校」資料19
1964年夏休み前　障害児への教師の着眼（意志をもたぬことは軍国主義・低賃金労働者にされる）「川柳」「綴り方」後から，全校生徒の様子教師のコメント
「豆学校」資料20
1965年冬　川柳四
「豆学校」資料21
1964年冬　学校の悲劇　Sさん綴方
「豆学校」資料22
1964年冬　計画と合言葉の相談　Yさん綴方
「豆学校」資料23
1965年1月M地区豆学校　紙芝居
1965年1月母の川柳
1965年2月6日小出信也覚書1
1965年2月6日小出信也覚書2
1965年2月6日小出信也覚書3
1965年2月6日小出信也覚書4
1965年2月6日小出信也覚書5
1965年2月6日小出信也覚書6
1965年8月20日発刊にあたって（山田正敏）東海教育科学協議会資料

第Ⅱ部に関する一次資料

渡辺つやの資料①

心身障害児綴　東小学校　渡辺つやの

1954～1967年　障害児担当教師の移動（最低３年以上望ましい）新卒・転任者は望ましくない事明記

1970年11月26日　与謝の海養護学校完工式構成劇

1971年８月21日　特殊学級の反省と２学期からの担任としての方針

1971年９月16日　岐阜市在住精神障害者の集い（仮称）

1971年度　避難訓練計画

1971年９月30日　恵那市の心身障害児を守り育てる会結成の会

1971年10月１日　恵那市の心身障害児を守り育てる会の「とりきめ」案

1971年10月５日　全障研岐阜支部事務局　10月24日の東海ブロックの知らせ

1971年10月24日　中津川市の１才から19才までの心身障害児の実態

中津川市立養護学校設立に関する要望陳情請願

1971年10月12日　天橋立～城崎温泉旅行行程

1971年11月10日　心身障害児在宅調べ

1971年11月20日　中津川市の心身障害児の実態調べ

1971年11月25日　施設入級児童名簿

1971年11月28日　恵那市連合 PTA のみなさんに訴えます

1971年11月28日　情報　岐阜県の教育を創造する県民集会で心身障害児の学習権の保障問題について決議される．４教諭と地区世話人５名明記．

1971年11月30日　中津川市心身障害児をもつ父母兄弟姉妹のみなさん

1971年12月２日　岐阜県児童福祉振興大会（1971年度）

主催　岐阜県

後援　岐阜県社会福祉協議会・岐阜県肢体不自由児協会・岐阜県精神薄弱者育成会・岐阜県肢体不自由児父母の会・岐阜県筋ジストロフィー協会・岐阜県難聴児を持つ親の会・岐阜県言語障害児を持つ親の会・岐阜県自閉症児を持つ親の会

1971年４月８日～11月30　教育対象外といわれる子どもの成長（大井小　小出教諭）

1971年12月３日　全障研岐阜支部だより

1971年12月５日　中津川の教育をそだてる市民集会

講師　和光大学中野光（日本生活教育連盟委員長）

1971年12月５日　心身障害児分科会

1971年12月13日　心身障害児の生活権と学習権を保障していただくための請願書

1971年12月14日午後３時半～　特殊委員会

1972年１月21日午後３時半～　特殊委員会

1972年２月３日（木）　連絡　複式学級担任→中津川市教育委員会次長　渡辺春正先生

Y. S. さんと守る会について

1972年3月7日午後3時半～　特殊委員会
1972年4月20日　養護学級教育計画　渡辺つやの

渡辺つやの資料②
1972年度心身障害児綴東小学校　渡辺つやの
1971年4月～1972年3月10日
「「心身障害児者を守る会」ができるまで」渡辺つやの綴方
1971年度　恵那市の心身障害児を守る会　会計報告と結成総会から今日までの歩み（1972年3月30日現在）この中に施設・病院から大井小学校養護学級への入組人数記載記録.
1972年4月20日　「たんぽぽの子と私の再出発のために」恵那市たんぽぽ学級の教育　小出信也綴方・事例記録
1971年8月10日～1972年5月31日心身障害児教育運動の経過（恵那地方における記載）
1972年4月14日　全障研支部便り　中「全障研運動」の記載記録一式.
5月7日岐阜市の例会渡辺つやの教諭招聘記事.
全障研のチラシ．内容：岐阜県内の病院や養護学校に運動促進
（設置場所：一般の普通学校から離れた場所に学校設置一覧）.
国立長良病院併設資料　「早期保育・教育・医療」促進パンフレット.
1972年5月5日　児童憲章
1972年度　中津川市心身障害児を守る会　事業計画並びに予算書
1972年4月29日　恵那市の心身障害児を守り育てる会第2回総会のご案内
1972年5月6日午後3～5時　心と身体に障害を持つ子のための講演会案内
（於：恵那市大井小学校図書館　講師：泰安雄（日本福祉大学教授）主催：恵那市の心身障害児を守り育てる会）
パンフレット　筋ジストロフィー児の実態と問題点
日本短波放送　（「重い障害児のために　精薄相談室」〈厚生省指導〉
労働省「身体障害者雇用の広場」
文部省「聴覚障害相談室」「視覚障害者の広場」「薄弱児の教育」）
テレビ家庭教育番組「親の目・子の目」
1972年6月　中津川市心身障害児者救済に関する請願
（＊児だけでなく児者になる）
在宅重度心身障害児名簿在中・中度心身障害児名簿在中・就学猶予・免除者名簿在中・特殊学級児童生徒名簿在中（間を経て請願書の下）署名欄ある要望書（署名回りエリア記載．中津地区・東地区・南地区・西地区・落合神坂地区・苗木地区・坂本地区・阿木地区）
1972年6月　東京都東久留米市杉の子学園運営東久留米市手をつなぐ親の会
1972年度　ことばの教室
はさみ込み　愛知県コロニーの案内
1972年11月5日　愛知県障害児の不就学をなくす会『みんなのニュース』

1972年12月12日　愛知県障害児の不就学をなくす会 『みんなのニュース』
1973年３月20日　愛知県障害児の不就学をなくす会 『みんなのニュース』
1973年４月１日「障害者（児）の生活と権利を守る愛知県民集会を成功させよう！」名古屋市交渉の報告資料（本山市長出馬に関して）

渡辺つやの資料③

1972年校内研究資料年表

1972年６月22日　斎藤尚視教諭　音楽家授業案　1971年度の生徒の綴り方掲載記録
1972年７月１日　『民教研』25号（中津川市立南小学校内発行）
1972年７月１日　学級通信　６年４組
1972年７月４日　渡辺武教諭　社会科学習指導案　討議・綴り方資料掲載記録
1972年７月６日　第１回　綴り方研究会
1972年度　校内研究会
1972年７月18日　保健研究会　問題提起　赤痢対策
1972年10月　第16回岐阜県児童生徒科学作品展作品募集要項
1972年９月14日　実践教室“仲間づくりに参加しよう”→市教研会員各位
1972年９月27日　東小学校第３校時授業予定
1972年９月30日　東校ニュース
1972年９月　体格判定
1972年10月17日　６の１つうしん（９月30日　音楽含）
1972年10月22日　第１号　ひがし
1972年10月26日　全校　算数科授業案（1，2，3年第３校時，5，6年第４校時）４年が通軸記載記録.
１～６年までの意識調査あり.
1972年12月５日　全体研究会
1972年冬　冬休みのくらし
1973年２月26日　1972年度の反省と1973年度の方針　東小渡辺武教諭「『わかる学習』への一つの提案――日本歴史絵巻から」東小・西小・南小・落合小中・阿木小中・坂本小中・苗木小中・第１中・第２中・神坂中
1973年２月28日　だい４，５合併号　ひがし（東小学校教育百年記念学校際（1973年）２月17日～20日記載有　親子の討議，PTA 研究会，子どもの発表，公開授業・公開保育，学年展，学校展）
1973年度第40回卒業生「お祝いのことば・おわかれのことば」

渡辺つやの資料④

1972年度（主に）中津川の教育年表

1971年10月７日　中津川の教育　No. 23 中津川市教育研究会
1972年 No. 1　市教研ニュース 1972年度総会５月12日予定記載
1972年度５月12日　中津川の教育　別冊 中津川市教育研究会　総会議案

講演　教育の原点を考える――心身障害児をどう捉えるか　秦安雄（日本福祉大学）
1972年度事業計画・一般会計予算案
1972年1月18日　依田和子教諭　生活実践　――綴方と生活「おかあちゃん　かわったな」男子
1972年5月17日　No. 1　市教研ニュース　6月1日市教研学校委員会に於ける課題掲載記録
1972年5月17日　No. 2　市教研ニュース　6月1日市教研学校委員会議案掲載記録
1972年5月17日　No. 3　市教研ニュース　6月1日市教研学校委員会に於ける課題掲載記録
1972年5月21日　No. 4　市教研ニュース　市教研総会　講演要旨
～間～　中津川市心身障害児者を守る会の「とりきめ」～間～
1972年6月5日　No. 6　市教研ニュース　市教研学校委員会報告
1972年6月20日　No. 7　市教研ニュース　第1回教育課程研究会　テーマ「学校の任務」6月27日午後2時開会（会場：南小学校講堂）記載記録
1972年6月27日　No. 8　市教研ニュース
1972年7月19日　No. 9　市教研ニュース　夏期教育大会特集
1972年7月30日　中津川の教育　No. 27　中津川市教育研究会「地域に根差す教育私見」会長 伊藤義美
1972年8月27日　No. 11　市教研ニュース　8月31日の市教研学校委員会の議題
1972年9月28日　No. 13　市教研ニュース
1972年10月1日　中津川の教育 No. 29 中津川市教育研究会「六・三制教育の出発」南小　中西克己
1972年10月20日　中津川の教育　No. 30 中津川市教育研究会
1972年10月21日　No. 14　市教研ニュース　10月20日南校での学校委員での話し合いから
1972年10月27日　No. 15　市教研ニュース
1972 11月24日　第2号　ひがし　11月20日6の4　学級通信15号についての記載記録.
1972年11月25日　市教研ニュース　講演会記録通過募集と会計納入
1973年1月28日　市教研ニュース　市教研冬期大学について知らせ
1973年2月5日　中津川の教育　No. 32 中津川市教育研究会
1973年3月17日　市教研ニュース

渡辺つやの資料⑤
1972年度分会関係綴　渡辺つやの
1972年4月25日　1972年度　東地区教育を育てる会　各地区役員一覧
1972年4月28日　分会会議　東小分会1972年度方針づくりの資料　民主教育の確立記載有
1972年5月1日　東濃民主研究会　民教研 No. 24 （中津川市南小学校内）
1972年5月　岐阜県教職員組合　5月闘争　日程と当面の闘争の方針・具体化の印刷閉じ込み
1972年5月10日　東地区教育を育てる会　各地区会員数　並　地区世話人名・役員名一覧
1972年5月13日　ひろば　No. 1　東地区教育を育てる会 会報　新役員決定掲示.

総会に向けての小集会開催のすすめ有.
1972年5月19日　ひろば No. 2 東地区教育を育てる会 会報　クラブ活動について
アンネの日記販売について掲示.　～ クラブ活動についてのメモ
1972年5月19日　要求書 岐阜教組東濃支部中津川市対策部→中津川市教育委員会殿
1972年5月から8月の記録間に職員会議事録閉込
1972年8月予定　ははおや⑴ 中津川母親連絡会　岐阜県母親大会1972年8月6日（岐阜市鶯谷高校，分科会，全体会）．8月20日，21日日本母親大会　宮城県仙台市費用記載記録.
1972年度育てる会総会アンケート1972年6月24日が圧倒的
1972年度　東しんふじん　各班メンバー紹介
1972年6月5日　教組なかつがわ No. 3「五．一九斗争の要求書の回答示される」
1972年6月職場会　――子どもの見方をめぐって――
1972年6月11日　岐阜県教職員組合　教育のひろば　7月1日大会について記載記録
1972年6月14日　ひろば No. 5 東地区教育を育てる会 会報
1972年6月20日　南共同保育所二周年記念　6月24日　中津川公民館　講演と座談会の夕べ
講師宍戸健夫　廃品回収お礼文有
1972年6月20日　婦人部たより　3号　東濃支部婦人部発行
1972年6月21日　ひろば No. 6 東地区教育を育てる会 会報　実験学校教師の悩み掲載記録
1972年6月21日　ひろば No. 7 東地区教育を育てる会 会報　19日役員会で総会日程決定掲示
1972年6月24日午後1時半～4時まで　育てる会総会案　事務局より
1972年6月　岐阜県教育委員会事務局管理部福利厚生課　組合員の皆さんへ
勤労者財産形成制度発足の知らせ
1972年6月　共済ぎふ
1972年7月1日　ひろば No. 8 東地区教育を育てる会 会報　総会6月24日参加記録（中川班）有
前大会宣言案.
1972年7月1日　ひろば No. 9 東地区教育を育てる会 会報　通学路問題（子野地区）
1972年7月　日にち不明　ひろば No. 10 東地区教育を育てる会 会報
高校で困っていること（中津高校　西尾英吉）子どもの気持・親の気持
1972年7月2日　第9回　岐阜教組東濃支部定期大会　大会宣言
1972年7月6日　劇団夜明け　北那（←？）丸山　稽古場増築に関するお願い
1972年7月7日　ひろば No. 11 東地区教育を育てる会 会報　教師の生活　子どもとの話
1972年7月7日　ひろば No. 12 東地区教育を育てる会 会報　教師の生活　教師の事例
1972年7月10日　要求書　岐阜県中津川市立東小学校・岐阜県中津川市立東小学校分会→岐阜県教育委員会　委員長　滝正直殿
1972年7月13日　岐教組中津川市対策部　父母のみなさん　市民のみなさん
7月13日早朝集会の知らせ

要求書　中津川市教育委員会←中津川市教職員

七・一三スト中止について　岐阜県教職員組合連合会

職場会　わたしたちの要求として（大幅賃金値上げ）

全国要求・対県要求・地域要求（学校・地教委への具体的要求）各々明示.

1972年７月20日　主催：新婦人新町班　チラシ（赤痢が少し下火になっていた事情）

議題　婦人の体（健康）　中央公民館　講師：加美孝（中津川市南小学校校医）会費１名50円　７月27日（木）　午後７時～９時半迄

1972年７月22日　ひろば　No. 13　東地区教育を育てる会 会報　岐阜県の教育を育てる会の夏季研究集会８月20日午前10～午後３時半　講演　早乙女勝元（作家）「くらしを通して教育を考える」

アンネの日記販売　記載記録

講演集録 「これからの教育はどうあるべきか」岐阜教組東濃支部長　三尾幹男

1972年７月25日１時～４時　楽しんで若がける婦人の集い　チラシ　東地区母親連絡会事務局

1972年８月　ははおや(1)　中津川母親連絡会　各地区代表者による母親連絡会交流会の各地区の開催記録

1972年８月６日　第15回岐阜県母親大会チラシ

1972年８月６日　15回岐阜県母親大会及び18回日本母親大会　参加よびかけチラシ付申込書

1972年夏季　東濃民主教育研究集会　チラシ　８月11～２日の日程記載記録

1972年８月30日　東地区母親連絡会事務局　当委員会案内

1972年８月21日全国大会後　ははおや(3)　中津川母親連絡会　全国大会参加記録

1972年９月２日　市教研ニュース　No. 12

1972年９月14日　新婦人の会中津川支部事務局長依田和子教諭　当会午後７時半～呼びかけチラシ

1972年９月　ひろば　No. 15　東地区教育を育てる会 会報

1972年９月10日　みんけん　岐阜民研ニュース

1972年10月12日　東地区教育を育てる会　会長　田口章　→　地区委員殿

「県民集会への取り組みについてのお願い」

1972年10月21日　恵那市を明るくする会 「ヒットラー以上のニクソン」

ハノイ市長の呼びかけにこたえて行動を起こそう反戦市民集会　講師　海保孝（愛知学習協理事）

1972年10月24日　東濃支部婦人部「婦人部だより」５号

新婦人勧誘のチラシ（この時期に新日本婦人の会創立五十周年記念）　鳴海きぬえ（問合せ先）

中央・県・東濃・支部の状況　説明文

1972年10月27日　中津・東地区「県民集会参加（期日11月５日９：30～16：00）するに当って」

1972年10月31日　なかつがわ婦人部 No. 2 中津川市対策部婦人部10月３日婦人部常任委員

会報告.

1972年11月4日　東地区教育を育てる会　県民集会ニュース

1972年11月19日　新婦人中津川支部「なかま」

1972年11月12日　新婦人10周年記念岐阜県集会

1972年11月16日　岐教連ニュース　岐阜県教職員組合連合会

1972年11月21日　東校下田母親連絡会「命とくらしを守る婦人集会」

1973年1月20日　日教組　教育新聞

1973年1月25日　みんけん　第4号　障害児教育について

1973年1月25日　ひろば　No. 18 東地区教育を育てる会 会報

合成洗剤ボイコット運動呼びかけチラシ

1973年2月6日　合成洗剤についてレジュメ

1973年2月10日　くみあい連絡会議　No. 37

1973年2月？　第5回　東濃婦人集会　実行委員会ニュース

1973年2月17日　73春闘　討議資料　No. 3　岐阜県教職員組合東濃支部

1973年2月20日　73春闘　討議資料　岐阜県教職員組合東濃支部

1973年2月27日　73春闘　討議資料　岐阜県教職員組合東濃支部

1973年3月2日　教組　なかつがわ　中津川市対策部情宣部

1973年3月22日　岐教組東濃支部　中争ニュース〈6〉

渡辺つやの綴方資料

1972年10月25日　わたしのつづり方　中津川市立東小学校　渡辺つやの（表題・カット Y. S.）

1972年10月5日　中津川市一色町　S. S（親）

1972年11月6日「社会見学」中津川市立東小学校養護学級4年2組　Y. S.（担任　渡辺つやの）

1972年9月29日（A. K. さんの作品（お人形が犬をひいてさんぽの絵）→1972年10月15日「友だちがほしい　学校へいきたい　―― A. K. さんをめぐって――」

1972年10月13日　渡辺つやの教諭→ A. K. さん訪問「友だちがほしい．学校へ行きたい！」（母親を追い払って渡辺教諭と学習．A. K. さんからの気持を）

1972年10月14日　中津川市心身障害児を守る会　会長　Y. S.　10月17日地域懇談会開催（場所　東小4年2組教室）の呼びかけチラシ　ひな形

1972年10月27日　第2号　A. K. さんの渡辺つやの教諭への話し綴り．10月25日に御嶽山に行った話をする．

1972年10月30日　27日に訪問し，記録は30日に渡辺教諭の署名．11月2日に養護学級で学習会開催し，その参加を阿部さんにも誘っている文面．

1972年10月号『みんなのねがい』から食品公害のおそるべき実態を広報（渡辺つやの教諭直筆）

1972年11月30日　中津川市心身障害児を守る会　会長　Y. S.　11月2日地域懇談会開催（場

所　半坂康夫自宅）の呼びかけチラシ　な形ひな形

1972年12月1日　Y. S. さんが綴った「A. K. ちゃん」渡辺教諭の訪問指導の2人の出会い.（Y. S. は A. K. さんと会って嫌ではなかったその子の打明け）

1973年1月25日　第2回特殊委員会　午後3：30（其の一　其の二）

上記一連の保存内に期日不記載（1972年度ではあろうが）東小学校養護学級に関する諸問題（其の一　其の二）養護学級は最低限にとどめ普通学級にもどす方針記載.

上記一連の保存内に期日不記載（1972年度の報告内容）第六分科会（会名不明）東小の状況が述べられているので校内のものではない.「特殊学級から養護学級に変革した障害教育」.

1972年度『教育課程表』中津川市立東小学校，中津川市立東小学校所蔵.（手稿）

1981年度『教育課程表』中津川市立東小学校，中津川市立東小学校所蔵.（手稿）

1983年度『教育課程表』中津川市立東小学校，中津川市立東小学校所蔵.（手稿）

1978年度『私の教育方針』中津川市立東小学校，中津川市立東小学校所蔵.（手稿）

1979年度『私の教育方針』中津川市立東小学校，中津川市立東小学校所蔵.（手稿）

1980年度『私の教育方針』中津川市立東小学校，中津川市立東小学校所蔵.（手稿）

1981年度『私の教育方針』中津川市立東小学校，中津川市立東小学校所蔵.（手稿）

1982年度『私の教育方針』中津川市立東小学校，中津川市立東小学校所蔵.（手稿）

1978年度『かやのみ』1号中津川市障害児者を守る会・中津川市福祉事務所・中津川市教育委員会発行，ひがし生活の家所蔵（手稿）

1978年5月10日　『障害児を持つ親の文集　かやのみ』1号 中津川市障害児者を守る会・中津川市福祉事務所・中津川市教育委員会発行，ひがし生活の家所蔵.（手稿）

1980年3月25日　『障害児を持つ親の文集　かやのみ』2号 中津川市障害児者を守る会・中津川市福祉事務所・中津川市教育委員会発行，ひがし生活の家所蔵.（手稿）

1981年11月18日　『障害児を持つ親の文集　かやのみ』3号 中津川市障害児者を守る会・中津川市福祉事務所・中津川市教育委員会発行，ひがし生活の家所蔵.（手稿）

1976年度「合同教室　生活合科統合単元表・計画案にいたる子どもの生い立ちに関する生活綴方・呼びかけ文」

1976年（月日無記載）『生活教室』第1号 中津川市立東小学校情緒・養護学級通信，中津川市立東小学校所蔵.（手稿）

1976年（月日無記載）『生活教室』第2号 中津川市立東小学校情緒・養護学級通信，中津川市立東小学校所蔵.（手稿）

1976年（月日無記載）『生活教室』第3号 中津川市立東小学校情緒・養護学級通信，中津川市立東小学校所蔵.（手稿）

1976年（月日無記載）『生活教室』第4号 中津川市立東小学校情緒・養護学級通信，中津川市立東小学校所蔵.（手稿）

1976年9月11日『生活教室』第5号 中津川市立東小学校情緒・養護学級通信，中津川市立東小学校所蔵.（手稿）

1976年9月14日『生活教室』第6号 中津川市立東小学校情緒・養護学級通信，中津川市立

東小学校所蔵.（手稿）
1976年９月17日『生活教室』第８号 中津川市立東小学校情緒・養護学級通信，中津川市立東小学校所蔵.（手稿）
1976年９月24日『生活教室』第10号 中津川市立東小学校情緒・養護学級通信，中津川市立東小学校所蔵.（手稿）
1976年10月５日『生活教室』第13号 中津川市立東小学校情緒・養護学級通信，中津川市立東小学校所蔵.（手稿）
1976年10月６日『生活教室』第14号 中津川市立東小学校情緒・養護学級通信，中津川市立東小学校所蔵.（手稿）
1976年10月７日『生活教室』第15号 中津川市立東小学校情緒・養護学級通信，中津川市立東小学校所蔵.（手稿）
1976年11月17日『生活教室』第17号 中津川市立東小学校情緒・養護学級通信，中津川市立東小学校所蔵.（手稿）
1976年11月20日『生活教室』第18号 中津川市立東小学校情緒・養護学級通信，中津川市立東小学校所蔵.（手稿）
1976年11月29日『生活教室』第19号 中津川市立東小学校情緒・養護学級通信，中津川市立東小学校所蔵.（手稿）
1976年12月25日『生活教室』第20号 中津川市立東小学校情緒・養護学級通信，中津川市立東小学校所蔵.（手稿）
1977年１月16日『生活教室』第22号 中津川市立東小学校情緒・養護学級通信，中津川市立東小学校所蔵.（手稿）
1976年５月８日『ひよっこ』第１号　訪問指導学級通信　呼びかけ文「ひとりぼっちをなくそう」在中，中津川市立東小学校所蔵.（手稿）
1976年５月８日『ひよっこ』第２号　訪問指導学級通信　A. T. さん話綴方「私 ふつうの人と同じ」在中，中津川市立東小学校所蔵.（手稿）
1976年（月日無記載）『ひよっこ』第３号　訪問指導学級通信　中津川市立東小学校所蔵.（手稿）
1976年（月日無記載）『ひよっこ』第４号　訪問指導学級通信　中津川市立東小学校所蔵.（手稿）
1976年（月日無記載）『ひよっこ』第５号　訪問指導学級通信　A. T. さん話綴方「ひとりぼっちのへや」在中，中津川市立東小学校所蔵.（手稿）
1976年（月日無記載）『ひよっこ』第６号　訪問指導学級通信　中津川市立東小学校所蔵.（手稿）
1976年９月『ひよっこ』第７号　訪問指導学級通信　中津川市立東小学校所蔵.（手稿）
1976年（月日無記載）『ひよっこ』第８号　訪問指導学級通信　中津川市立東小学校所蔵.（手稿）
1976年（月日無記載）『ひよっこ』第９号　訪問指導学級通信　中津川市立東小学校所蔵.（手稿）

1976年（月日無記載）『ひよっこ』第10号　訪問指導学級通信　中津川市立東小学校所蔵.（手稿）
1976年（月日無記載）『ひよっこ』第11号　訪問指導学級通信　中津川市立東小学校所蔵.（手稿）
1976年11月『ひよっこ』第12号　訪問指導学級通信　中津川市立東小学校所蔵.（手稿）
1976年12月『ひよっこ』第13号　訪問指導学級通信　中津川市立東小学校所蔵.（手稿）
1976年12月『ひよっこ』第14号　訪問指導学級通信　中津川市立東小学校所蔵.（手稿）
1976年12月『中津川の障害児教育の歩み第一次案』，小出信也教諭作成資料.
「中津川市障害児学級合同教室指導計画検討メモ」各７案掲示.
中津川市立東小学校所蔵.（手稿）
1977年１月28日，1976年度第２学期の資料集『障害児の教育課程づくりの歩み』中津川市障害児学級合同教室担当職員の会，ひがし生活の家所蔵.（手稿）
1977年「合同教室坂本小学校まとめ資料」，中津川市立坂本小学校，恵那教育研究所所蔵（手稿）
1978年度第１学期の資料『障害児の教育課程づくりの歩み第２号』中津川市障害児学級合同教室担当職員の会，ひがし生活の家所蔵.（手稿）
1978年５月20日「中津川市障害児学級合同教室指導計画メモ」
単元課題「動物園を作ろう—なかよしいっぱい・たのしさいっぱい・やさしさいっぱい・がんばりいっぱい—」，場所：中津川市東小生活教室.
「合同教室社会見学実施計画」参加者　児童43名，父母21名，中津川市教育委員，恵那教育研究所員，中津川市立東小校学校長，中津川市立西小校学校長，養護教諭，合同教室担当教諭一同，ひがし生活の家所蔵.（手稿）
1979年３月「障害児合同教室資料」低学年用，恵那教育研究所所属.（手稿）
1979年４月24日「合同教室計画案」単元課題「遠足計画」，協議場所：中津川市立東小学校及び東児童館．参加者：東小，南小，坂本小学校障害児，各担任及び介助員，関係職員.ひがし生活の家所蔵.（手稿）
1979年７月７日～７月９日 「国際児童年記念・生命を守る週間記念「障害児の集い」記念大合宿集会資料」，ひがし生活の家所蔵.（手稿）
1979年10月「第１回なかよしのたび（合同教室）資料」ひがし生活の家所蔵.（手稿）
1979年10月22日「合同教室・きこえ・すみれ　生活科指導案」協議場所：からだの教室及びどじょっこ教室　指導案作成者　各担当者一同，中津川市立東小学校所蔵.（手稿）
1979年度『学校文集　ひがしの子』中津川市立東小学校，中津川市立東小学校所蔵.（手稿）
1981年度『学校文集　ひがしの子』中津川市立東小学校，中津川市立東小学校所蔵.（手稿）
1981年度『学校文集別冊　ひがしの子』中津川市立東小学校，中津川市立東小学校所蔵.（手稿）
1984年度『学校文集　ひがしの子』中津川市立東小学校，中津川市立東小学校所蔵.（手稿）
1979年６月『交流文集　飛我志』中津川市立東小学校，中津川市立東小学校所蔵.（手稿）
1981年７月『交流文集　飛我志』中津川市立東小学校，中津川市立東小学校所蔵.（手稿）

1982年3月『交流文集　飛我志』中津川市立東小学校，中津川市立東小学校所蔵．（手稿）

第Ⅲ部に関する一次資料

（所蔵場所：ひがし生活の家）○は後援会運営委員（会議含）の記録の意味をさす　●は記した人や組織不明をさす

1983年「中津川市障害児者を守る会調査資料」中津川市障害児者を守る会（手稿）
1984年「中津川市障害児者を守る会調査資料」中津川市障害児者を守る会（手稿）
本人ネット資料① 渡辺つやの，1971年度『心身障害児綴』渡辺つやの個人所持作成資料（手稿）
本人ネット資料② 中津川市学力推進委員会・国際障害者年記念事業白書委員会・中津川市教育研究所，1983年『国際障害者年記念　中津川市障害者白書』
本人ネット資料③ 小出信也，1964年12月「豆学校の発展のための討議資料」小出信也作成ひがし生活の家所蔵（手稿）
本人ネット資料④ ひがし生活の家，1981年2月13日～1985年10月14日迄「廃品回収だより」（手稿）
1985年11月28日～1991年7月31日迄「リサイクルだより」．ひがし生活の家所蔵．
本人ネット資料⑤ 1984年6月7日～1989年12月1日「生活の家連絡帳」，ひがし生活の家所蔵．（手稿）
1985年2月12日　「愛の鈴準備号」第1号，運営する会・後援会・中津川市障害児者を守る会発行，ひがし生活の家所蔵．（手稿）
1985年4月14日　「愛の鈴準備号」第2号，運営する会・後援会・中津川市障害児者を守る会発行，ひがし生活の家所蔵．（手稿）
1985年5月28日　「愛の鈴準備号」第3号，運営する会・後援会・中津川市障害児者を守る会発行，ひがし生活の家所蔵．（手稿）
1985年6月22日　「愛の鈴準備号」第4号，運営する会・後援会・中津川市障害児者を守る会発行，ひがし生活の家所蔵．（手稿）
1985年8月1日　「愛の鈴準備号」第5号，運営する会・後援会・中津川市障害児者を守る会発行，ひがし生活の家所蔵．（手稿）
1985年9月1日　「愛の鈴準備号」第6号，運営する会・後援会・中津川市障害児者を守る会発行，ひがし生活の家所蔵．（手稿）
1985年4月　『愛の鈴』第1集，運営する会・後援会・中津川市障害児者を守る会発行，ひがし生活の家所蔵．（手稿）
1985年6月　『愛の鈴』第2集，運営する会・後援会・中津川市障害児者を守る会発行，ひがし生活の家所蔵．（手稿）
1985年12月18日　『愛の鈴』特集号，運営する会・後援会・中津川市障害児者を守る会発行，ひがし生活の家所蔵．（手稿）

1986年4月『愛の鈴』第3集，運営する会・後援会・中津川市障害児者を守る会発行，ひがし生活の家所蔵．（手稿）

1987年4月『愛の鈴』第4号，運営する会・後援会・中津川市障害児者を守る会発行，ひがし生活の家所蔵．（手稿）

1988年4月『愛の鈴』第5集，運営する会・後援会・中津川市障害児者を守る会発行，ひがし生活の家所蔵．（手稿）

1989年4月『愛の鈴』第6集，運営する会・後援会・中津川市障害児者を守る会発行，ひがし生活の家所蔵．（手稿）

1991年7月『愛の鈴』第7集，運営する会・後援会・中津川市障害児者を守る会発行，ひがし生活の家所蔵．（手稿）

後援会関係資料

後援会資料1　1981年日付無記載「開所式案内呼びかけ報道関係一覧」，ひがし生活の家所蔵．（手稿）

後援会資料2　1981年9月8日「中津川に「ひがし生活の家」完成」岐阜日日新聞．

後援会資料3　1981年11月「中津川ひがし生活の家保育部　作業部　等を後援する会規約（案）」（掲載者無記載），ひがし生活の家所蔵．

後援会資料4　社会福祉法人「ひがし会」設立準備委員会岩久睦海・中津川ひがし生活の家保育部　作業部　等を後援する会代表岩井萬喜子・中津川ひがし生活の家後援会支部設立責任者（空白）連名1981年11月「後援会呼びかけパンフレット」，ひがし生活の家所蔵．

後援会資料5　1981年日付無記載「小中PTA会長，校長，教頭一覧」担当者名ママ（無記載），ひがし生活の家所蔵．（手稿）

後援会資料6　1981年「昭和56年度PTA役員（ママ）」，ひがし生活の家所蔵．（手稿）

後援会資料7　1981年「T区長・町内会長・班長名簿」担当者Iさん，ひがし生活の家所蔵．（手稿）

後援会資料8　1981年「T区第一町内会長第一班（ママ）」担当者Iさん，ひがし生活の家所蔵．（手稿）

後援会資料9　中津川保育問題研究会，1966年8月「子どもをどうつかむか―教育実践の創造」『季刊保育問題研究』

後援会資料10　1981年「特別会員個人動員数」（担当者無記載），ひがし生活の家所蔵．（手稿）

後援会資料11　1981年8月「1981年度東労協　役員名簿（ママ）」（担当者無記載），ひがし生活の家所蔵．（手稿）

後援会資料12　1981年8月「中津川地区民間労働組合協議会（中津川地区民労協（ママ）」担当者無記載），ひがし生活の家所蔵．（手稿）

後援会資料13　1981年11月「広報戦略文書」，（記載者無記名），ひがし生活の家所蔵．（手稿）

後援会資料14　1991年3月「後援会加入呼びかけのチラシ」（記載者無記名），ひがし生活の家所蔵．（手稿）

後援会資料15　1991年３月「1991年３月発行のチラシ配布表」(記載者無記名)，ひがし生活の家所蔵.（手稿）
後援会資料16　1991年４月27日「後援会中間総括（現状と方向，これからの展望)」記載者伊藤三雄，ひがし生活の家所蔵.（手稿）
1980～1981年　民生委員会関係
1981年　卒業式案内状発送先
1981年度（昭和56年）各種団体○
1981年度　開所式付○
1981年度　区及び町内会○
1981年度　市議会議員○
1981年度　市役所関係○
1981年度　書類中の紙（八百健へ）○
1981年度　地区役員○
1981年９月１日現在回覧文書○
1981年11月　後援会加入への呼び掛パンフレット○
1981年11月　後援会規約（案）○
1981年　一般市民担当例○
1981年　賀状及び開所祝賀会招待者名簿○
1981年　現在育てる会各地区役員○
1981年度（P長校長教頭ママ）○
1981年度婦人組織運営委員○
1981年11月広報会長名簿○
1991年11月広報戦略文書○
1981年度市企画広報課作成中津川市広報会長名簿○
1981年生活の家開所式資料●
1982年４月15日付岐阜県議会議員からの入所式への電報
1982年７月27日陳情書添付資料所員名簿８名○
1982年７月27日陳情書添付資料（指導員一覧表）○
1982年７月の陳情書と一緒にあったメモ書き○
1982年９月後援会たより No. 3○
1982年夏御礼のことば○
1983年２月19日後援会だより No. 4○
1983年５月了口一後援会計報告○旧83年マ月16日学校関係後援会一学期集計○
1983年９月24日後援会＆親＆自治会支部代表者会議○
1983年９月26日第２回祭り協力呼びかけ○
1991年３月後援会員呼ア tat 仲（.991年３月後援会員呼びかけ○
1991年３月発行のチラシ配布表
1991年４月９日生活の家後援会ニュース No. 2○

1991年４月２マ日後援会中間総括○
1991年４月27日付属資料○
1991年５月地区回り○

《著者紹介》

篠原 眞紀子（しのはら まきこ）

神戸大学大学院教育学研究科修士課程修了，
立命館大学大学院先端総合学術研究科博士課程修了，博士（学術）
現　在　立命館大学衣笠研究機構生存学研究所客員協力研究員，
　　　　鳴門教育大学心理臨床コース障害科学領域共同研究者，
　　　　大阪国際大学・大阪社会福祉専門学校他非常勤講師

主要業績

（共著）『なるほど！バイエル1　どこからはじめても OK ――すべての人と幼児教育をめざす人のために』サーベル社，2009年.

（共著）『なるほど！バイエル2　　すべての人と幼児教育をめざす人のために』サーベル社，2009年.

（共著）『3コードで OK なるほどかんたん！リズム曲集――保育・教育現場で楽しく弾けてすぐに役立つ』サーベル社，2015年.

人と成ること
――恵那地方の統合教育・地域生活運動

2021年3月10日　初版第1刷発行

著　者　篠原眞紀子©
発行者　萩原淳平
印刷者　江戸孝典
装　幀　野田和浩

発行所　株式会社　晃洋書房
　　　　京都市右京区西院北矢掛町7番地
　　　　電話　075（312）0788㈹
　　　　振替口座　01040-6-32280

印刷・製本　共同印刷工業㈱
ISBN978-4-7710-3493-8